```
>>> print("나혼자")
>>> print("파이썬")
```

나혼자
파이썬

이창현 저

KB134824

DIGITAL BOOKS
디지털북스

책의 모든 예제 파일은 해당 링크에서 받을 수 있습니다.
이창현 블로그 : https://blog.naver.com/jamsuham75

나혼자 파이썬

| 만든 사람들 |
기획 IT·CG기획부 | **진행** 양종엽·장우성 | **집필** 이창현 |
편집·표지디자인 D.J.I books design studio 김진 | **일러스트** 장우성

| 책 내용 문의 |
도서 내용에 대해 궁금한 사항이 있으시면
저자의 홈페이지나 디지털북스 홈페이지의 게시판을 통해서 해결하실 수 있습니다.
디지털북스 홈페이지 www.digitalbooks.co.kr
디지털북스 페이스북 www.facebook.com/ithinkbook
디지털북스 카페 cafe.naver.com/digitalbooks1999
디지털북스 이메일 djibooks@naver.com
저자 이메일 jamsuham75@naver.com

| 각종 문의 |
영업관련 dji_digitalbooks@naver.com
기획관련 djibooks@naver.com
전화번호 (02) 447-3157~8

머리말

· 왜 파이썬을 배워야 하는가

요즘 인기있는 프로그래밍 언어로 파이썬을 가장 많이 뽑습니다. 티오베(TIOBE)에서 조사한 프로그래밍 언어 인기 순위 자료에서도 해마다 파이썬이 갈수록 고공행진을 하고 있습니다. 하지만 파이썬은 혜성처럼 등장한 반짝 스타가 아닙니다. 사실 파이썬은 1991년에 탄생된 나름 오래된 언어입니다. 대략 2010년을 기점으로 이전에는 지금처럼 그리 주목받지는 못했습니다. 파이썬의 인기 상승은 이후에 몇 가지 계기가 있습니다.

당시 전 세계적인 사회적 분위기는 소프트웨어 기술이 비약적으로 발전하여 수많은 플랫폼들이 서비스되고 오픈소스들이 급증하기 시작했습니다. 이제는 꼭 개발자가 아닌 비개발자들도 플랫폼 기반에서 개발할 수 있는 환경이 된 것이지요. 더불어 4차 산업 혁명시대가 도래하여 이제는 누구나 코딩을 배울 수 있고, 다음 세대들은 코딩을 의무교육해야 하는 분위기가 되었습니다. 결정적인 도화선이 된 것은 2016년 3월 이세돌과 알파고의 바둑 대회를 계기로 일반인들에게 인공지능에 대한 관심이 증폭되게 되었습니다.

코딩을 학생들과 일반인들도 쉽게 접근할 수 있도록 블록코딩이 만들어졌지만, 코딩 교육용 이상의 상업적인 수준까지 올리기에는 한계가 있습니다. 그렇다고 C++이나 자바와 같은 전문가용 컴파일러 언어를 배우기에는 비전문가에게 쉽지 않습니다. 파이썬은 이러한 단점들을 극복한 4차산업시대에 요구하는 언어의 조건을 갖추고 있으므로 많은 사람들이 파이썬을 선택하고 있습니다.

1. 파이썬의 가장 큰 장점은 문법이 매우 쉽고 간결하다는 점입니다. 다른 언어에 비해 형식적인 요소들(데이터 타입, 중괄호{} 등)을 과감하게 생략하였습니다. 그래서 파이썬 코드는 같은 내용의 코드를 비교해보아도 다른 언어들보다 코드가 짧고 간결합니다. 그만큼 사용자에게 강력한 기능의 라이브러리들을 제공한다는 의미도 되겠지요. 이러한 이유가 코알못(코딩을 알지 못하는 사람)들의 코딩 입문 언어 선택의 결정적인 기준이지 않을까 생각합니다.

2. 공교롭게 파이썬에는 빅데이터를 분석하기 위한 다양하고 강력한 라이브러리들이 제공되고 있습니다. 기본적으로 Matpotlib, Pandas 및 Numpy 등이 있고, 더불어 인공지능을 위한 라이브러리(Tensorflow 등)까지도 파이썬에서 제공되므로 더욱 파이썬의 선택에 탄력을 받는 계기가 되었습니다. 물론 언급한 라이브러리 외에도 셀 수 없을 만큼의 다양한 라이브러리들이 파이썬 언어로 제공되고 있습니다.

3. 파이썬은 교육용으로 입문자들에게 활용되지만 실무적으로도 웹(Django, Flask) 서비스, 윈도우 데스크탑, 인공지능 알고리즘 등의 다양한 분야에서 활용되고 있습니다. 교육과 실무의 경계 없이 다양한 분야에서 활용할 수 있는 매우 유용한 언어입니다.

· 이 책의 대상 독자

이 책은 코딩이 무엇인지 프로그래밍이 무엇인지 전혀 모르는 분들을 대상으로 설명하고 있습니다.

1. 코딩에 관심이 있는 초, 중, 고등학생

2. 코딩에 관심은 1도 없지만 학교에서 교과목으로 어쩔 수 없이 학습해야 하는 초, 중, 고등학생.

3. 비전공자이지만 코딩에 입문하고 싶은 대학생.

4. 전공자인데 프로그래밍을 처음하거나 파이썬을 가볍게 배우고 싶은 대학생.

5. IT와 무관한 업종 종사자로써 코딩이나 개발을 어떻게 시작할 지 모르는 모든 분들.

6. IT 업계 종사자이지만 파이썬을 전혀 몰라 가볍게 배우고 싶은 모든 분들

· 이 책의 특징

나혼자 코딩을 시작하고 싶은데 어떻게 시작할 지 막막한 분들에게 파이썬이라는 언어를 통해 쉽게 풀어서 설명하려고 노력하였습니다.

1. 실생활의 비유 사용

실생활의 예를 들어 프로그래밍에 대한 개념을 쉽게 이해시키려고 노력하였습니다. 프로그래밍 학습에 있어서 중요한 것은 원리에 대한 이해입니다. 그런데 이 책의 독자층은 초보자 대상이므로 프로그래밍 원리를 이해하기 쉽도록 우리 주변의 실생활을 주로 비유로 사용하였습니다.

2. 삽화를 통한 이해의 극대화

백문이불여일견(百聞而不如一見), 백번 듣는 것보다 한번 보는 것이 낫다는 속담이 있습니다. 아무리 장황하게 설명을 하는 것보다 한 번 보는 것이 이해하기에 좋습니다. 그래서 이 책에서는 이해를 돕기 위해 되도록 삽화를 많이 사용하려고 노력하였습니다.

3. 1개념 1소스코드

어떤 개념을 이해했는데 어떠한 목적으로 어떻게 사용되는지 모른다면 이것 또한 헛공부가 될 수 있습니다. 그래서 이 책에서는 1개의 개념을 이해했다면 반드시 그 개념에 대한 소스코드를 작성하도록 구성하였습니다. 때로는 1개의 개념에 여러 개의 소스코드를 작성하는 경우도 있습니다. 프로그래밍은 눈으로만 보면 내 것이 될 수 없습니다. 직접 키보드로 작성하여 실행까지 해야 내 것이 될 수 있습니다.

· 감사한 분들

나에게 시간의 빠른 흐름을 체감하게 해주는 사랑하는 나의 두 아들 주성이와 은성이 그리고 두 아들의 엄마이자 믿음의 반려자인 사랑하는 아내 경화에게 감사함과 사랑의 마음을 전합니다. 그리고 늘 기도해주시는 저의 어머니와 함께 기도하고 독려하는 원천침례교회 공동체에 깊은 감사의 마음을 전합니다.

또한 늦어진 탈고 일정에도 끝까지 믿고 진행해주신 디지털북스 편집부 모든 분들께 진심으로 감사의 말씀 드립니다. 마지막으로 이 책을 읽으려고 손에 집어 든 여러분들 모두에게 고마움을 전합니다. 이 책은 여러분을 위한 책입니다.

지금까지 여러 권의 책을 탈고했지만 항상 같은 고백을 하지 않을 수 없습니다. 부족하지만 늘 저를 사용하시는 주님의 은혜에 감사드립니다. 이 책이 작은 영광을 나타낼 수 있다면, 내 인생의 주관자이신 주님께 모든 영광을 드립니다.

온 세상이 노랗게 물들어버린 어느 깊은 가을날에

저자 **이 창 현**

CONTENTS

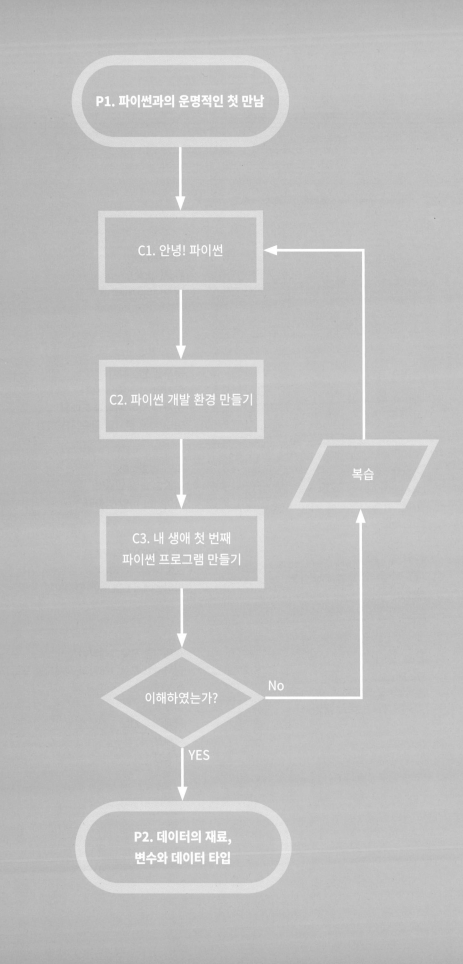

PART 01

파이썬과의
운명적인 첫 만남

프로그래밍의 세계에 들어오신 것을 환영합니다. 이번 시간에는 프로그래밍 언어가 무엇인지, 파이썬은 무엇이고, 어떠한 특징들을 가지고 있는지 살펴보고, 파이썬 프로그램을 설치하여 내 생애 첫 번째 파이썬 프로그램을 작성해 보도록 하겠습니다.

CHAPTER 01:
= ("안녕! 파이썬")

Unit:1 == (프로그래밍 언어란)

인간은 서로 소통하기 위한 수단으로 언어를 사용합니다. 인간의 언어는 대표적으로 한국어, 영어, 중국어, 일본어 등이 있지요. 그런데 우리는 프로그래밍에도 언어라는 말을 붙여서 사용합니다. 즉, 인간과 컴퓨터가 소통하기 위한 수단으로 프로그래밍 언어를 사용하는 것입니다. 우리가 프로그래밍 언어로 문장을 만들어 컴퓨터에 전달하면 컴퓨터는 컴파일러라는 녀석을 통해 언어를 번역하고 해석하여 우리가 원하는 대로 어플리케이션 형태로 수행을 해주는 것입니다.

소스코드 작성	번역	실행
프로그래밍 언어	컴파일러	어플리케이션

잠깐 알아두세요

컴파일러(compiler)란?
컴파일러는 특정 프로그래밍 언어로 쓰여 있는 문서를 다른 프로그래밍 언어로 옮기는 프로그램을 말합니다. 보통은 사람이 작성한 언어를 소스코드 또는 원시코드라고 부르며 컴파일러를 통해 번역된 문서를 목적코드라고 부릅니다. 이렇게 컴파일을 하는 목적은 최종적으로 컴퓨터가 이해할 수 있는 기계어로 번역하여 프로그램을 실행할 수 있게 하기 위함입니다.

여기서 잠깐! 파이썬 언어와 같은 프로그래밍 언어는 컴퓨터를 위해 만들어진 언어일까요? 아니면 사람을 위해 만들어진 언어일까요? 앞에서 컴퓨터와 소통을 하기 위한 수단으로 프로그래밍 언어를 사용한다고 말했었지요? 얼핏 생각하면 프로그래밍 언어 자체가 인간이 사용하는 언어와 다르게 생겨서 컴퓨터가 이해하는 언어로 착각할 수 있는데요. 프로그래밍 언어는 사람을 위한 언어, 즉, 사람이 이해하도록 만들어진 언어입니다. 컴퓨터는 프로그래밍 언어인 소스 코드 자체를 그대로 이해를 못한다는 거죠. 그래서 번역기인 '컴파일러'가 필요한 것입니다. 컴퓨터는 문장이 아닌 0과 1로 구성된 2진수만 인식을 합니다.

Unit:2 == (프로그래밍 언어의 다양한 종류)

프로그래밍 언어의 종류는 다양합니다. 대표적인 언어로는 C, C++, 자바, 파이썬, C#, 자바스크립트 등을 꼽을 수 있습니다. 언어가 이렇게 다양한 이유는 언어마다 개발되는 소프트웨어의 종목들이 다르기 때문입니다. C/C++은 시스템 및 플랫폼 개발에 주로 사용되고, 자바는 주로 안드로이드 기반의 모바일 앱 개발 및 다양한 응용소프트웨어 개발에 사용되고 있습니다. 파이썬 또한 인공지능 알고리즘, 빅데이터를 비롯하여, 장고(Django) 등의 웹개발 분야까지 다양하게 활용되고 있습니다.

Unit:3 == (파이썬이란)

이러한 다양한 언어중에 우리가 배울 언어가 바로 파이썬입니다. 파이썬은 최근 인공지능으로 인해 인기가 급상승하고 있지만, 사실 나온지는 꽤 오래 되었습니다.

파이썬(Python)의 탄생 배경을 보면 1991년도에 귀도 반 로섬(Guido van Rossum)이라는 네덜란드 출신 개발자가 개발한 언어로써, 크리스마스 휴가 기간에 심심해서 만들었다고 합니다. 정말 대단한 일이지만 한편으로는 하늘도 울고 땅도 울 일인것 같습니다. 파이썬이라는 이름의 의미는 '비단뱀'을 뜻하지만, 사실 이름의 유래는 귀도가 평소에 즐겨 보았던 코미디 쇼인 '몬티 파이썬의 날아다니는 서커스(Monty Python's Flying Circus)에서 따왔다고 합니다.

파이썬의 공식 로고는 파이썬의 사전적 의미를 받아들여서 비단뱀 두마리가 서로 엉켜있는 형태의 모양입니다.

파이썬은 인공지능 분야를 비롯하여 다양한 분야에서 활용되고 있고, 앞으로 기초부터 실무까지 사용이 점차 확대될 전망입니다. 기초적인 프로그래밍 언어 학습부터 딥러닝 프레임워크인 텐서플로우(Tensorflow)까지 사용되고 있고, 웹기반의 프레임워크인 장고(Django)나 플라스크(Flask)에서도 파이썬이 사용되고 있습니다. 구글과 같은 세계적인 기업을 비롯하여 국내의 대기업들도 점차 파이썬을 선호하는 추세입니다.

파이썬 로고

Unit:4 == (파이썬의 특징)

왜 그렇게 파이썬에 열광을 하는 것일까요? 우리가 모두 파악하지는 못하겠지만 몇 가지 특징을 살펴 보도록 하겠습니다.

■ 컴파일(Compile) 방식과 인터프리터(Interpreter) 방식

컴퓨터는 우리가 작성하는 프로그래밍 언어를 해석하지 못한다고 앞에서 말했습니다. 번역과정을 거쳐 만들어진 기계어만 해석할 수 있습니다. 프로그래밍 언어의 번역 방식은 크게 2가지로 나누어지는데 컴파일 방식과 인터프리터 방식입니다.

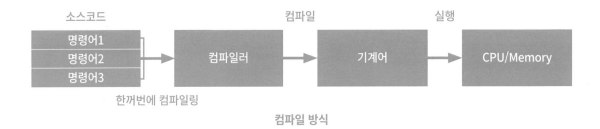

컴파일 방식

컴파일 방식은 모든 명령을 한꺼번에 번역한 후 실행하는 방식으로 고전적인 의미에서 프로그램 소스코드를 기계어로 변환하는 것을 말합니다. 대표적인 언어로는 C, C++, 자바, C# 등이 있습니다.

인터프리터 방식

인터프리터 방식은 명령어를 한 문장씩 읽어서 실행하는 방식으로 컴파일러를 통해 기계어로 변경하지 않고, 해석기인 인터프리터에 의해 직접 해석되어 실행하도록 구현된 언어를 말합니다. 대표적인 언어로는 우리가 배우고 있는 파이썬, 자바스크립트(Javascript), PHP 등이 있습니다.

■ 대화형의 인터프리터 언어

객체지향 기능을 강력하게 지원하는 대화형 인터프리터 언어입니다. 컴파일 언어처럼 컴파일과 실행 과정을 거쳐 에러를 수정하는 것이 아니라 작성 후 바로 테스트하는 간단한 언어입니다.

■ 플랫폼 독립적 언어

파이썬은 윈도우, 리눅스, MacOS 등의 여러 대표적인 운영체제에서 동작합니다. 플랫폼 독립적이며 컴파일하지 않고 바로 해석하는 인터프리터 방식으로 동작하기 때문에 사용하기 쉽습니다.

■ 간단하고 쉬운 문법

C계열 언어나 자바에 비해 문법이 간단하고 쉽습니다. 그래서 프로그래머가 아닌 사람들도 쉽게 배울 수 있을 정도입니다. 창시자 귀도(Guido)는 C언어나 유닉스 쉘을 대신해서 조금 더 편하게 사용할 수 있는 언어를 개발하는데 초점을 두었다고 합니다.

사실 이 외에 많은 특징들과 장점들이 있지만, 아직 사용하기 전에 전부 열거해 보아야 와닿지 않을 것 같아서 나머지 특징들은 직접 사용해 보고 느껴보기 바랍니다.

02: = ("파이썬 개발 환경 만들기")

Unit:1 == (무엇이 필요한가)

우리가 요리를 한다고 가정하면 요리를 할 수 있는 환경과 기본 도구들이 필요할 것입니다. 기본적으로 주방 시설이 되어 있어야 하고, 가스렌지, 냄비, 식기 등이 필요할 것입니다.

요리에 필요한 기본 도구들

같은 맥락으로 파이썬이라는 언어를 가지고 놀려면 기본적으로 개발 환경과 기본도구들이 필요합니다. 먼저 컴퓨터가 있어야 하고, 그 위에 어떤 운영체제(Operation System)든 설치되어 있으면 됩니다. 운영체제가 주방시설에 해당된다고 보면 되겠습니다. 이제 요리에 필요한 도구들이 필요한데 파이썬이 그 중 하나입니다. 파이썬은 다양한 운영체제 또는 플랫폼을 지원하기 때문에 윈도우, 리눅스, MacOS에 상관없이 버전별로 다운로드 받아 사용하면 됩니다. 이제 파이썬으로 코딩하고 해석할 수 있는 도구를 설치해보도록 합시다.

파이썬에서 필요한 기본 도구들

Unit:2 == (파이썬 다운로드하기)

이제 본격적으로 파이썬을 시작해 봅시다. 먼저 여러분 앞에는 인터넷에 연결되어 있는 컴퓨터 1대가 필요합니다. 앞에서 말했듯이 컴퓨터의 운영체제는 윈도우, 리눅스, MacOS에 상관없이 모두 설치가 가능하지만 이 책에서는 우리나라 국민들 대부분이 사용하는 윈도우 운영체제 기반에서 설명하겠습니다.

파이썬은 개인, 학교, 기업 모두 사용이 무료입니다. 일단 웹브라우저를 열고 주소창에 파이썬 공식 홈페이지 주소를 입력하여 접속합니다.

파이썬 공식 홈페이지 주소 : https://www.python.org/

파이썬 공식 홈페이지

메뉴바의 [Downloads] 메뉴를 클릭합니다.(①) 우리는 윈도우 운영체제 기반이므로 [Windows]를 선택합니다.(②) 버전 중에 가장 최신 버전이 노출됩니다. 클릭하면 파이썬의 최신 버전이 다운로드 됩니다.(③)

잠깐 알아두세요

윈도우의 x86과 x64

윈도우 프로그램을 다운로드하다 보면 x86과 x64 버전을 구분하는 경우를 많이 보았을 것입니다. x86은 운영체제가 32bit일 때 사용하고, x64는 운영체제가 64bit일 때 사용합니다. 그래서 대부분 윈도우용 소프트웨어는 2가지 버전이 배포됩니다. 내 PC의 운영체제 비트(bit)수를 알고 싶다면 [윈도키] + [Pause Break] 키를 눌러서 확인하세요. 다음과 같은 시스템 정보창이 출력됩니다.

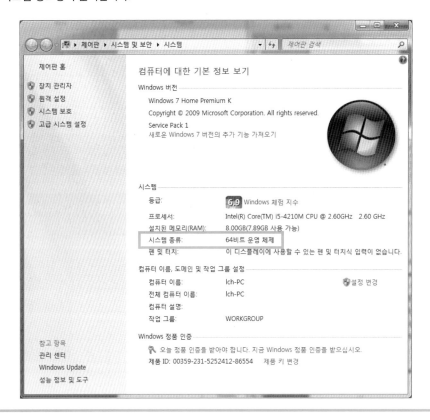

파일을 다운로드하면 다음과 같이 파이썬 설치파일인 [python-3.8.3.exe]을 받게 됩니다. 이 파일을 적당한 폴더에 보관하도록 합니다.

Unit:3 == (파이썬 설치하기)

우리가 그림을 그리려면 스케치북, 펜, 물감, 팔레트 등과 같은 도구들이 필요하듯이 파이썬으로 작업하려면 파이썬을 수행할 도구가 필요하겠죠. 파이썬을 설치해 보도록 합시다. 다운로드하여 저장한 [python-3.8.3.exe] 파일을 더블클릭합니다. 다음과 같은 Setup 창이 나타납니다.

이 때 아래쪽에 [Add Python 3.8 to PATH]를 체크해주세요. 이유는 파이썬의 실행경로(PATH)를 환경변수에 추가한다는 의미입니다. 그래야만 커맨드(cmd.exe)창에서 어느 경로에서든지 python이라는 명령어를 입력하였을 때 파이썬을 실행할 수 있습니다. 환경변수를 추가하지 않으면 다른 위치에서 파이썬이 실행되지 않습니다. 체크가 되었으면 [Install Now]를 클릭합니다.

다음과 같이 설치가 진행됩니다.

설치가 간단하게 끝났네요. [close] 버튼을 클릭하여 설치를 종료합니다.

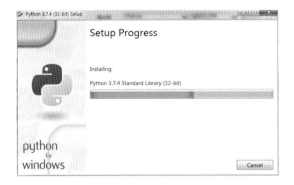

Unit:4 == (파이썬 실행하기)

설치한 파이썬을 한번 실행해볼까요?

윈도우의 [시작] 버튼을 클릭하면 다음과 같이 [Python 3.8] – [IDLE (Python 3.8 32bit)]를 선택합니다. 실행이 되면 다음과 같은 파이썬 개발 환경이 나타납니다.

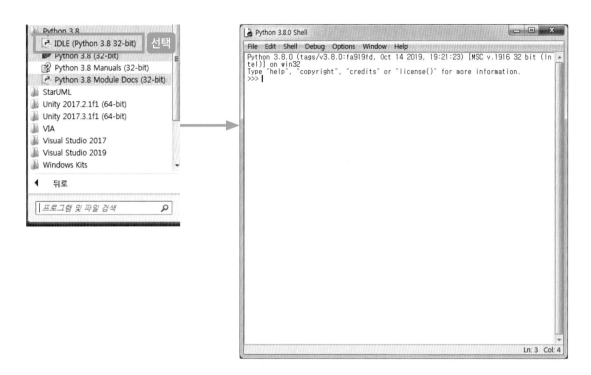

___ # 잠깐 알아두세요 ___

IDLE

IDLE(Integrated Development Environment)이란 직역하면 '통합개발 환경'이라는 의미입니다. 개발 환경을 통합적으로 지원한다는 뜻인데, 대표적인 통합개발 환경으로는 Visual Studio와 이클립스가 있습니다. 이 도구들은 다양한 언어가 지원되고, 에디터로부터 컴파일러, 디버깅 도구 및 실행까지 통합적으로 지원되는 도구입니다. 파이썬의 IDLE 또한 프로그래밍을 쉽게 할 수 있도록 지원하는 환경도구라고 생각하면 됩니다.

CHAPTER **03:** **= ("내 생애 첫 번째**
파이썬 프로그램 만들기")

파이썬 IDLE을 실행하여 사용하는 방법에는 2가지 형태가 있습니다. 하나는 대화형 모드이고, 또 하나는 스크립트 모드입니다.

Unit:1 == (대화형 기반에서 코드 작성하기)

IDLE을 실행하면 다음과 같이 커서를 깜빡이고 있습니다.

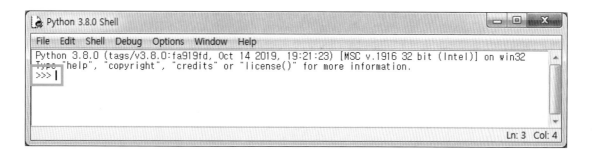

커서가 깜박인다는 것은 무언가를 입력하라는 의미입니다. 파이썬을 생애 처음 설치한 우리는 지금 이 순간 파이썬의 첫 번째 코드를 작성해 보겠습니다.

■ '나혼자 파이썬' 출력하기

```
1:    >>> print("나혼자 파이썬")
```

입력 후 [Enter] 키를 누르면 다음과 같이 출력됩니다.

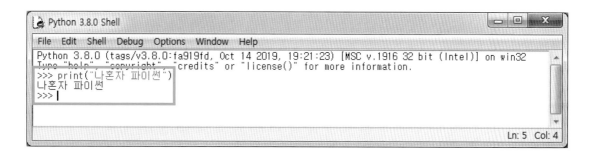

print() 함수에 입력한 글자가 출력된 것을 확인할 수 있는데, print() 함수는 문자열 뿐만 아니라 정수, 실수 등의 여러가지 데이터 타입들도 출력할 수 있습니다. 파이썬을 이용하여 여러분이 첫 번째 코드를 작성하고 실행을 한 것입니다. 매우 간단하고 쉽죠?
이로써 여러분은 파이썬 프로그래밍의 첫 걸음을 떼신 것입니다. 짝짝짝

파이썬은 방금 출력한 문자열 뿐만 아니라 정수형 데이터도 출력할 수 있고, 정수끼리의 연산도 가능합니다. 이번에는 정수의 계산식을 입력해 보도록 하겠습니다.

■ 정수형 계산식 출력하기

```
1:   >>> 1 + 2
```

입력 후 [Enter] 키를 누르면 다음과 같이 출력됩니다.

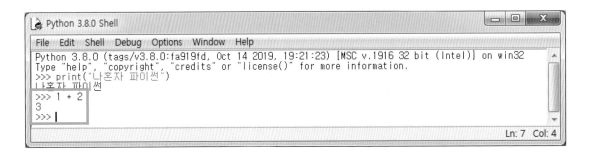

정수값 1과 2를 더한 결과값을 출력합니다. 계산기와 같은 연산 기능을 제공하고 있습니다.

Unit:2 == (스크립트 기반에서 코드 작성하기)

앞에서의 대화형 모드에서처럼 명령을 케이스별로 입력받아 처리하는 것은 한계가 있습니다. 만약 여러 개의 명령을 주고 싶은 경우 대화형 모드에서는 사용하기 불편합니다. 그래서 파이썬에서는 여러 개의 명령을 한꺼번에 순차적으로 실행하는 방법으로 스크립트 모드를 지원합니다. 작성한 명령어들의 텍스트 모음을 스크립트라고 하므로 이러한 방식을 스크립트(Script) 모드라고 합니다. 그럼 작성해 볼까요?

① 새 파일 만들기

IDLE 편집기에서 [File] - [New File] 메뉴를 선택합니다. 다음과 같이 새 편집기 창이 나타납니다. 여기에 우리가 원하는 소스코드를 작성하면 됩니다.

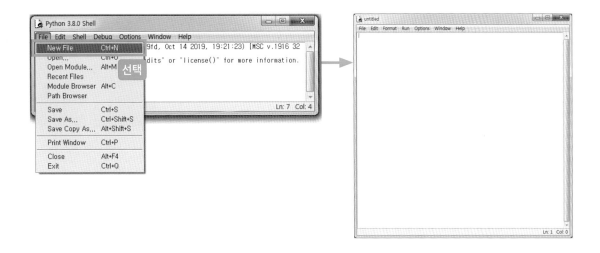

편집기에 다음과 같이 '나혼자 파이썬' 문자열이 5줄 출력되도록 코드를 작성해 봅시다.

■ **소스코드 : 1장/First.py**

```
1:    print("나혼자 파이썬")
2:    print("나혼자 파이썬")
3:    print("나혼자 파이썬")
4:    print("나혼자 파이썬")
5:    print("나혼자 파이썬")
```

② 파일 저장하기

대화형 모드가 아니기 때문에 즉시 실행 결과가 나오는 것은 아니고, 별도의 실행 명령을 해야 결과가 출력이 됩니다. 코드를 실행하기 앞서서 파일을 먼저 저장해야 하는데, 다음과 같이 편집기의 [File] − [Save] 메뉴를 선택합니다. 단축키로 [Ctrl] + [S] 키를 눌러도 상관 없습니다.

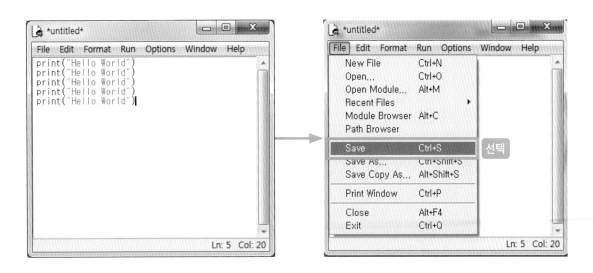

다음과 같이 파일 저장 대화상자가 나타나는데, 파일 이름을 First.py라고 입력하세요. 파이썬의 확장자는 py를 사용합니다.

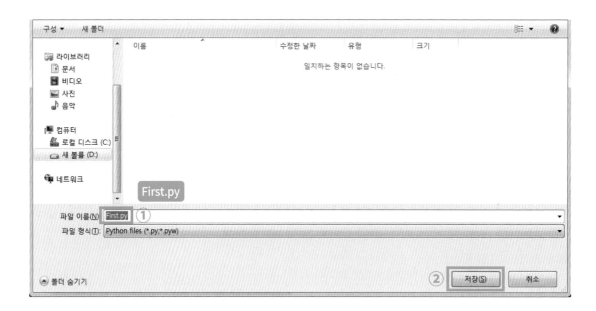

③ 파일 실행하기

코드를 실행해 봅시다. 편집기에서 다음과 같이 [Run] – [Run Module] 메뉴를 선택합니다. 단축키로는 [F5]입니다.

다음과 같이 '나혼자 파이썬' 문자열이 5줄 출력되는 것을 확인할 수 있습니다.

MEMO

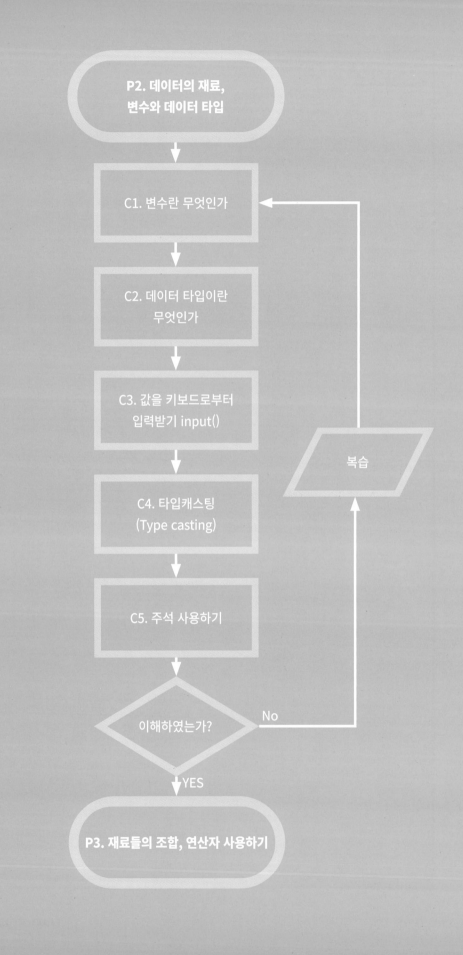

PART 02

데이터의 재료,
변수와 데이터 타입

요리를 만들 때 가장 기본이 되는 재료들이 있습니다. 빵을 만든다면 가장 기본이 되는 재료는 밀가루입니다. 밥을 짓는다면 가장 기본이 되는 것은 쌀입니다. 이러한 재료들이 준비가 된 후에야 우리는 밥을 하든지, 빵을 만들든지 할 수 있습니다. 아무런 준비 없이 할 수 있는 것은 아무것도 없습니다. 마찬가지로 프로그래밍을 하기 앞서서 가장 기본이 되는 재료들이 있습니다. 이러한 재료들이 준비가 되지 않았는데 무턱대고 프로그래밍을 막 들이댈 수는 없는 것입니다. 이번 시간에는 프로그래밍의 가장 기본 재료가 되는 변수와 데이터 타입에 대해 알아보도록 하겠습니다.

= ("변수란 무엇인가")

Unit:1 == (변수 이해하기)

우리가 일상에서 변수라는 말을 주로 사용하는 경우가 스포츠 경기에서입니다. 예를 들어 주전 선수 누군가가 부상당해 선발 엔트리에서 빠지게 되면 우리는 변수가 발생했다고 말합니다. 여기서 말하는 변수는 무슨 의미일까요? 주전선수의 결정으로 경기 결과를 예측할 수 없다는 뜻입니다. 즉, 그나마 확률적으로 예측 가능했던 결과가 예측하기 힘든 상황으로 바뀌었다는 것입니다.

변수라는 것은 이와 같은 맥락으로 예측하기 힘든 것, 또는 정해지지 않는 것이라고 생각하면 됩니다. 수는 수인데 한 개의 수로 정해지지 않고, '변경이 가능한 수'를 의미합니다. 이렇게 변경한 수를 가지고 있으려면 일단 물리적으로 저장할 메모리공간이 있어야 하는데, 그 메모리 공간에 붙여진 이름을 우리는 '변수'라고 합니다.

옷 보관함 / 책 보관함 / 장난감 보관함

우리가 이사를 할 때 이사짐 센터에서는 짐을 상자에 담습니다. 이 때 옷을 넣은 상자이면 '옷 보관함'이라고 표기하고, 책을 넣은 상자이면 '책 보관함'이라고 표기합니다. 그리고 장난감을 넣은 상자이면 '장난감 보관함'이라고 표기합니다. 우리는 이러한 상자를 정보를 담을 수 있는 메모리 공간이라고 생각하고, 이 메모리 공간에 옷, 책, 장난감과 같은 다양한 데이터를 담을 수 있습니다. 이것을 변수의 형태라고 생각하면 이해가 쉽습니다. 그리고, '옷 보관함', '책 보관함', '장난감 보관함'과 같은 이름은 변수의 이름이라고 생각하면 됩니다.

Unit:2 == (변수 사용 방법)

이번에는 변수를 어떻게 사용해야 하는지 방법에 대해 알아봅시다. 파이썬의 변수는 별도로 타입을 지정하지 않습니다. 타입은 변수에 저장되는 값의 형식을 의미하며, 대표적인 타입의 종류는 정수, 실수, 문자열 등이 있습니다. 변수에 저장된 값이 어떤 타입이냐에 따라 변수의 메모리 할당 크기가 달라집니다. 다음은 변수에 값을 대입한 형태입니다.

value = 100

위 코드의 의미는 value라는 이름이 붙은 메모리 공간에 100이라는 값을 대입한다는 의미입니다. 수학에서는 등호(=)가 같다라는 의미를 가지고 있지만, 프로그래밍에서는 오른쪽 피연산자에서 왼쪽 피연산자로의 대입을 의미합니다.

변수의 기본 기능은 값을 저장하는 것인데, 변수 value를 출력해보면 100이라는 저장되어 있는 값이 출력되는 것을 확인할 수 있습니다. 또한 변수는 변할 수 있는 수의 의미이므로 언제든지 값을 변경할 수 있습니다. value의 값을 출력해보고, 값을 200으로 변경하여 다시 출력해 봅시다.

먼저 파이썬 프로그램을 실행합니다.

■ 소스코드 : 2-1 정수형 변수 사용하기

```
>>>    value = 100
>>>    print(value)
```

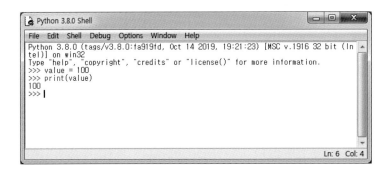

입력 후 [Enter] 키를 누르면 100이라는 결과가 출력됩니다. 코드의 의미는 value라는 변수에 100이라는 값을 대입하였고, value를 print라는 함수를 통해 화면에 출력했을 때 현재 변수가 가지고 있는 값인 100을 출력한 것입니다.

이번에는 변수의 값을 200으로 변경해 봅시다. 다음과 같이 작성 후 [Enter] 키를 누릅니다.

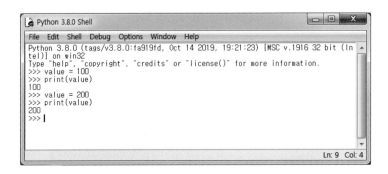

변수 value에 200이라는 값을 대입하고, print 함수를 통해 화면에 출력합니다. 현재 변수에 200이라는 값을 가지고 있으므로 200을 출력합니다.

```
>>>    value = 200
>>>    print(value)
```

___ # 잠깐 알아두세요 ___

> 프로그래밍에서의 등호는 '=='로 표기합니다. 예를 들면 A와 B가 같다는 표현은 'A == B'라고 표기합니다. 대입연산자 '='와 구분하여 사용합시다.

이번에는 변수 value에 문자열을 대입해 봅시다. 앞서 우리가 정수값을 대입하였으므로 value는 정수형 변수인데, 문자열을 대입하게 되면 value는 문자열 변수로 신분이 바뀌게 됩니다. 예를 들어 'Hello'라는 문자열을 value에 대입해 봅시다.

■ 소스코드 2-2 : 문자열 변수 사용하기

```
>>>    value = 'Hello'
>>>    print(value)
```

```
Python 3.8.0 Shell                                                  ▯ ▯ ✕
File  Edit  Shell  Debug  Options  Window  Help
Python 3.8.0 (tags/v3.8.0:fa919fd, Oct 14 2019, 19:21:23) [MSC v.1916 32 bit (In
tel)] on win32
Type "help", "copyright", "credits" or "license()" for more information.
>>> value = 100
>>> print(value)
100
>>> value = 200
>>> print(value)
200
>>> value = 'Hello'
>>> print(value)
Hello
>>>
```

입력 후 [Enter] 키를 누르면 Hello라는 결과가 출력됩니다.

특이한 점은 기존에 정수형의 값을 담고 있던 변수에 다른 타입인 문자열 값을 대입했다는 것입니다. 쉽게 생각하면 앞에서 설명했던 상자에 책이 들어가 있었는데, 책을 빼고 장난감을 다시 넣은 형태인 것입니다. 파이썬은 이것이 가능합니다. 실행 중에 변수의 타입을 바꿀 수 있는 특성을 동적 타입(Dynamic typing)이라고 합니다. 대입하는 값에 따라 타입이 결정되는 방식입니다. 인터프리터 방식의 스크립트 언어들은 대부분 이러한 동적 타입을 지원합니다.

Unit:3 == (변수를 왜 사용할까?)

컴퓨터는 우리에게 다양하고 신속하게 일을 처리해줍니다. 그래서 우리가 다양한 형태로 프로그래밍하는 것처럼 컴퓨터 내부에서도 복잡한 연산을 할 것이라고 생각하지만, 의외로 단순하게 동작합니다. 컴퓨터는 메모리(RAM)에 올라오는 데이터를 CPU가 처리하는 동작이 전부입니다. 물론 데이터를 처리한다는 동작은 화면에 출력을 하는 것일 수 있고, 프린터로 출력하는 동작이 될 수도 있으며, 키보드로부터의 입력이 될 수도 있습니다. 아무튼, 컴퓨터는 자신의 메모리에 데이터가 올라오면 데이터를 처리하는 동작을 하는데, 메모리 상에 올라가 있는 수많은 데이터를 어떻게 구분할까요? 메모리는 구조상 각 바이트별로 고유한 주소를 가지고 있어서, 이 주소를 통해 해당 메모리에 데이터를 읽고 쓸 수 있습니다. 그런데, 컴퓨터는 구조상 사람이 이해하는 10진수보다 16진수로 표현되어 있으므로, 다루기도 쉽지 않고, 두뇌와 시력을 피곤하게 만듭니다. 예를 들면, 4바이트 메모리에 값을 하나 저장한다고 했을 때, '0x1000번지에서 0x1003번지까지(총 4byte)의 메모리에 100을 저장한다.'고 표현할 수 있습니다.

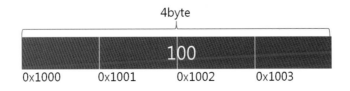

그런데, 우리가 프로그래밍을 할 때 이런 식으로 메모리 번지를 직접 사용하여 데이터를 제어한다면 어떨까요? 앞에서는 쉽게 예를 들어서 0x1000이라는 식의 번지수를 사용했지만, 이런 식의 번지가 10개만 넘어도 외우기 힘들어집니다. 그래서 우리가 사용할 메모리에 이름을 붙여준 것이 변수입니다. 변수를 사용하게 되면 일일히 메모리 번지를 사용하여 표현할 필요 없이 바로 변수만 사용하면 데이터를 쉽게 제어할 수 있습니다. 아무래도 숫자를 기억하기보다는 의미있는 변수 이름을 부여하는 것이 훨씬 기억하기 쉬울 것입니다. 앞의 메모리에 value라는 이름을 부여하여 변수로 사용해 봅시다.

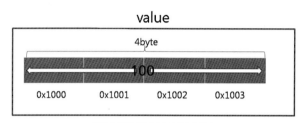

메모리에 변수의 이름 부여

메모리 번지 0x1000부터 0x1003까지는 value라는 이름의 변수로 선언되어 있는 것이고, 이 메모리에 100이라는 값이 저장되어 있는 것입니다. 만약 value 변수의 값을 200으로 바꾸고 싶다면 value = 200이라고 사용하면 됩니다. 즉, 변수를 사용하는 이유는 프로그래머가 직접 메모리 번지를 일일히 다 기억하여 접근하지 않고, 변수를 통해 메모리 관리 및 데이터 입출력을 용이하게 해주기 때문입니다.

Unit:4 == (변수 이름 만들 때 주의할 점)

변수를 선언한다는 것은 그리 어렵지 않은 일임을 알 수 있었습니다. 그런데, 자유와 방종은 구분해야 하듯이, 우리의 이러한 자유 속에서도 우리끼리 지켜야 할 최소한의 규칙들이 있습니다. 그렇다고 이 규칙들을 머릿속에 달달 외울 필요는 없습니다. 하나씩 살펴 보도록 합시다.

■ 변수의 이름은 알파벳, 숫자, 언더바(_)로 구성되고, 특수문자는 사용할 수 없습니다.

맞는 경우	틀린 경우
num1	num%
num_val	num1_val#
num2_val	num1-val

■ 변수 이름의 첫 글자는 숫자로 시작할 수 없습니다.

맞는 경우	틀린 경우
num1	1num
num2val	2numval

■ 변수 이름 중간에 공백이 삽입될 수 없습니다.

맞는 경우	틀린 경우
numval Num_val	num val

■ 대소문자를 구분하므로, 같은 영문 이름의 변수라도 대문자와 소문자는 다른 변수로 간주합니다.

변수 a = 100을 대입하고, 변수 A = 200을 대입하였을 경우, 대소문자를 구분하므로, 각각 다른 변수로 취급합니다. a를 출력하면 100이 출력될 것이고, A를 출력하면 200이 출력될 것입니다.

■ 파이썬에서 사용하는 키워드는 변수명으로 사용할 수 없습니다.

파이썬 키워드
False, None, True, and, as, assert, break, class, continue, def, del, elif, else, except, finally, for, from, global, if, import, in, is, lambda, nonlocal, not, or, pass, raise, return, try, while, with, yield

변수 이름 작성 규칙에 어긋나는 형태를 실제 코드에서 어떻게 처리되는지, 다음과 같이 변수를 선언하고 값을 대입하여 살펴보겠습니다.

■ 소스코드 2-3 : 변수의 작성 규칙

```
>>>    num1 = 100
>>>    num% = 200
>>>    1num = 200
>>>    num val = 200
>>>    class = 200
```

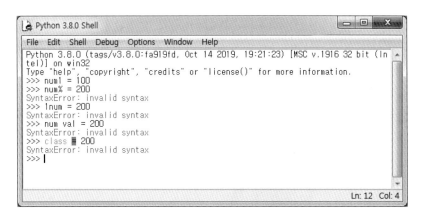

변수 이름의 작성 규칙에 어긋나면 변수 사용 시 'SyntaxError : invalid syntax'라는 에러 메시지가 출력됩니다.

02: = ("데이터 타입이란 무엇인가")

Unit:1 == (데이터 타입의 개념과 종류)

우리는 앞서 변수에 관하여 배웠습니다. 변수라는 것은 사용할 메모리 공간을 할당하고, 거기에 이름을 붙여준 것이라고 하였습니다. 예를 들어 정수형 변수를 사용한다고 한다면 다음과 같이 작성할 수 있었습니다.

> value = 100

이 때 4바이트의 메모리 공간이 할당되고, 그 메모리의 이름인 value가 변수가 되는 것입니다. 여기까지는 우리가 익히 알고 있는 내용입니다.

그렇다면 우리가 배울 데이터 타입(Data Type)이란 무엇일까요? value에 들어간 값의 타입이 바로 데이터 타입(Data Type)입니다. 데이터 타입은 선언한 변수에 대한 정보입니다. 만약 변수에 데이터 타입이 없다면, 이 변수가 몇 바이트를 할당할지 알 수 없습니다. 이 변수에 대입한 값을 보고, 인터프리터에서는 '이 변수는 정수형 변수이고, 4바이트 메모리 공간을 할당하면 되겠구나.'라는 것을 알 수 있는 것입니다.

쉬운 예로 우리가 일상에서 사용하는 용기의 종류를 보면 어떠한 내용물을 담느냐에 따라 사용 용기가 달라집니다. 물을 담을 때에는 주전자에, 밥을 먹을 때는 밥그릇에, 커피를 먹을 때는 커피잔을 사용합니다. 밥을 주전자에 담아 먹을 수 없고, 커피를 밥그릇에 담아 먹을 수 없습니다. 각각의 용기는 담을 용량과 용도가 명확합니다. 이러한 개념이 변수에 데이터 타입이 필요한 이유입니다. 변수가 용기에 담을 내용물이라면 데이터 타입은 용기의 종류라고 생각할 수 있습니다.

사용형태에 따른 용기의 종류

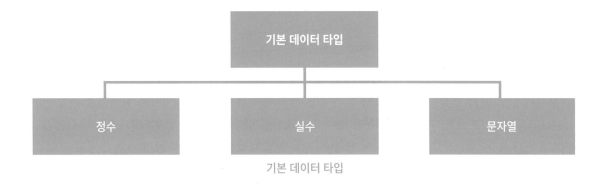

기본 데이터 타입

파이썬에서는 데이터의 형태를 확인할 때 type() 함수를 사용합니다. 함수의 괄호 내부에 데이터의 값 또는 변수를 넣습니다.

type(자료)

■ 소스코드 2-4 : 데이터 타입 알아내기

```
>>>    type(123)
>>>    type('Hello')
```

```
Python 3.8.0 Shell
File  Edit  Shell  Debug  Options  Window  Help
Python 3.8.0 (tags/v3.8.0:fa919fd, Oct 14 2019, 19:21:23) [MSC v.1916 32 bit (In
tel)] on win32
Type "help", "copyright", "credits" or "license()" for more information.
>>> type(123)
<class 'int'>
>>> type('Hello')
<class 'str'>
>>>
                                                                        Ln: 7  Col: 4
```

프롬프트(>>>)가 나타나면 첫 번째로, type(123)과 같이 type() 함수에 정수값 123을 대입하고, [Enter] 키를 누릅니다. 결과는 〈class 'int'〉가 출력되는데, int란 integer의 약자로 정수를 나타냅니다. 정수형 타입인 int가 파이썬 내부에서는 객체로 사용되고 있다는 것을 간접적으로 보여줍니다. 두 번째로, type('Hello')와 같이 type() 함수에 문자열 'Hello'를 대입하고 [Enter] 키를 누릅니다. 결과는 〈class 'str'〉가 출력되는데, str은 string의 약자로 문자열을 나타냅니다. 문자열 타입인 str 또한 파이썬 내부에서는 객체로 사용되고 있다는 것을 간접적으로 보여줍니다.

Unit:2 == (수치형 데이터)

① 정수형 사용하기

정수(Integer)라는 것은 부호는 있지만 소수점 이하를 표현하지 못하는 수입니다. 1, 50, −10 등의 수는 정수이지만, 3.14, 1.5 등의 소수점이 있는 수는 정수가 아닙니다. 이것은 바로 뒤에서 배우겠지만 실수라고 하지요. 우리가 수학에서 배웠던 정수라는 개념은 양수와 음수로 표현되고, 표현 범위는 양, 음의 무한대까지인데, 프로그래밍에서의 정수는 자료형에 따라서 데이터 표현 범위가 한정되어 있는 것을 볼 수 있습니다. 이 점이 수학에서의 정수와 프로그래밍에서의 정수와의 차이점입니다. 현실적으로 수학이라는 것은 이론 기반이기 때문에 무한대라는 것이 개념적으로 가능하지만, 프로그래밍의 경우는 컴퓨터의 메모리라는 유한적인 공간 안에서 이루어지는 실세계이다 보니 무한대라는 개념이 성립될 수 없는 것입니다. 한정된 자원을 어떻게 효율적으로 배분하여 사용할 것인지에 대한 문제는 비단 프로그래밍 세계에서만의 숙제가 아니라, 우리 인류가 전반적으로 풀어나가야 할 숙제일 것입니다.

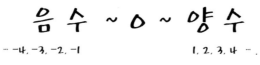

정수의 범위

앞으로 여러분이 파이썬에서 가장 많이 사용하는 대표적인 자료형이 아마 이 정수형(int)이 될 것입니다. 이러한 정수 데이터 타입은 int로 표현됩니다. 정수형을 사용한 간단한 예제들을 살펴 봅시다.

다음 예제는 사각형의 넓이를 계산하여 출력하는 예제입니다. 지금부터는 Shell 프로그램 기반(대화형 모드)이 아닌 File 기반(스크립트 모드)에서 파이썬 코드를 작성해 봅시다.

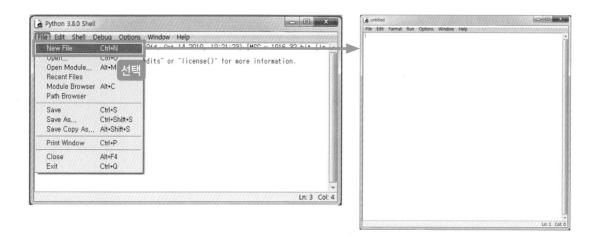

생성된 편집기에 다음과 같이 코드를 작성합니다.

■ 소스코드 : 2장/2-5.py

```
1:    width = 10
2:    height = 20
3:    print('사각형의 넓이는', width*height ,'이다')
```

작성이 완료되면 메뉴의 [Run] – [Run Module] 을 선택하거나, 단축키 [F5]를 눌러서 코드를 실행
시킵니다.

■ 출력결과

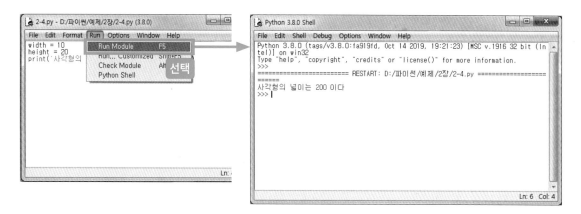

1 라인 : 사각형의 가로 길이 width 변수에 10을 대입합니다.
2 라인 : 사각형의 세로 높이 height 변수에 20을 대입합니다.
3 라인 : 사각형의 넓이 width * height를 계산한 후 print() 함수를 통해 출력합니다.

② 실수형 사용하기

실수(Real Number)는 소수점 이하를 가지는 수를 말합니다. 3.14나 1.56과 같은 정수부와 소수부로
나누어지는 수의 형태이고, 이러한 실수 데이터 타입은 float로 표현됩니다.
보통 실수를 표현하는 방식에는 고정소수점 방식과 부동소수점 방식이 있는데, 우리가 부동이라는 단
어의 의미를 '움직이지 않는다'라고 착각하여 고정소수점 방식과 동일하게 생각할 수 있습니다. 사실
은 그와 반대의 개념입니다. 부동의 '부'는 浮(뜰 부)입니다. 소수점이 움직인다는 뜻이지요. 우리가 사
용하는 float 타입이 바로 부동소수점 방식입니다.

실수형을 이용한 예제를 하나 작성해 볼까요? 다음은 원의 반지름을 이용하여 원의 넓이를 구하는 예
제입니다.

■ 소스코드 : 2장/2-6.py

```
1:    radius = 5
2:    PI = 3.14
3:    area = radius * radius * PI
4:    print('원의 넓이는 ', area, '이다')
```

■ 출력결과

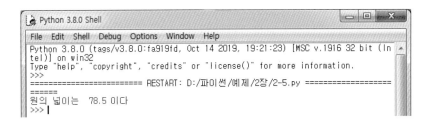

1 라인 : 원의 반지름인 radius 변수에 5를 대입합니다.

2 라인 : 원의 원주율인 PI 변수에 3.14를 대입합니다.

3-4 라인 : 원의 넓이 radius * radius * PI(반지름 * 반지름 * 원주율)를 계산한 후 print() 함수를 통해 출력합니다.

Unit:3 == (문자열 데이터)

① 문자열이란 무엇일까?

이번에는 문자열 데이터에 대해 살펴봅시다. 이미 우리는 앞에서 'Hello' 출력을 통해 문자열을 사용한 적이 있습니다. 문자열이란 'a', 'b', 'c' 등과 같은 각각의 문자들을 모아서 'abc'처럼 표현한 형태를 문자열이라고 합니다. 다른 언어에서는 문자열 표현 시 이중 따옴표(")로 감싸주어야 하는데, 파이썬에서는 이중 따옴표(") 뿐만 아니라 단일 따옴표(')도 가능합니다. 다만, 주의할 점은 단일 따옴표로 시작했으면 단일 따옴표로 끝나야 하고, 이중 따옴표로 시작했으면, 이중 따옴표로 끝나야 한다는 것입니다. 파이썬 Shell 프로그램을 실행하여 다음과 같이 입력해 볼까요?

■ 소스코드 2-7 : 문자열 출력 및 문자열 타입 출력하기

```
>>>   print('abcde')
>>>   type('abcde')
>>>   print('Hello')
>>>   type('Hello')
>>>   print('12345')
>>>   type('12345')
```

```
Python 3.8.0 Shell                                                    □ ▣ ✕

File  Edit  Shell  Debug  Options  Window  Help

Python 3.8.0 (tags/v3.8.0:fa919fd, Oct 14 2019, 19:21:23) [MSC v.1916 32 bit (Intel)] on win32
Type "help", "copyright", "credits" or "license()" for more information.
>>> print('abcde')
abcde
>>> type('abcde')
<class 'str'>
>>> print("Hello")
Hello
>>> type("Hello")
<class 'str'>
>>> print('12345')
12345
>>> type('12345')
<class 'str'>
>>>

                                                                    Ln: 15 Col: 4
```

처음에 print() 함수에 'abcde' 문자열을 입력하고, [Enter] 키를 누릅니다. 결과는 데이터에 단일 따옴표가 사용되었으므로 문자열 abcde가 출력되는 것을 확인할 수 있습니다. type() 함수를 통해 타입을 출력해보면 〈class 'str'〉이 출력되는데, str은 string의 약자로 문자열이라는 뜻입니다. 또 다른 문자열인 "Hello"도 마찬가지인데, 차이점은 이중 따옴표를 사용하였다는 점입니다. 결국 같은 문자열로 취급됩니다.

그런데, 특이한 점은 그 다음에 '12345'와 같은 수치형 데이터를 단일 따옴표를 사용하여 출력했을 경우 출력 결과 12345는 타입이 수치형일까요? 문자열일까요? 네 맞습니다. 데이터는 숫자의 형태를 가지고 있어도 데이터를 단일 따옴표(')나 이중 따옴표(")를 사용하게 되면 무조건 문자열로 출력됩니다.

② 문자(Character)와 아스키코드(ASCII)

프로그래밍에서는 1개의 문자를 표현할 때 문자라고 말하고, 그 문자들이 여러 개 모인 집합을 문자열이라고 말합니다. 그래서 C언어와 같은 언어는 문자와 문자열의 타입이 별도로 존재합니다. 하지만, 파이썬에서는 문자(Character) 타입이 별도로 존재하지 않고, 문자열에서 1개의 문자만 표현하면 그것을 문자로 인식합니다. 컴퓨터는 사람처럼 문자를 인식하지 못합니다. 오직 0과 1로 구성된 기계어만 인식하지요. 그래서 컴퓨터가 문자를 인식할 수 있도록 문자에 맵핑한 숫자인 아스키코드라는 것을 제공합니다.

문자와 아스키 코드의 맵핑 원리

예를 들면 사용자가 'A'라는 문자를 키보드로 입력하였을 때 컴퓨터 화면에 'A' 문자가 출력되는 이유는 컴퓨터가 문자를 인식했다는 의미입니다. 하지만 컴퓨터는 문자를 인식하지 못하고, 숫자만 인식한다고 했었죠? 우리가 입력한 'A' 문자는 컴퓨터 입장에서는 65라는 아스키코드로 인식을 하고 처리합니다. 파이썬에서는 아스키코드를 문자로, 문자를 아스키코드로 변경하는 함수를 제공합니다.

> **ord(문자) : 아스키코드를 반환**
>
> **chr(아스키코드) : 아스키코드에 맵핑된 문자를 반환**

■ 소스코드 : 2장/2-8.py

```
1:    print('A')
2:    print('B')
3:    print(ord('A'))
4:    print(ord('B'))
5:    print(chr(65))
6:    print(chr(66))
7:    print(chr(97))
8:    print(chr(98))
```

■ 출력결과

```
A
B
65
66
A
B
a
b
>>>
```

1-2 라인 : print() 함수를 통해 문자 'A'와 'B'를 화면에 출력합니다. 컴퓨터는 어떻게 문자를 인식하였을까요?

3-4 라인 : 문자 'A'와 'B'는 맵핑된 아스키코드를 리턴하여 컴퓨터가 인식할 수 있도록 합니다. 아스키코드는 ord() 함수의 결과를 출력함으로써 확인할 수 있는데, 문자 'A'의 아스키코드값은 65이고, 문자 'B'의 아스키코드값은 66입니다.

5-6 라인 : 아스키코드 65와 66은 각각 문자 'A'와 'B'에 맵핑되어 있습니다. 아스키코드를 맵핑된 문자로 리턴하는 함수는 chr()이고, 이 함수에 아스키코드를 대입하여 출력하면 맵핑된 문자가 출력됩니다.

7-8 라인 : 소문자 'a'와 'b'의 아스키코드인 97과 98을 chr() 함수에 대입하여 출력합니다. 결과는 'a'와 'b'가 출력되는 것을 확인할 수 있습니다.

아스키코드표

아스키코드는 미국 ANSI에서 표준화한 정보교환용 7비트 부호체계입니다. 이러한 부호체계를 사용하는 이유는 컴퓨터가 숫자만 인식하고 문자를 인식하지 못하기 때문입니다. 그래서 문자를 표현하려면 문자에 해당하는 숫자와 매핑을 시켜주어야 할 필요가 생겼습니다. 이러한 이유로 ASCII 코드가 탄생이 되었으며 총 128개의 문자에 숫자가 할당되어 있습니다.

DEC	HEX	OCT	Char	DEC	HEX	OCT	Char	DEC	HEX	OCT	Char
0	00	000	Ctrl-@ NUL	43	2B	053	+	86	56	126	V
1	01	001	Ctrl-A SOH	44	2C	054	,	87	57	127	W
2	02	002	Ctrl-B STX	45	2D	055	-	88	58	130	X
3	03	003	Ctrl-C ETX	46	2E	056	.	89	59	131	Y
4	04	004	Ctrl-D EOT	47	2F	057	/	90	5A	132	Z
5	05	005	Ctrl-E ENQ	48	30	060	0	91	5B	133	[
6	06	006	Ctrl-F ACK	49	31	061	1	92	5C	134	₩
7	07	007	Ctrl-G BEL	50	32	062	2	93	5D	135	]
8	08	010	Ctrl-H BS	51	33	063	3	94	5E	136	^
9	09	011	Ctrl-I HT	52	34	064	4	95	5F	137	_
10	0A	012	Ctrl-J LF	53	35	065	5	96	60	140	`
11	0B	013	Ctrl-K VT	54	36	066	6	97	61	141	a
12	0C	014	Ctrl-L FF	55	37	067	7	98	62	142	b
13	0D	015	Ctrl-M CR	56	38	070	8	99	63	143	c
14	0E	016	Ctrl-N SO	57	39	071	9	100	64	144	d
15	0F	017	Ctrl-O SI	58	3A	072	:	101	65	145	e
16	10	020	Ctrl-P DLE	59	3B	073	;	102	66	146	f
17	11	021	Ctrl-Q DCI	60	3C	074	<	103	67	147	g
18	12	022	Ctrl-R DC2	61	3D	075	=	104	68	150	h
19	13	023	Ctrl-S DC3	62	3E	076	>	105	69	151	i
20	14	024	Ctrl-T DC4	63	3F	077	?	106	6A	152	j
21	15	025	Ctrl-U NAK	64	40	100	@	107	6B	153	k
22	16	026	Ctrl-V SYN	65	41	101	A	108	6C	154	l
23	17	027	Ctrl-W ETB	66	42	102	B	109	6D	155	m
24	18	030	Ctrl-X CAN	67	43	103	C	110	6E	156	n
25	19	031	Ctrl-Y EM	68	44	104	D	111	6F	157	o
26	1A	032	Ctrl-Z SUB	69	45	105	E	112	70	160	p
27	1B	033	Ctrl-[ESC	70	46	106	F	113	71	161	q
28	1C	034	Ctrl-₩ FS	71	47	107	G	114	72	162	r
29	1D	035	Ctrl-] GS	72	48	110	H	115	73	163	s
30	1E	036	Ctrl-^ RS	73	49	111	I	116	74	164	t
31	1F	037	Ctrl_ US	74	4A	112	J	117	75	165	u
32	20	040	Space	75	4B	113	K	118	76	166	v
33	21	041	!	76	4C	114	L	119	77	167	w
34	22	042	"	77	4D	115	M	120	78	170	x
35	23	043	#	78	4E	116	N	121	79	171	y
36	24	044	$	79	4F	117	O	122	7A	172	z
37	25	045	%	80	50	120	P	123	7B	173	{
38	26	046	&	81	51	121	Q	124	7C	174		
39	27	047	'	82	52	122	R	125	7D	175	}
40	28	050	(	83	53	123	S	126	7E	176	~
41	29	051	)	84	54	124	T	127	7F	177	DEL
42	2A	052	*	85	55	125	U				

made by Lee Jae-wook

③ 여러 줄의 문자열 출력하기

우리가 앞서 출력했던 문자 또는 문자열의 형태는 항상 한 줄에 표현하였습니다. 하지만 매번 문자열을 한 줄로만 출력하도록 한다면 불편하겠지요? 다음과 같이 여러 줄의 문자열을 출력할 수 있는 방법이 있습니다.

> 죽는 날까지 하늘을 우러러
> 한 점 부끄럼이 없기를
> 잎새에 이는 바람에도
> 나는 괴로워했다

각각의 문자열은 총 4줄로 구성되어 있습니다. 줄바꿈을 하고자 하는 위치에 'Wn' 문자를 삽입하면 되는데, 이것을 개행문자라고 합니다. 이러한 'W(역슬래시)'로 시작하는 형태를 우리는 이스케이프 코드라고 합니다. 이스케이프 코드는 기능을 수행하지만 화면에는 출력되지 않습니다. 'Wn'의 경우도 개행의 기능은 수행하지만 실제로 화면에는 나타나지 않습니다.

> '죽는 날까지 하늘을 우러러\n한 점 부끄럼이 없기를\n잎새에 이는 바람에도\n나는 괴로워했다

■ 소스코드 : 2장/2-9.py

```
1:    print('개행문자 사용하지 않은 경우')
2:    print('죽는 날까지 하늘을 우러러 한 점 부끄럼 없기를 잎새에 이는 바람에도 나는
3:    괴로워했다')
4:    print('\n')
5:    print('개행문자 사용한 경우')
6:    print('죽는 날까지 하늘을 우러러\n한 점 부끄럼 없기를\n잎새에 이는 바람에도\n나는
7:    괴로워했다')
```

■ 출력결과

```
개행문자 사용하지 않은 경우
죽는 날까지 하늘을 우러러 한 점 부끄럼 없기를 잎새에 이는 바람에도 나는 괴로워했다


개행문자 사용한 경우
죽는 날까지 하늘을 우러러
한 점 부끄럼 없기를
잎새에 이는 바람에도
나는 괴로워했다
```

2 라인 : 긴 문장의 문자열을 한 줄로 출력하였습니다.
4 라인 : 출력문의 한 줄을 개행하기 위해서 'Wn'을 사용하였습니다.

6 라인 : 긴 문장의 문자열을 여러 줄로 출력하기 위해 개행하고자 하는 부분에 'Wn' 개행문자를 삽입하였습니다.

④ 문자열 안에 작은따옴표(') 또는 큰따옴표(")를 표시하기

파이썬에서 문자열을 만들기 위해서는 문장의 시작과 끝을 작은따옴표(') 또는 큰따옴표(")로 묶어주면 된다고 하였습니다. 그런데, 문자열 안에서 작은따옴표(')나 큰따옴표(")를 출력해야 하는 경우가 있습니다. 이러한 경우 어떻게 처리하는지 살펴봅시다.

먼저 문자열에 작은따옴표(')를 표시하는 방법을 살펴볼까요?

> **'She's gone.'**

이 문자열 중간에는 작은따옴표(')가 포함되어 있습니다. 문자열로 출력하려면 'She's gone'의 형태로 코드를 작성해야 하는데, 컴퓨터 입장에서 생각해보면 작은따옴표의 시작과 끝인 'She'를 한 개의 문자열로 인식하겠지요? 그런데, 그 뒤에 나오는 나머지 문자열인 s gone'문장으로 인해 컴퓨터는 매우 혼란스러운 상황에 빠지게 될 것입니다.
결국 우리가 원하는 논리와 컴퓨터가 인식하는 논리는 맞지 않습니다. 이 문제를 어떻게 해결할까요? 이렇게 작은따옴표(')를 문자열 중간에 표시하고자 할 때는 문자열을 큰따옴표(")로 묶어주면 됩니다.

> **"She's gone."**

■ 소스코드 : 2장/2-10.py

```
1:    strVal = "She's gone"
2:    print(strVal)
```

■ 출력결과

```
She's gone
```

큰따옴표 안에 들어 있는 작은따옴표는 문자열을 나타내기 위한 기호로 인식하지 않기 때문에 문제가 없습니다. 만약 큰따옴표를 작은따옴표로 바꾸어서 실행하면 어떻게 될까요?

■ 소스코드 : 2장/2-11.py

```
1:    strVal = 'She's gone'
2:    print(strVal)
```

코드에 Syntax Error가 출력되는 것을 확인할 수 있습니다.

이번에는 문자열에 큰따옴표(")를 표시하는 방법을 살펴볼까요?

"She said "goodbye.""

이 문자열 중간에는 큰따옴표(')가 포함되어 있습니다. 이 경우에 컴퓨터는 "She said "을 하나의 문자열로 인식하고 마지막 부분인 ""를 또 하나의 문자열로 인식합니다. 우리가 의도한 논리와 맞지 않지요? 이와 같이 문자열 안에 큰따옴표를 표시해야 하는 경우는 문자열을 작은따옴표(')로 묶어주면 됩니다.

'She said "goodbye."'

■ 소스코드 : 2장/2-12.py

```
1:    strVal = 'She said "goodbye"'
2:    print(strVal)
```

■ 출력결과

She said "goodbye"

작은따옴표 안에 들어 있는 큰따옴표는 문자열을 나타내기 위한 기호로 인식하지 않기 때문에 문제가 없습니다.

⑤ 역슬래시(\)를 사용하여 작은따옴표(') 또는 큰따옴표(")를 표시할 수 있어요

방금 설명한것처럼 문자열 안에서 작은따옴표 또는 큰따옴표를 출력할 수 있었어요. 그런데, 또 다른 방법으로 역슬래시(₩)를 사용해도 작은따옴표 또는 큰따옴표를 출력할 수 있어요. 이 방법은 사실 파이썬뿐만 아니라 C++이나 자바와 같은 언어에서도 익히 사용하고 있는 방법들이예요. 한번 살펴볼까요?

앞서 문제가 되었던 두 개의 문자열 표현입니다. 작은따옴표로 둘러싸인 문자열 안에 작은따옴표를 출력하는 경우입니다. 이러한 경우 문자열 안에 출력할 작은따옴표 앞에 역슬래시(₩)를 붙여주면 문자열을 나타내기 위한 기호로 인식하지 않기 때문에 문제가 발생하지 않습니다.

■ 소스코드 : 2장/2-13.py

```
1:    strVal1 = 'She\'s gone'
2:    strVal2 = 'She said \'goodbye\''
3:    print(strVal1)
4:    print(strVal2)
```

■ 출력결과

```
She's gone
She said 'goodbye'
```

___ # 잠깐 알아두세요 ___

이스케이프 코드
우리는 앞서 문자열을 개행하거나 문자열 안에 따옴표를 표시하는 경우의 기능을 수행하기 위해 역슬래시(\)와 조합된 코드를 사용하였습니다. 이러한 형태의 코드를 이스케이프 코드라고 부릅니다. 이스케이프 코드란 프로그래밍 시에 사용할 수 있도록 미리 정의해 둔 문자조합입니다. 우리가 문자열 출력 시 편리하게 사용할 수 있도록 기능을 제공합니다.

코드	설명
\n	문자열에서 줄바꿈을 할 때 사용합니다.
\'	문자열 안에서 작은따옴표(')를 출력할 때 사용합니다.
\"	문자열 안에서 큰따옴표(")를 출력할 때 사용합니다.
\t	문자열 사이에 탭 간격을 줄 때 사용합니다.
\\	문자열 안에서 역슬래시(\)를 출력할 때 사용합니다.
\r	문자열 안에서 현재 커서를 가장 앞으로 이동할 때 사용합니다.
\a	실행하면 PC에서 비프음(삑소리)을 출력합니다.
\b	문자열 안에서 현재 커서를 한 칸 왼쪽으로(백스페이스) 이동합니다.
\000	널 문자를 출력합니다.

03: = ("값을 키보드로부터 입력받기 input()")

Unit:1 == (input() 함수의 기본 사용)

print()와 같은 데이터 출력을 위한 함수가 있었다면 반대로 키보드로부터 데이터를 입력받기 위한 input() 함수가 제공됩니다. input() 함수는 키보드로부터 데이터를 입력받아 변수에 저장합니다. 일반적으로 값을 변수에 대입하면 변수의 값은 고정이 됩니다. 즉 코드상에서 변수의 값을 변경하지 않으면 바꿀 수 없다는 의미입니다. 하지만, input() 함수를 이용하면 코드에 고정적인 값이 아닌 사용자가 프로그램 수행중에 값을 입력하여 변수에 값을 대입할 수 있습니다.

input() 함수를 사용하여 변수에 값을 대입하는 형태를 살펴볼까요?

변수 = input(프롬프트 문자열)

input() 함수로 입력받는 모든 수는 문자열로 취급되어 변수에 저장됩니다. 그리고, input() 함수 안에 프롬프트 문자열은 사용자가 입력받을 때 안내를 도와주는 문자열로 예를 들면 "ID를 입력하세요", "비밀번호를 입력하세요" 등의 문구를 사용할 수 있습니다.

input() 함수를 이용하여 사용자가 데이터를 입력한 후 입력받은 데이터를 출력하는 예제를 작성해 볼까요? 파이썬 프로그램을 실행하여 스크립트 모드에서 작성해 보겠습니다.

■ 소스코드 : 2장\2-14.py

```
1:    strValue = input('좋아하는 과일은 무엇인가요? ')
2:    print(strValue + '을 좋아합니다')
```

■ 출력결과

```
좋아하는 과일은 무엇인가요? 수박
수박을 좋아합니다
```

1 라인 : input() 함수로 키보드로부터 값을 입력받아 strValue 변수에 대입합니다. '='은 대입연산자로 다음 장인 연산자 파트에서 학습할 것입니다.

input() 함수의 전달인자인 프롬프트 문자열에는 '좋아하는 과일은 무엇인가요?'라고 입력하였습니다. 우리가 키보드로 어떤 값을 입력할 지 안내해주는 문구입니다.

2 라인 : 현재 strValue 변수에 저장되어 있는 값은 여러분이 입력한 '수박'이라는 문자열 값입니다. print() 함수를 통해 화면에 출력합니다.

이제 input() 함수를 사용하는 방법에 대해서 알게 되었습니다. 이번에는 input() 함수를 2번 사용하여 2번의 키보드 입력을 해보겠습니다.

■ 소스코드 : 2장\2-15.py

```
1:    strID = input('아이디를 입력하세요: ')
2:    strPW = input('비밀번호를 입력하세요: ')
3:    print('입력한 ID는 ' + strID + '입니다')
4:    print('입력한 PW는 ' + strPW + '입니다')
```

■ 출력결과

```
아이디를 입력하세요: jamsuham75
비밀번호를 입력하세요: 1234
입력한 ID는 jamsuham75입니다
입력한 PW는 1234입니다
```

1-2 라인 : input() 함수로 사용자로 하여금 문자열 값을 입력받아 각각 strID와 strPW에 대입합니다.

3-4 라인 : print() 함수를 통해 문자열 변수 strID와 strPW를 출력합니다.

Unit:2 == (입력 데이터 연산하기)

사용자로 하여금 두 수를 입력받아 더한 결과값을 출력해야 한다면 어떻게 구현하면 될까요? 사용자 입력이니 당연히 input() 함수를 이용해야겠지요.

■ 소스코드 : 2장\2-16.py

```
1:    strNum1 = input('첫번째 숫자를 입력하세요: ')
2:    strNum2 = input('두번째 숫자를 입력하세요: ')
3:    print('두 수의 합은 ' + strNum1 + strNum2 + ' 입니다')
```

■ 출력결과

```
첫번째 숫자를 입력하세요: 100
두번째 숫자를 입력하세요: 200
두 수의 합은 100200 입니다
```

결과를 보면 어떤가요? 우리가 원하는 결과가 나왔나요? 그렇지 않죠. 두 수를 각각 100과 200을 입력하였으므로 300이라는 결과를 기대했겠지만, 100200이 출력되었습니다. 이러한 결과의 이유는 input() 함수를 통해 입력받은 값의 타입은 문자열이기 때문입니다. 문자열은 문자열끼리 '+' 연산을 하게 되면 그대로 결합하게 됩니다.

그렇다면 정수형 변수에 문자열을 더한다면 어떠한 결과가 나올까요?

■ 소스코드 : 2장\2-17.py

```
1:    nNum = 100
2:    strNum = input('숫자를 입력하세요: ')
3:    total = nNum + strNum
4:    print('두 수의 합은 ' + total + ' 입니다')
```

■ 출력결과

```
숫자를 입력하세요: 200
Traceback (most recent call last):
  File "D:\파이썬\예제\2장\2-16.py", line 3, in <module>
    total = nNum + strNum
TypeError: unsupported operand type(s) for +: 'int' and 'str'
```

이번에는 오류가 출력되는 것을 볼 수 있습니다. 오류의 원인은 3라인에 있습니다. nNum은 100이라는 값을 가진 정수형 타입이고, strNum은 사용자가 입력한 문자열 타입입니다. 서로 다른 두 타입이 연산을 시도하다 보니 문제가 발생한 것입니다. 목적에 맞게 결과가 출력되려면 strNum의 타입이 정수로 변경되어야 합니다. 이러한 경우 사용되는 기법이 '타입 캐스팅(Type casting)'입니다. 타입캐스팅은 하나의 타입을 원하는 타입으로 변환하는 것을 의미합니다.

CHAPTER 04: = ("타입캐스팅 (Type casting)")

Unit:1 == (정수로 바꾸기)

파이썬에서 어떤 타입의 데이터를 정수로 변경하는 방법은 너무 간단해서 기가 막힐 정도입니다. 다음과 같이 int() 함수를 이용하면 바로 해결됩니다.

int(데이터)

잠시 파이썬의 대화형 모드에서 다음과 같이 테스트해 봅시다.

```
>>> int('100')
100
>>> int(3.14159)
3
>>> int('100') + int(3.14159)
103
```

문자열 '100'은 int() 함수를 통해 정수 100으로 변환되고, 실수 3.14159는 int() 함수를 통해 정수 3으로 변환된 것을 확인할 수 있습니다. 변환된 두 수를 더했을 때 103이 출력되는 것을 통해 정수 타입으로 연산된 결과임을 확인할 수 있습니다.

Unit:2 == (문자열로 바꾸기)

이번에는 어떤 타입의 데이터를 문자열로 변경하는 방법입니다. 문자열은 str() 함수를 이용하면 됩니다.

str(데이터)

잠시 파이썬의 대화형 모드에서 다음과 같이 테스트해 봅시다.

```
>>> str(100)
'100'
>>> str(3.14)
'3.14'
>>> str(100) + str(3.14)
'1003.14'
```

정수 100은 str() 함수를 통해 문자열 '100'으로 변환되고, 실수 3.14는 str() 함수를 통해 문자열 '3.14'로 변환된 것을 확인할 수 있습니다. 변환된 두 수를 더했을 때 '1003.14'가 출력되는 것을 통해 문자열 타입으로 연산된 결과임을 확인할 수 있습니다.

앞에서 문제가 되었던 예제를 다음과 같이 수정해 보겠습니다.

■ 소스코드 : 2장\2-18.py

```
1:    strNum1 = input('첫번째 숫자를 입력하세요: ')
2:    strNum2 = input('두번째 숫자를 입력하세요: ')
3:    total = int(strNum1) + int(strNum2)
4:    print('두 수의 합은 ' + str(total) + ' 입니다')
```

■ 출력결과

```
첫번째 숫자를 입력하세요: 100
두번째 숫자를 입력하세요: 200
두 수의 합은 300 입니다
```

3 라인 : 사용자가 입력한 두 개의 문자열 변수를 int() 함수를 통해 각각 타입캐스팅하였습니다. 결국 두 개의 정수를 더하여 total 변수에 결과값을 대입한 것이지요.

4 라인 : total은 정수이므로 문자열과 결합하여 출력하기 위해서는 문자열로 타입캐스팅되어야 합니다.

Unit:3 == (실수로 바꾸기)

이번에는 어떤 타입의 데이터를 실수로 변경하는 방법입니다. 실수는 float() 함수를 이용하면 됩니다.

float(데이터)

잠시 파이썬의 대화형 모드에서 다음과 같이 테스트해 봅시다.

```
>>> float(10)
10.0
>>> float('25.3456')
25.3456
>>> float(10) + float('25.3456')
35.345600000000005
```

정수 10은 float() 함수를 통해 실수 10.0으로 변환되고, 문자열 '25.3456'은 float() 함수를 통해 실수 25.3456으로 변환된 것을 확인할 수 있습니다. 변환된 두 수를 더했을 때 35.345600000000005가 출력되는 것을 통해 실수형 타입으로 연산된 결과임을 확인할 수 있습니다.

Unit:4 == (문자를 아스키 코드로 바꾸기)

문자 타입의 데이터를 아스키코드로 변경하는 방법은 이미 앞에서 문자열을 다루면서 소개했던 함수입니다. 타입캐스팅 관점에서 다시 살펴보겠습니다. ord() 함수를 이용하면 문자가 아스키 코드로 변환됩니다.

ord(문자)

파이썬의 대화형 모드에서 다음과 같이 테스트해 봅시다.

```
>>> ord('A')
65
>>> ord('B')
66
>>> ord('a')
97
>>> ord('F')
70
>>> ord('c')
99
```

문자 'A'는 ord() 함수를 통해 아스키코드 65로 변환되고, 문자 'B'는 ord() 함수를 통해 아스키코드 66으로 변환된 것을 확인할 수 있습니다. 그 외 문자 'a', 'F', 'c' 또한 각각 아스키 코드 97, 70, 99로 변환된 것을 확인할 수 있습니다. 만약 ord() 함수의 전달인자로 문자 타입이 아닌 데이터가 입력되면 오류가 발생합니다.

Unit:5 == (아스키 코드를 문자로 바꾸기)

이번에는 아스키코드 데이터를 문자로 변경하는 방법입니다. 이 함수 또한 앞에서 이미 소개했던 함수입니다. chr() 함수를 이용하면 아스키코드가 문자로 변환됩니다.

chr(아스키코드)

파이썬의 대화형 모드에서 다음과 같이 테스트해 봅시다.

```
>>> chr(65)
'A'
>>> chr(66)
'B'
>>> chr(97)
'a'
>>> chr(70)
'F'
>>> chr(99)
'c'
```

아스키코드 65는 chr() 함수를 통해 문자 'A'로 변환되고, 66은 chr() 함수를 통해 문자 'B'로 변환된 것을 확인할 수 있습니다. 그 외 아스키코드 97, 70, 99 또한 각각 문자 'a', 'F', 'c'로 변환된 것을 확인할 수 있습니다. 만약 chr() 함수의 전달인자로 아스키코드가 아닌 데이터가 입력되면 오류가 발생합니다.

CHAPTER 05:

= ("주석 사용하기")

주석의 의미는 어떤 문장의 뜻을 쉽게 풀이한 것을 말합니다. 프로그래밍에서 주석의 용도는 크게 2가지로 나눌 수 있는데, 첫 번째는 작성한 코드의 내용을 설명하는 용도이고, 두 번째는 작성한 코드의 실행을 임시로 막는 용도입니다.

Unit:1 == (한 라인 주석 처리하기)

파이썬에서는 코드의 한 라인을 주석 처리를 할 때는 기호는 #을 사용합니다.

#어쩌구 저쩌구

코드의 내용을 설명하는 용도는 다음과 같은 형태로 사용합니다.

■ 소스코드 : 2장\2-19.py

```
1:    #주석 관련 파이썬 예제입니다.
2:    fruit1 = '수박, '
3:    fruit2 = '포도, '
4:    fruit3 = '키위'
5:    myfavorite = ' '            #좋아하는 과일의 목록을 저장하는 변수입니다.
6:
7:    myfavorite += fruit1
8:    myfavorite += fruit2
9:    myfavorite += fruit3
10:   print('내가 좋아하는 과일은 : ' + myfavorite + ' 입니다.')
```

■ 출력결과

내가 좋아하는 과일은 : 수박, 포도, 키위 입니다.

1 라인 : 전체 코드를 설명하는 문장으로 앞에 #을 붙여주었습니다. 파이썬은 실행 시 #으로 처리한 문장은 인식하지 않습니다.

5 라인 : myfavorite 변수의 용도를 설명합니다. 설명 문장 앞에 #을 붙임으로써 마찬가지로 #이하의 문장은 실행 시 인식하지 않습니다.

주석을 코드의 설명 용도로만 사용하지는 않습니다. 앞서 언급했듯이 작성한 코드를 임시로 막을 때 사용하기도 합니다.

■ 소스코드 : 2장\2-20.py

```
1:    fruit1 = '수박, '
2:    fruit2 = '포도, '
3:    fruit3 = '키위'
4:    myfavorite = ''
5:
6:    #myfavorite += fruit1
7:    #myfavorite += fruit2
8:    myfavorite += fruit3
9:    print('내가 좋아하는 과일은 : ' + myfavorite + ' 입니다.')
```

■ 출력결과

내가 좋아하는 과일은 : 키위 입니다.

6-7 라인 : 코드 자체에 # 기호를 추가함으로써 코드 라인을 주석으로 막았습니다. 실행 시 6, 7라인의 문장은 인식하지 않습니다. 그래서 수행 결과는 '수박'과 '포도'가 빠지게 됩니다.

Unit:2 == (여러 라인 주석 처리하기)

만약 한 라인의 주석이 아닌 여러 라인의 주석을 처리할 때 # 기호를 이용하여 한 라인씩 처리하는 것은 매우 비효율적입니다. 10라인 이내의 주석은 어떻든 하겠지만, 100라인 정도의 주석을 처리한다면 매우 번거롭겠죠? 여러 라인을 한꺼번에 주석처리하는 방법은 다음과 같이 2가지 방법으로 처리할 수 있습니다.

■ 큰 따옴표를 3개 연속으로 사용하는 경우

```
"""
어쩌구 저쩌구
"""
```

■ 작은 따옴표를 3개 연속으로 사용하는 경우

```
'''
어쩌구 저쩌구
'''
```

코드 작성 시 여러 라인의 코드를 한꺼번에 주석처리하는 경우 다음과 같이 사용할 수 있습니다.

■ 소스코드 : 2장\2-21.py

```
1:    fruit1 = '수박, '
2:    fruit2 = '포도, '
3:    fruit3 = '키위'
4:    myfavorite = ''
5:    '''
6:    myfavorite += fruit1
7:    myfavorite += fruit2
8:    myfavorite += fruit3
9:    '''
10:   print('내가 좋아하는 과일은 : ' + myfavorite + ' 입니다.')
```

■ 출력결과

내가 좋아하는 과일은 : 입니다.

5 ~ 9 라인 : 6, 7, 8라인의 코드를 주석으로 처리하기 위해 5, 9라인에 각각 ''' 표기를 함으로써 사이에 있는 코드를 모두 주석으로 처리하였습니다. 실행 결과는 6, 7, 8라인의 수행을 제외한 결과가 출력되었습니다.

보통 우리가 새로운 함수 또는 새로운 모듈을 코드로 추가할 때 해당 기능에 대한 내용을 주석으로 표기합니다. 다음과 같이 작성할 수 있습니다.

■ 소스코드 : 2장\2-22.py

```
1:    """
2:    author : chlee
3:    date : 2025.3.10
4:    remark : 파이썬 기반 여러줄 주석 처리 코드입니다.
5:    """
```

```
6:    fruit1 = '수박, '
7:    fruit2 = '포도, '
8:    fruit3 = '키위'
9:    myfavorite = ''
10:
11:    myfavorite += fruit1
12:    myfavorite += fruit2
13:    myfavorite += fruit3
14:    print('내가 좋아하는 과일은 : ' + myfavorite + ' 입니다.')
```

___ # 잠깐 알아두세요 ___

실무 코드에서는 대부분 협업시스템 기반이므로 여러 사람이 함께 작업을 합니다. 과거에 누군가가 새로운 코드를 추가 했다던지, 여러분이 새로운 코드를 추가하거나 수정한다면 그에 대한 이력 정보를 코드상에 남겨놓으면 코드 관리에 상당한 도움이 됩니다. 그래서 위와 같이 코드상에 author, date, remark 정도는 최소한의 정보로 주석형태의 기록을 하는 것이 좋습니다.

Unit:3 == (파이썬 IDLE 주석 단축키)

주석을 처리하는 표기를 직접 할 수도 있지만, 우리가 사용하는 파이썬 IDLE에서는 주석 단축키를 제공합니다.

■ 주석을 생성하는 경우

Alt키 + 3

■ 주석을 제거하는 경우

Alt키 + 4

■ 소스코드 : 2장\2-23.py

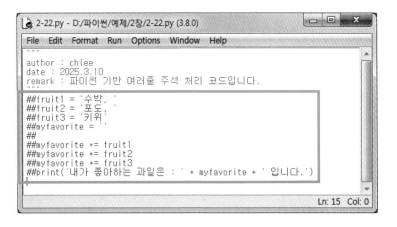

P3. 재료들의 조합, 연산자 사용하기

C1. 연산자란 무엇인가

C2. 다양한 연산자들의 종류

C3. 산술 연산자

C4. 대입 연산자

C5. 관계 연산자

C6. 논리 연산자

C7. 비트 연산자

C8. 연산자의 우선순위와 결합순서

복습

이해하였는가?　　No

YES

P4. 논리적 사고의 기초, 조건문

PART 03

재료들의 조합, 연산자 사용하기

앞 장에서 배운 변수가 요리의 재료였다면 이번 시간에 배울 연산자는 재료를 이용하여 유기적으로 섞는 역할을 합니다. 예를 들면 밀가루라는 재료를 이용하여 반죽을 만든다던지, 전을 부치기 위해 고기라는 재료에 계란을 입힌다던지 하는 과정이죠. 데이터는 있지만 컴퓨터가 연산을 하지 못한다면 그 컴퓨터는 쓸모없는 깡통에 불과한 이치와 같습니다. 그만큼 프로그래밍에서는 연산자가 중요한 의미를 가지고 있습니다. 하지만 부담은 가질 필요는 없습니다. 왜냐하면 우리는 이미 수학을 통해 여러 연산자들에 대해 공부를 했으며, 특히 사칙연산에 대해서는 매우 익숙하기 때문입니다.

= ("연산자란 무엇인가")

앞에서 배운 변수의 데이터들이 정적인 재료들이였다면 우리가 배울 연산자는 데이터의 새로운 형태를 만들어내는 역동적인 기능이라고 할 수 있습니다.

예를 들어 학생들의 각 과목의 성적은 각각의 데이터 자체로써는 그 의미가 없습니다. 그러나 각 과목을 합한 총점이나 평균을 내어 학점을 내면 그것은 유용한 데이터가 될 수 있습니다.

각 과목 데이터만으로는 의미가 없음

	국어	영어	수학	총점	평균
길동	70	80	80	230	76
찰스	90	80	70	240	80
지호	100	90	80	270	90

과목의 총점 및 평균은 의미가 있음

연산자의 유용한 데이터 생성

우리가 수학시간에 배웠던 사칙연산(더하기, 빼기, 곱하기, 나누기)은 매우 익숙합니다. 왜냐하면 일상 생활에서 없어서는 안될 기본 연산들이기 때문입니다. 하지만, 파이썬에서는 사칙 연산 외에도 다양한 연산자들과 연산 규칙들이 있습니다. 우리가 이번 시간에 연구해 보아야 할 주제입니다.

CHAPTER 02: = ("다양한 연산자들의 종류")

파이썬에서는 다양한 연산자들을 제공합니다. 연산자들을 잘 활용할 수 있으면 복잡한 연산을 간단하게 처리할 수 있습니다. 다음은 연산자를 기능별로 분류한 표입니다.

기능별 분류	연산자 종류
산술 연산자	+ - * / %
대입 연산자	= += -= *= /= %=
부호 연산자	+ -
관계 연산자	== != < > <= >=
논리 연산자	|| && !
비트 연산자	! & >> << ~

우리는 단순히 산술연산 정도만 알고 있습니다. 그런데 파이썬에서 제공하는 연산을 보면 생각보다 다양한 연산자가 존재하는 것을 볼 수 있습니다. 대신 이를 복잡하게 생각할 필요는 없습니다. 오히려 연산자라는 것은 연산 과정을 쉽게 하기 위해 존재하는 것이기 때문에, 이 연산자들의 의미를 잘 파악하고 익혀놓으면 효율적인 프로그램을 작성할 수 있습니다. 각각의 연산자들의 의미와 사용법에 대해 하나씩 차근차근 살펴보도록 합시다.

CHAPTER 03

= ("산술 연산자")

산술 연산자는 더하고, 빼고, 곱하고, 나누는 기본적인 연산이고, 우리가 일상 생활에서도 보편적으로 사용하는 연산입니다. 이 연산의 개념에 대해서는 굳이 따로 설명할 필요는 없을 것 같습니다. 더하기(+), 빼기(−) 연산의 기호는 수학에서 사용하는 기호와 동일하므로 우리에게 익숙합니다. 하지만, 곱하기와 나누기의 경우는 조금 다릅니다. 수학에서 곱하기를 X라고 사용하는데, 이는 알파벳 X와 혼동될 우려가 있으므로 파이썬에서는 * 기호를 사용하도록 되어 있고, 나누기의 경우는 수학에서 ÷ 기호를 사용하고 있지만, 키보드에는 없기 때문에 / 기호를 나누기 기호로 사용하고 있습니다. 다음은 산술 연산자의 종류와 그 의미에 대한 표입니다.

산술 연산자의 종류	산술 연산자의 의미	사용 형태
+	왼쪽과 오른쪽에 있는 값을 더합니다.	a = 5 + 3
−	왼쪽의 값에서 오른쪽의 값을 뺍니다.	a = 5 - 3
*	왼쪽과 오른쪽의 값을 곱합니다.	a = 5 * 3
/	왼쪽의 값을 오른쪽의 값으로 나눕니다.	a = 5 / 3
%	왼쪽에 있는 값을 오른쪽에 있는 값으로 나누어서 나머지를 반환합니다.	a = 5 % 3
**	왼쪽의 값을 밑수로 오른쪽 값을 지수로 합니다.	a^n = a ** n
//	왼쪽의 값을 오른쪽 값으로 나눈 후 소수점을 없앱니다.	a = 5 // 3

산술 연산자를 사용한 예제를 작성해 보도록 하겠습니다.

```
1:    num1 = 5;
2:    num2 = 3;
3:
4:    print("두 수의 합은 " + str(num1 + num2) + " 입니다.");
5:    print("두 수의 차는 " + str(num1 - num2) + " 입니다.");
6:    print("두 수의 곱은 " + str(num1 * num2) + " 입니다.");
7:    print("두 수의 나누기는 " + str(num1 / num2) + " 입니다.");
8:    print("두 수의 나머지는 " + str(num1 % num2) + " 입니다.");
9:    print("num1의 num2 제곱수는 " + str(num1 ** num2) + " 입니다.");
10:   print("두 수의 나눈 몫의 소수점을 버린 수는 " + str(num1 // num2) + " 
11:   입니다.");
```

■ **출력결과**

```
두 수의 합은 8 입니다.
두 수의 차는 2 입니다.
두 수의 곱은 15 입니다.
두 수의 나누기는 1.6666666666666667 입니다.
두 수의 나머지는 2 입니다.
num1의 num2 제곱수는 125 입니다.
두 수의 나눈 몫의 소수점을 버린 수는 1 입니다.
```

4 라인 : 두 변수를 더한 후 결과를 출력합니다.

5 라인 : 왼쪽 피연산자에서 오른쪽 피연산자를 뺀 후 출력합니다.

6 라인 : 두 변수를 곱한 후 결과를 출력합니다.

7 라인 : 왼쪽 피연산자를 오른쪽 피연산자로 나눈 후 몫을 출력합니다.

8 라인 : 왼쪽 피연산자를 오른쪽 피연산자로 나눈 후 나머지를 출력합니다.

9 라인 : 왼쪽 피연산자를 밑수로 오른쪽 피연산자를 지수로 하여 제곱수를 출력합니다.

10 라인 : 왼쪽 피연산자를 오른쪽 피연산자로 나눈 후 몫을 출력하되, 소수점 이하는 모두 없앱니다.

CHAPTER **04:**

= ("대입 연산자")

대입 연산자의 기본 연산은 = 로써 연산자의 오른쪽에 있는 피연산자를 왼쪽 피연산자에 대입하는 역할을 합니다. 그리고, 대입 연산자와 앞서 살펴본 산술 연산자의 혼용한 형태로 다양한 형태의 대입 연산자를 정의하고 있습니다.

대입 연산자의 종류	대입 연산자의 의미	사용 형태
=	연산자를 기준으로 오른쪽에 있는 값을 왼쪽 피연산자에 대입합니다.	a = b
+=	연산자를 기준으로 왼쪽의 값을 오른쪽 값과 더해서 다시 왼쪽 피연산자에 대입합니다.	a += b (a = a + b 와 같은 의미입니다.)
-=	연산자를 기준으로 왼쪽의 값에서 오른쪽의 값을 빼고 다시 왼쪽 피연산자에 대입합니다.	a -= b (a = a - b 와 같은 의미입니다.)
*=	연산자를 기준으로 왼쪽의 값을 오른쪽 값과 곱해서 다시 왼쪽 피연산자에 대입합니다.	a *= b (a = a * b 와 같은 의미입니다.)
/=	연산자를 기준으로 왼쪽의 값을 오른쪽 값으로 나누어서 다시 왼쪽 피연산자에 대입합니다.	a /= b (a = a / b 와 같은 의미입니다.)
%=	연산자를 기준으로 왼쪽의 값을 오른쪽 값으로 나누어서 남은 나머지를 다시 왼쪽 피연산지에 대입합니다.	a %= b (a = a % b 와 같은 의미입니다.)
**=	왼쪽의 값을 밑수로 오른쪽 값을 지수로 하여 결과를 다시 왼쪽 피연산자에 대입합니다.	a^n = a ** n
//=	왼쪽의 값을 오른쪽 값으로 나눈 후 소수점을 없앤 결과를 다시 왼쪽 피연산자에 대입합니다.	a = a // b

대입 연산자를 혼용한 형태는 연산식을 조금이나마 간편하게 하기 위함입니다. a += b는 a = a + b 와 같은 의미의 연산식입니다. a에 b를 더해서 결과를 다시 a에 대입하는 형태입니다. 나머지 대입 연산자들 또한 같은 형태의 맥락에서 이해하면 됩니다.

```
1:    num1 = 5;
2:    num2 = 3;
3:
4:    num1 += num2;
5:    print("num1 += num2의 결과는 " + str(num1) + " 입니다.");
6:    num1 -= num2;
7:    print("num1 -= num2의 결과는 " + str(num1) + " 입니다.");
8:    num1 *= num2;
9:    print("num1 *= num2의 결과는 " + str(num1) + " 입니다.");
10:   num1 /= num2;
11:   print("num1 /= num2의 결과는 " + str(int(num1)) + " 입니다.");
12:   num1 %= num2;
13:   print("num1 %= num2의 결과는 " + str(int(num1)) + " 입니다.");
14:   num1 **= num2;
15:   print("num1 **= num2의 결과는 " + str(int(num1)) + " 입니다.");
16:   num1 //= num2;
17:   print("num1 //= num2의 결과는 " + str(int(num1)) + " 입니다.");
```

■ 출력결과

```
num1 += num2의 결과는 8 입니다.
num1 -= num2의 결과는 5 입니다.
num1 *= num2의 결과는 15 입니다.
num1 /= num2의 결과는 5 입니다.
num1 %= num2의 결과는 2 입니다.
num1 **= num2의 결과는 8 입니다.
num1 //= num2의 결과는 2 입니다.
```

4-5 라인 : 왼쪽 피연산자 num1과 오른쪽 피연산자 num2를 더한 후 결과를 num1에 대입하여 출력합니다.

6-7 라인 : 왼쪽 피연산자 num1에서 오른쪽 피연산자 num2를 뺀 후 결과를 num1에 대입하여 출력합니다.

8-9 라인 : 왼쪽 피연산자 num1과 오른쪽 피연산자 num2를 곱한 후 결과를 num1에 대입하여 출력합니다.

10-11 라인 : 왼쪽 피연산자 num1을 오른쪽 피연산자 num2로 나눈 후 몫을 num1에 대입하여 출력합니다.

12-13 라인 : 왼쪽 피연산자 num1을 오른쪽 피연산자 num2로 나눈 후 나머지를 num1에 대입하여 출력합니다.

14-15 라인 : 왼쪽 피연산자 num1을 밑수로 오른쪽 피연산자 num2를 지수로 한하여 제곱수의 결과를 num1에 대입하여 출력합니다.

16-17 라인 : 왼쪽 피연산자 num1을 오른쪽 피연산자 num2로 나눈 후 몫을 num1에 대입하여 출력하되, 소수점 이하는 모두 없앱니다.

이번에는 대입연산자를 이용해서 지하철 기본운임 티켓을 구매하고 거스름돈을 받는 프로그램을 작성해 보겠습니다.

■ 소스코드 : 3장/3-3.py

```
1:   money = int(input('돈을 넣어주세요  : '))
2:   count = int(input('몇 장 드릴까요? : '))
3:   ticket = 1200
4:
5:   money -= (ticket*count)
6:   print('거스름돈 : ', money)
```

■ 출력결과

```
돈을 넣어주세요  : 3000
몇 장 드릴까요? : 2
거스름돈 :  600
```

1 라인 : input() 함수를 통해 금액을 입력합니다. input() 함수의 입력값은 기본적으로 문자열이므로 int() 함수를 통해 타입캐스팅(형변환)하였습니다.
2 라인 : input() 함수를 구매할 티켓의 수를 입력합니다.
5 라인 : 대입연산자 -=를 이용하여 입력한 금액에서 구매한 티켓의 값을 빼고, 거스름돈을 다시 money 변수에 대입합니다.

CHAPTER **05:**

= ("관계 연산자")

관계 연산자는 관계를 따지는 연산자로 서로 같은지, 다른지, 어느 쪽이 큰지 등을 비교하는 연산자입니다. 그 결과는 참(True)이나 거짓(False)으로 리턴됩니다. 다음은 관계 연산자들의 종류와 그 의미에 대한 표입니다.

관계 연산자의 종류	관계 연산자의 의미	사용 형태
==	두 값의 값이 같습니다.	a == b
!=	두 값의 값이 다릅니다.	a != b
>	연산자를 기준으로 왼쪽의 값이 오른쪽의 값보다 큽니다.	a > b
<	연산자를 기준으로 오른쪽의 값이 왼쪽의 값보다 큽니다.	a < b
>=	연산자를 기준으로 왼쪽의 값이 오른쪽의 값보다 크거나 같습니다.	a >= b
<=	연산자를 기준으로 오른쪽의 값이 왼쪽의 값보다 크거나 같습니다.	a <= b

코드 상에서 이 관계 연산자는 주로 조건의 비교 시 조건문(if문) 안에서 많이 쓰입니다. 조건문에 대해서는 4장.조건문에서 자세히 설명할 것입니다. 관계 연산자는 두 값의 조건이 맞는지 틀린지를 구분할 수 있어야 합니다. 그래서 관계 연산자의 조건에 맞으면 참(True)을 리턴하고, 조건에 맞지 않으면 거짓(False)을 리턴합니다.
관계 연산자의 결과가 조건에 맞게 출력되는지 확인해 보겠습니다.

■ 소스코드 : 3장/3-4.py

```
1:    a = 10
2:    b = 11
3:    c = 12
4:    d = 10
5:
6:    print('a == b 의 결과는 : ', a == b)
7:    print('a < b 의 결과는 : ', a < b)
8:    print('a >= c 의 결과는 : ', a >= c)
9:    print('a == d 의 결과는 : ', a == d)
```

■ 출력결과

```
a == b 의 결과는 :  False
a < b 의 결과는 :  True
a >= c 의 결과는 :  False
a == d 의 결과는 :  True
```

CHAPTER 06:

= ("논리 연산자")

논리 연산자는 주로 관계 연산자와 함께 많이 사용됩니다. 두 개의 조건식 등을 결합하여 하나의 결과 값을 만들어 냅니다. 다음은 논리 연산자들의 종류와 그 의미에 대한 표입니다.

논리 연산자의 종류	논리 연산자의 의미	사용 형태
not	피연산자의 결과를 모두 반대로 만듭니다. 피연산자가 True이면 False를 리턴하고, 피연산자가 False이면 True를 리턴합니다.	not(a < 10)
and	피연산자가 모두 참이여야만 true를 리턴합니다.	a and b
or	피연산자 중 하나만 참이여도 true를 리턴합니다.	a or b

not 연산자는 모든 결과를 반대로 리턴하는 청개구리 같은 속성을 가지고 있습니다. not(a < 10)의 표현의 의미는 (a < 10)이 참이면 거짓을 리턴하고, (a < 10)이 거짓이면 참을 리턴하겠다는 것입니다.

and 연산자는 '그리고'의 의미를 가지고 있습니다. 수학에서 and의 의미는 두 조건이 모두 만족해야 모두 참입니다. 마찬가지로 and 연산자 또한 피연산자 모두 참이여야만 True를 리턴합니다. a and b 의 경우 a가 참이고, b가 참이면 True를 리턴합니다. 그러나, a가 참이고, b가 거짓이거나, a가 거짓이고, b가 참인 경우, 또는 a, b 모두 거짓인 경우 모두 False를 리턴합니다.

or 연산자는 '또는'의 의미를 가지고 있습니다. 수학에서 or 의 의미와 동일합니다. 이 연산자는 피연산자 중 하나만 참이면 True를 리턴합니다. a or b의 경우 a와 b 중에서 하나만 참이면 무조건 True를 리턴하고, a와 b 모두 거짓일 경우만 False를 리턴합니다.

```
1:    a = 10
2:    b = 11
3:    c = 12
4:    d = 10
5:
6:    print('not(a < 10)  의 결과는 : ', not(a < 10))
7:    print('(a < b) and (a > c) 의 결과는 : ', (a < b) and (a > c))
8:    print('(a >= c) or (a == d) 의 결과는 : ', (a >= c) or (a == d))
```

■ 출력결과

```
not(a < 10)  의 결과는 :  True
(a < b) and (a > c) 의 결과는 :  False
(a >= c) or (a == d) 의 결과는 :  True
```

6 라인 : a < 10은 거짓(False)입니다. 그런데 앞에 not 연산자가 붙어 있으면 무조건 반대로 리턴하므로 참(True)이 리턴됩니다.

7 라인 : a < b는 참(True)이고, a > c는 거짓(False)입니다. 두 개의 피연산자가 and 연산자로 결합되어 있는데, 둘 중에 한 개라도 거짓(False)이면 결과는 거짓(False)을 리턴합니다.

8 라인 : a >= c는 거짓(False)이고, a == d는 참(True)입니다. 두 개의 피연산자가 or 연산자로 결합되어 있는데, 둘 중에 한 개라도 참(True)이면 결과는 참(True)을 리턴합니다.

이번에는 and, or 연산자를 사용하여 3항 연산자를 작성해 보겠습니다. 대부분 프로그래밍 언어(대표적으로 C나 자바 등)에서 제공되는 연산자 중에 하나입니다.

condition and a or b

3항 연산자의 condition이 True이면 and 뒤의 a가 리턴되고, condition이 False이면 or 뒤의 b가 리턴됩니다. 앞에서 작성한 3-3.py 코드에서 3항 연산자를 사용해 보도록 하겠습니다. 우리가 입력한 금액이 반드시 티켓의 값보다 크다고 보장할 수는 없습니다. 이러한 처리는 현재 코드에서 처리되어 있지 않습니다. 코드를 수정해 보겠습니다.

```
1:    money = int(input('돈을 넣어주세요  : '))
2:    count = int(input('몇 장 드릴까요? : '))
3:    ticket = 1200
4:
5:    money -= (ticket*count)
6:    change = '거스름돈 : ' + str(money)
7:    result = money < 0 and '잔액이 부족합니다. 금액을 투입해주세요.'\
8:    or  change
9:    print(result)
```

■ 출력결과

```
돈을 넣어주세요  : 1000
몇 장 드릴까요? : 1
잔액이 부족합니다. 금액을 투입해주세요.
```

6 라인 : 거스름돈 money의 값을 구하여 변수 change에 문자열로 저장합니다.

7-8 라인 : 거스름돈 money가 0보다 작다는 의미는 투입금액이 티켓값보다 적게 투입되었다는 것을 뜻합니다. 그래서 0보다 작은 경우는 and 이하의 '잔액이 부족합니다. 금액을 투입해주세요.'를 리턴하고, 0보다 크거나 같은 경우는 or 이하의 거스름돈 값이 저장되어 있는 문자열 변수 change를 리턴합니다. 리턴한 문자열은 result에 대입됩니다.

9 라인 : 변수 result를 그대로 출력합니다.

한 라인에 코드가 길어질 경우 임의로 개행을 하면 문법 오류가 발생합니다. 그래서 개행 시에 문장 끝에 '₩'를 붙여주면 다음 문장과 이어진다는 표시이기 때문에 문법 오류가 발생하지 않습니다.

잠깐 알아두세요

C/C++이나 자바와 같은 다른 프로그래밍 언어에서 사용하는 3항 연산자의 형태는 다음과 같습니다.

condition ? a : b

물음표(?)는 파이썬에서 and와 같고 콜론(:)은 or와 같습니다.

CHAPTER 07: = ("비트 연산자")

비트 연산자는 이름 그대로 비트(bit)를 연산 대상으로 합니다. 비트라는 것은 컴퓨터의 메모리 최소 단위로써 하나의 비트는 1 또는 0을 기억하며, 8비트가 모이면 1 바이트가 됩니다. 보통 우리가 사용하는 컴퓨터는 32비트 또는 64비트 컴퓨터인데, 이는 메모리의 기본 단위를 32비트 또는 64비트로 사용하겠다는 의미입니다.

비트 단위까지의 연산은 과거 메모리가 부족했던 시절에는 매우 중요했었습니다. 특히나 그래픽 메모리를 사용할 때 비트 단위의 조작을 많이 했었는데, 이미지의 반전, 투명 처리 및 스크롤 등의 연산들을 빠른 속도로 처리할 수 있었습니다.

근래에는 메모리 양도 많이 늘어났고, 윈도우 환경에서는 그래픽 메모리 엑세스를 금지하였기 때문에 비트 연산을 할 일이 많이 없어졌습니다. 그나마 비트 연산을 하는 경우는 임베디드 기반의 플랫폼이나 미들웨어에서 종종 사용되는데, 주로 통신 프로토콜을 주고 받을 때 패킷의 헤더 정보를 비트 단위로 쓰고 읽고 합니다.

다음은 비트 연산자들의 종류와 의미에 대한 표입니다.

비트 연산자의 종류	비트 연산자의 의미	사용 형태
~	비트를 반전시킵니다. (NOT)	~a
^	두 개의 비트가 달라야 1이 됩니다. (XOR)	a ^ b
&	대응되는 비트가 모두 1일 때 1이 됩니다.(AND)	a & b
|	대응되는 비트가 모두 0일 때 0이 됩니다.(OR)	a | b
<<	지정한 수만큼 왼쪽으로 비트를 이동시킵니다.	a << 2
>>	지정한 수만큼 오른쪽으로 비트를 이동시킵니다.	a >> 2

비트 단위의 연산자 대상은 반드시 정수이어야 하고, 실수에 대해서는 비트 연산이 불가능합니다. 비트 연산자는 다른 연산자들과는 달리 설명해야 할 것들이 많으므로 각각의 비트 연산자 별로 알아보도록 하겠습니다.

Unit:1 == (비트 부정(~) 연산자)

~ 연산자만 비트 연산자 중 유일하게 단항 연산자입니다. 비트 연산자 중에 가장 이해하기 쉬운 연산자로 단순히 각 비트를 반전시키기만 하면 됩니다. 예를 들어 임의의 비트에 0이 대입되어 있으면 1로 바꾸고, 1이 대입되어 있으면 0으로 바꾸어 줍니다. 이를 보수 연산이라고 합니다. 다음은 '~ 비트' 단위 연산 형태입니다.

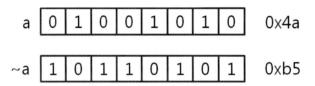

정수형 변수 a의 비트 단위의 형태입니다. 제대로 하려면 32비트의 메모리 형태를 그려야 하지만, 지면 편의상 8비트만을 표현하였습니다. 현재 변수 a의 16진수 값은 0x4a의 값을 갖습니다. 그런데, 부정연산자를 통해 ~a 연산을 하였습니다. 그림의 메모리 형태를 보면 0은 1로 1은 0으로 반전 시켰음을 확인할 수 있습니다. ~a의 16진수 값은 0xb5가 되었습니다. 이 두 수는 1의 보수 관계에 있으므로 16진수끼리 더하면 0xff(이진수로 11111111)가 됩니다. 부정연산자(~)에 관한 간단한 코드를 작성해 보겠습니다.

■ 소스코드 : 3장/3-7.py

```
1:    a = 74
2:    print('a의 값 : %x' % a)
3:    print('~a의 값 : %x' % ~a)
4:    print('a + ~a 의 연산 결과 : %x' % (a + ~a))
5:    print('~a + 1 의 연산 결과 : %x' % (~a + 1))
```

■ 출력결과

```
a의 값 : 4a
~a의 값 : -4b
a + ~a 의 연산 결과 : -1
~a + 1 의 연산 결과 : -4a
```

2 라인 : a의 값을 16진수로 출력합니다. 16진수 출력 시 %x 서식을 사용합니다. x는 hexa(16진수)를 나타냅니다.

3 라인 : a의 값을 비트 부정연산자(~)로 연산을 하여 출력합니다. 결과는 16진수 −4b가 출력되는데, 0xb5와 같은 값입니다.

4 라인 : a와 ~a는 1의 보수 관계이므로 결과는 두 수를 더하면 −1이 출력됩니다.

5 라인 : a의 1의 보수인 ~a에 1을 더하여 2의 보수를 만듭니다. 2의 보수는 반대 부호의 값이 됩니다.

비트 부정연산자는 어떤 값의 반대 부호의 값을 찾고자 할 때 활용할 수 있습니다. a의 경우 비트 부정연산을 수행한 ~a에 1을 더하면 그 값의 음수를 얻을 수 있었습니다.

 # 잠깐 알아두세요

%가 앞에 붙어 있는 형태를 서식 지정자라고 합니다. 소스코드에서 사용한 %x는 16진수를 표현하기 위한 서식 지정자입니다. x는 hexa의 약자로 16진수를 의미합니다.

print('a의 값 : %x' % a)의 문장에서 %x는 문자열 안에서 %x 그대로 출력되는 것이 아니라 변수 a의 값이 대입되어 출력됩니다.

서식 지정자의 종류에는 대표적으로 정수형 %d, 실수형 %f, 문자열 %s 등이 있습니다. 서식 지정자에 대해서는 8장에서 다시 자세하게 설명하므로 지금 완벽하게 이해가 안되더라도 걱정할 필요는 없습니다.

Unit:2 == (비트 배타적 논리합(^) 연산자)

이 연산자는 이항 연산자로 두 개의 비트가 달라야만 1을 반환하는 연산입니다. 다음 그림을 보면서 어떠한 연산인지 정확하게 이해해 봅시다.

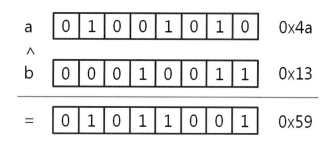

위 그림은 변수 a와 b를 비트 배타적 논리합(^) 연산을 한 것으로 연산식으로 표현하면 a^b로 표기할 수 있습니다. 두 변수의 각 비트 연산 결과를 보면 서로 같은 비트끼리의 연산 결과는 0이고, 서로 다른 비트끼리의 연산 결과는 1을 리턴한 것을 볼 수 있습니다. 비트 배타적 논리합(^)에 관한 간단한 코드를 작성해 보겠습니다.

```
1:    a = 74
2:    b = 19
3:
4:    print('a의 값 : %x' % a)
5:    print('b의 값 : %x' % b)
6:    print('a ^ b 의 연산 결과 : %x' % (a^b))
```

■ 출력결과

```
a의 값 : 4a
b의 값 : 13
a ^ b 의 연산 결과 : 59
```

4 라인 : a의 값을 16진수로 출력합니다.

5 라인 : b의 값을 16진수로 출력합니다.

6 라인 : a와 b 두 수를 비트 배타적 논리합(^) 연산을 하여 결과를 16진수로 출력합니다.

Unit:3 == (비트 논리곱(&) 연산자)

& 연산자는 이항 연산자로써 두 개의 비트가 모두 1일 때 1을 리턴하고, 두 개의 비트가 서로 다르거나, 모두 0일 때 0을 리턴합니다. 다음 그림을 보면서 어떠한 연산인지 정확하게 이해해 봅시다.

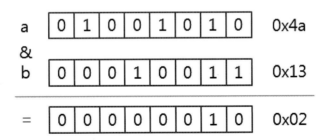

& 연산자는 이항 연산자로써 두 개의 비트가 모두 1일 때 1을 리턴하고, 두 개의 비트가 서로 다르거나, 모두 0일 때 0을 리턴합니다. 다음 그림을 보면서 어떠한 연산인지 정확하게 이해해 봅시다.

```
1:    a = 74
2:    b = 19
3:
4:    print('a의 값 : %x' % a)
5:    print('b의 값 : %x' % b)
6:    print('a & b 의 연산 결과 : %x' % (a&b))
```

■ 출력결과

```
a의 값 : 4a
b의 값 : 13
a & b의 연산 결과 : 2
```

6 라인 : a와 b 두 수를 비트 논리곱(&) 연산을 하여 결과를 16진수로 출력합니다.

Unit:4 == (비트 논리합(|) 연산자)

| 연산자는 이항 연산자로써 두 개의 비트 중 하나라도 1이면 1을 리턴하고, 두 개의 비트가 모두 0일 경우만 0을 리턴합니다. 보통 | 연산자는 win32 기반 윈도우 프로그래밍 코드에서 자주 볼 수 있는데, 주로 윈도우 생성 시 스타일과 같은 옵션을 여러 개 동시에 설정하고 싶을 때 사용합니다. 옵션이나 스타일과 같은 경우는 설정을 한 가지 이상 해야 하기 때문에, | 연산자를 통해 여러 개의 값을 사용할 수 있습니다. 이를테면 이런 형태입니다.

style |= WS_CHILD | WS_VISIBLE | BS_PUSHBUTTON

다음 그림을 보면서 어떠한 연산인지 정확하게 이해해 봅시다.

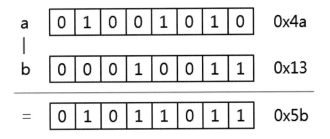

변수 a와 b의 비트별 연산 결과를 보면 두 비트 중 한 개라도 1인 경우는 무조건 1을 리턴하고, 비트가 모두 0인 경우에만 0을 리턴합니다. 비트 논리합(|)에 관한 간단한 코드를 작성해 보겠습니다.

```
1:     a = 74
2:     b = 19
3:
4:     print('a의 값 : %x' % a)
5:     print('b의 값 : %x' % b)
6:     print('a | b 의 연산 결과 : %x' % (a|b))
```

■ 출력결과

```
a의 값 : 4a
b의 값 : 13
a | b 의 연산 결과 : 5b
```

6 라인 : a와 b 두 수를 비트 논리합(|) 연산을 하여 결과를 16진수로 출력합니다.

Unit:5 == (<<, >> 쉬프트(Shift)연산자)

<<, >> 쉬프트(Shift) 연산자는 이항 연산자로써 비트를 이동시키는 역할을 합니다. << 연산자는 비트를 지정한 만큼 왼쪽으로 이동시키고, >> 연산자는 비트를 지정한 만큼 오른쪽으로 이동시킵니다. 그나마 연산자의 모양이 화살표 방향 형태로 직관적이여서 비트 이동 방향과 일치합니다. <<는 왼쪽 방향, >>는 오른쪽 방향입니다. 그림을 보면서 연산에 대해 정확하게 이해하도록 하겠습니다.

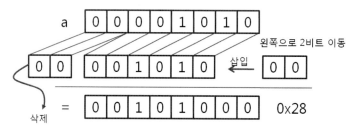

a << 2 → 변수 a를 왼쪽으로 2비트만큼 이동한 값을 리턴 한다.

변수 a를 왼쪽으로 2비트만큼 쉬프트(Shift)하여 이동합니다. 2비트 이동한 만큼 메모리의 가장 왼쪽의 2비트는 버리게 되고, 그만큼 비는 2비트의 공간을 가장 오른쪽에서 채웁니다. 이 때 채워지는 2비트의 각 비트는 0의 값을 가지고 있습니다. 결국 a의 값을 왼쪽으로 2비트만큼 쉬프트 하였을 때 결과는 0x28입니다.

이번에는 반대로 b의 값을 2비트만큼 오른쪽으로 쉬프트(Shift)하여 이동해 봅시다. 오른쪽으로 쉬프트 연산은 왼쪽 쉬프트 연산과 동일합니다. 다만 비트들을 이동시키는 방향만 다를 뿐입니다. 그림을 보고 오른쪽 방향으로의 쉬프트 연산을 이해하도록 하겠습니다.

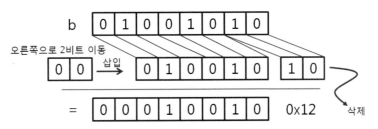

b >> 2 → 변수 b를 오른쪽으로 2비트만큼 이동한 값을 리턴 한다.

변수 b를 오른쪽으로 2비트만큼 쉬프트(Shift)하여 이동합니다. 2비트 이동한 만큼 메모리의 가장 오른쪽의 2비트는 버리게 되고, 그만큼 비는 2비트의 공간을 가장 왼쪽에서 채웁니다. 이 때 채워지는 2비트의 각 비트는 0의 값을 가지고 있습니다. 결국 b의 값을 오른쪽으로 2비트만큼 쉬프트 하였을 때 결과는 0x12가 됩니다. 〈〈, 〉〉 쉬프트 연산자에 관한 간단한 코드를 작성해 보겠습니다.

■ 소스코드 : 3장/3-11.py

```
1:    a = 10
2:    b = 74
3:
4:    print('a의 값 : %x' % a)
5:    print('b의 값 : %x' % b)
6:    print('a << 2 의 연산 결과 : %x' % (a<<2))
7:    print('b >> 2 의 연산 결과 : %x' % (b>>2))
```

■ 출력결과

```
a의 값 : a
b의 값 : 4a
a << 2 의 연산 결과 : 28
b >> 2 의 연산 결과 : 12
```

6 라인 : a〈〈2 연산은 왼쪽으로 2비트만큼 이동하라는 의미이고 연산 결과를 16진수로 출력합니다.

7 라인 : b〉〉2 연산은 오른쪽으로 2비트만큼 이동하라는 의미이고 연산 결과를 16진수로 출력합니다.

일전에 필자는 프로그램을 개발하면서 암호화와 복호화[1]를 하는 간단한 모듈을 만든 적이 있는데 내부 기본 원리는 비트 연산 중에 쉬프트 연산자를 사용하였습니다. 비밀번호의 경우 1234라고 한다면 서버에 저장 시 암호화를 합니다. 인증 시에는 암호화된 상태를 복호화시켜서 비교를 합니다. 예를 들어 암호화 시 1234 〈〈 2와 같이 왼쪽으로 2비트 쉬프트 했다면 복호화 시 1234 〉〉 2와 같이 오른쪽으로 2비트 쉬프트 해주면 됩니다.

---

1 복호화 : 암호화된 데이터를 암호 전 형태로 변경하여 사람이 읽을 수 있는 형태로 만드는 것입니다. 자물쇠로 잠근 데이터를 푸는 개념입니다.

```
1:    password = int(input('비밀번호를 입력해주세요  : '))
2:
3:    print('password의 값 : ', password)
4:    encoding = password << 2
5:    print('password가 암호화 되었습니다 : ', encoding)
6:    decoding = encoding >> 2
7:    print('password가 복호화 되었습니다 : ', decoding)
```

■ 출력결과

```
비밀번호를 입력해주세요  : 1234
password의 값 : 1234
password가 암호화 되었습니다 : 4936
password가 복호화 되었습니다 : 1234
```

3 라인 : 현재 입력한 정수형 비밀번호의 값을 그대로 출력합니다.

4 라인 : 비밀번호의 값을 왼쪽으로 2비트만큼 이동하여 변수 encoding에 대입합니다.

5 라인 : 암호화된 변수 encoding을 출력합니다.

6 라인 : 변수 encoding을 2비트만큼 오른쪽으로 이동하여 변수 decoding에 대입합니다.

7 라인 : 암호화했던 값이 처음 입력했던 비밀번호의 값으로 다시 복원된 것을 확인할 수 있습니다.

CHAPTER 08: = ("연산자의 우선순위와 결합순서")

우리가 인생을 살면서 중요한 일과 덜 중요한 일, 그리고 중요하지 않은 일로 분류를 하여 내가 해야 할 일에 대한 우선순위를 정하게 됩니다. 중요한 일을 먼저하고, 상대적으로 덜 중요한 일은 나중에 하게 됩니다.

우리가 앞서 배운 연산자들은 매우 여러가지입니다. 이러한 여러 개의 연산자들을 같이 사용하게 되면 어떤 연산자를 수행해야 할 지 난감합니다. 다음 식을 보고 생각해볼까요?

$$a = 4;$$
$$a = a * 2 + 6 / 2 - 1$$

a의 초기값은 4입니다. 두 번째 식 a에 4를 대입하여 계산해보면 되겠지요. 우리가 초등학교 산수정도만 할 수 있다면, 이 정도 문제는 아주 쉽게 풀 수 있을 것입니다. 답은 얼마인가요? 아마 10이 나와야 정답이지 않을까 싶습니다.

혹시 10이 아닌 다른 답이 도출된 분들은 연산의 우선순위에 대한 착각을 했을 가능성이 높습니다. 산술 연산의 기본적인 우선순위는 대부분 상식선에서 알고 있을 것입니다. 곱하기, 나누기는 더하기, 빼기보다 우선순위가 높습니다. 그리고, 우선순위가 같은 것끼리 있을 경우에는 왼쪽에 먼저 나온 연산이 우선순위가 높습니다. 이것을 우리는 결합순서라고 합니다.

그러면 앞의 식의 연산 순서를 살펴볼까요? 가장 먼저 곱하기와 나누기가 수행되어야 하는데, 결합순서에 의해 곱하기 연산이 왼쪽에 있으므로 a * 2가 먼저 수행되고 그 다음 6 / 2가 수행됩니다. 그 다음 더하기와 빼기 연산이 수행되어야 하는데, 결합순서에 의해 더하기가 왼쪽에 있으므로 (a * 2) + (6 / 2)가 수행되고 그 다음에 빼기인 −1이 수행됩니다.

산술 연산자 외에 나머지 연산자들도 우선순위를 가지고 있습니다. 다음은 파이썬에서 사용하는 연산자들의 우선순위를 표로 나타내어 보았습니다. 이 표의 내용을 외울 필요는 없습니다. 다만, 훑어보시고 대략 우선순위의 순서만 익히시기 바랍니다. 당장은 괄호는 최우선이고, 곱셈과 나눗셈이 덧셈 뺄셈보다는 우선한다는 점과 대입 연산자는 상대적으로 우선순위가 낮다는 점만 기억하면 될 것 같습니다. 나중에 실전에서 연산의 우선순위가 헷갈릴 때 다시 이 표를 참고하시기 바랍니다.

우선 순위	연산자	설명
1	(), [], {}	괄호, 리스트, 딕셔너리
2	**	제곱
3	~, +, -	부호, 부정 연산자
4	*, /, %, //	곱셈, 나눗셈
5	+, -	덧셈, 뺄셈
6	<<, >>	비트 쉬프트 연산자
7	&	비트 논리곱
8	^	비트 배타적 논리합
9	¦	비트 논리합
10	<, >, >=, <=	관계 연산자
11	==, !=	관계 연산자
12	=, %=, /=, //=, +=, -=, *=, **=	대입 연산자
13	not	논리 연산자
14	and	논리 연산자
15	or	논리 연산자

우선순위에 대하여 알아보았으니 앞에서 보았던 연산식을 변형하여 다시 한번 살펴보도록 하겠습니다. 기존 연산식을 대입 연산자를 활용하면 다음과 같이 변경할 수 있습니다.

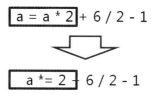

대입 연산자 *=를 사용하여 기존의 a = a * 2의 문장을 a *= 2로 변경하였습니다. 이 상태로 문장을 계산해보면 이전과 결과가 똑같을까요? 문장만 놓고 보게 되면 문제가 없어 보입니다. 하지만 연산자들의 우선순위를 고려해보면 이전과 다른 결과를 초래하게 됩니다. 왜냐하면 표에서 *= 대입 연산자의 우선 순위는 12번째에 위치하고 있습니다. 즉, 높은 우선순위였던 곱하기(*) 연산이 낮은 우선순위인 대입 연산자로 형태가 바뀌면서 초래한 결과입니다. 코드를 작성해서 이 연산식을 수행해보도록 하겠습니다.

```
1:    a = 4
2:    a = a * 2 +6 / 2 - 1
3:    print('첫 번째 연산 결과는 :',  a)
4:
5:    a = 4
6:    a *= 2 + 6 / 2 - 1
7:    print('두 번째 연산 결과는 :', a)
```

■ 출력결과

```
첫 번째 연산 결과는 : 10.0
두 번째 연산 결과는 : 16.0
```

2 라인 : 이 문장에서 곱하기가 우선순위가 가장 높고 결합순서에서도 최상위이므로 a * 2 연산이 가장 먼저 수행됩니다.

6 라인 : 이 문장에서 더하기, 빼기, 나누기 등의 산술 연산자들에 비해 상대적으로 *= 연산의 우선순위는 낮으므로 *= 연산은 가장 나중에 수행됩니다.

연산에 있어서 이러한 부작용이 발생할 수 있으므로, 복잡한 연산식에서는 연산식이 혼용된 대입 연산자 사용을 피하는 것이 좋습니다. 연산자의 우선순위는 보기보다 까다로워서 연산 시 항상 주의를 해야 합니다.

___ # 잠깐 알아두세요 ____

필자는 복잡한 연산식에서 부작용을 피하기 위해 사용하는 방법이 있습니다. 바로 괄호를 즐겨 사용하는 것입니다. 조심해야 할 연산식의 부분을 괄호로 싸두면 코드가 조금 길어지는 단점은 있지만, 그에 비해 코드의 부작용을 방지할 수 있고 가독성을 높인다는 차원에서 훨씬 더 많은 장점을 가지고 있습니다. 이를테면 괄호를 사용한 연산식은 다음과 같습니다.

a = (a * 2) + (6 / 2) - 1

괄호를 사용한 연산식이 훨씬 더 깔끔하지 않나요?

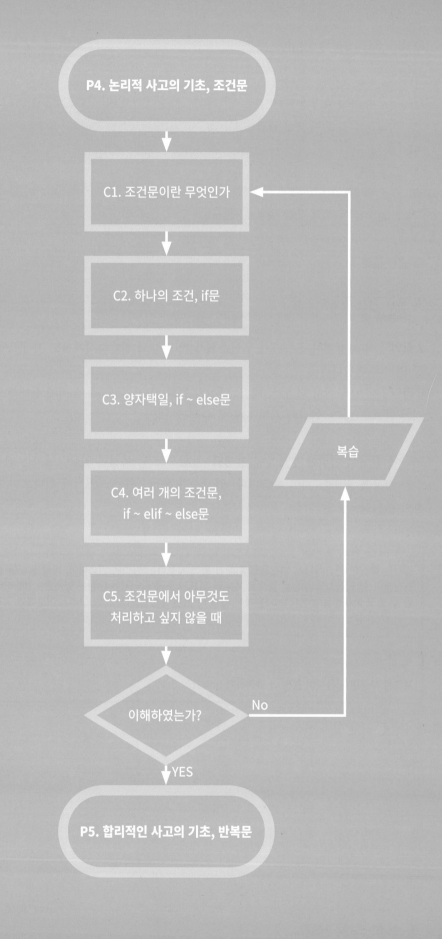

PART 04

논리적인 사고의 기초, 조건문

우리의 삶은 늘 선택의 연속입니다. 물론 우리가 이 세상에 태어나서 숨쉬고 있는 것은 나의 선택은 아니지만, 살면서 선택해야 하는 것들이 참 많이 있습니다. 무엇을 먹을지, 어디를 갈지, 무슨 일을 해야 할지 등등의 일상들이 모두 선택해야 하는 것들입니다. 이러한 선택은 나의 상황이 어느 특정 조건에 부합하기 때문에 가능한 것입니다. 프로그래밍에서도 마찬가지로 어느 특정 상황에서 선택을 해야 하는 경우가 많이 발생합니다. 이 때 우리는 조건에 따라 분기를 해주어야 하는데, 프로그래밍에서는 조건문이라는 것을 사용하여 처리합니다. '분기를 한다'고 해서 다른 말로 '분기문'이라고도 합니다. 이번 장에서는 파이썬의 조건문에 대해서 알아보도록 하겠습니다.

CHAPTER 01 :
= ("조건문이란 무엇인가")

우리는 살면서 조건이라는 단어를 참 많이 사용합니다. 보통 개인과 개인간의 관계, 개인과 사회와의 관계, 그리고 국가와 국가간의 관계에서도 우리는 조건에 따라 서로간의 이해관계가 달라지는 것들을 흔히 볼 수 있습니다.

'조건'이란 사전적 의미를 보면 '어떤 의미를 이루게 하거나 이루지 못하게 하기 위하여 갖추어야 할 상태나 요소'라고 말합니다. 다시 말하면 어떤 목표를 이루기 위해서는 어떠한 조건을 갖추어야 한다는 의미입니다. 가장 쉬운 예로 시험을 들 수 있는데, 정보처리기사의 합격 기준이 70점이라고 한다면, 합격의 조건은 70점 이상이고, 그 이하의 점수이면 불합격이 되는 것입니다.

프로그래밍에서도 시험점수와 같은 기준에 따라서 처리하는 루틴이 갈라지게 되는데 이러한 기준에 따라 분기하는 문장을 조건문이라고 합니다. 조건문은 파이썬 언어만이 아니라 모든 프로그래밍 언어에서 공통적으로 사용하는 개념이고 문법이기 때문에 여기서 개념을 잘 익혀 놓으시면 다른 언어에서도 그대로 사용할 수 있습니다.

CHAPTER **02:**

= ("하나의 조건, if문")

Unit:1 == (만약에...)

어떠한 프로그래밍 언어를 막론하고 조건문에서 기본적으로 사용하는 명령문이 바로 if문입니다. if의 사전적인 의미는 '만약에'라는 뜻을 가지고 있습니다. 우리는 일상생활에서도 if문을 사용하는 나 자신을 발견할 수 있습니다. '만약에 내가 복권 1등에 당첨된다면...', '만약에 내가 대통령이 된다면...', '만약에 내가 과거로 돌아가서 세종대왕을 만난다면...' 등의 현실 가능한 또는 불가능한 상황을 만약이라는 가정법을 사용하여 생각을 하게 되지요. 이러한 조건의 내용은 맞을 수도 있고 안맞을 수도 있습니다.

프로그래밍에서도 이러한 만약이라는 가정법을 사용하는 명령이 if문이고, 이 명령을 통해 가정한 내용은 맞을 수도 있고 안맞을 수도 있는데, 조건문에서는 이러한 경우를 나누어 처리하도록 구분해 주고 있습니다.

자, 그럼 본격적으로 조건문 if의 기본적인 동작 원리를 살펴볼까요?

Unit:2 == (if문의 기본 동작 원리)

다음은 if문의 기본적인 동작 원리입니다.

```
if 실행 조건 : ─────────────→      조건에 만족하나요?

        ① 실행하고 싶은 일          ① 네 : 실행하고 싶은 일
  ② 아무것도 하지 않음              ② 아니오 : 아무것도 하지 않음
```

if 뒤에 '실행 조건'을 쓰고 이 조건을 만족하게 되면 하위 단락 안으로 진입하여 1탭(Tab)을 들여쓰기한 ① 실행하고 싶은 일을 수행하고 조건을 만족하지 않으면 건너뛰고 ② 아무것도 하지 않음을 수행하게 됩니다. 그럼 바로 간단한 조건문 소스코드를 작성해 볼까요?

■ 소스코드 : 4장/4-1.py

```
1:    a = 11
2:    if a > 10 :
3:        print("a는 10보다 큽니다.")
```

■ 출력결과

a는 10보다 큽니다.
>>>

1 라인 : 변수 a에 11이라는 값을 대입하였습니다.

2 라인 : if문이라는 조건문으로 a가 10보다 큰지 물어보고 있습니다. 그리고 if문의 문장이 끝나면 반드시 문장의 끝에 콜론(:)을 붙여주세요.

3 라인 : 앞의 조건이 어땠나요? a는 11의 값이 들어있고, 물어보는 조건문은 a가 10보다 크니까 맞는 이야기죠? 조건은 참이므로 if문 안의 문장을 실행합니다.

우리가 작성한 코드를 이해하기 쉽게 순서도(FlowChart)로 나타내볼까요?

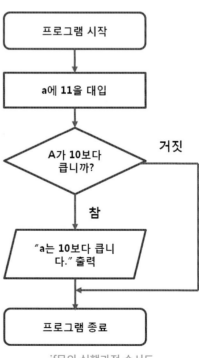

if문의 실행과정 순서도

앞의 예제에서는 a가 10보다 클 경우에 'a는 10보다 큽니다'라는 하나의 처리 문장만을 실행했습니다. 만약, 처리해야 할 문장이 두 문장 이상이라면 어떻게 처리할까요? 이럴 때에는 if문을 기준으로 들여 쓰기 한 상태로 문장을 추가하면 됩니다.

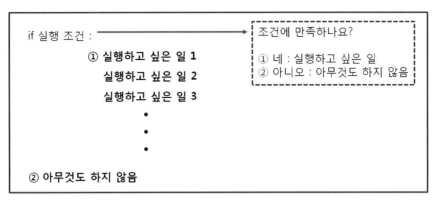

조건에 맞는 여러 문장을 처리하는 경우

실행하고 싶은 일 1, 2, 3 등의 문장들이 if문을 기준으로 들여쓰기 되어 있으면 조건문의 조건에 참인 경우 처리하도록 인식을 합니다.

■ 소스코드 : 4장/4-2.py

```
1:     a = 11
2:     if a > 10 :
3:         print("a는 10보다 큽니다.")
4:         print("콘솔에 출력이 됩니다.")
5:         print("조건문 참 쉽죠잉~?")
```

■ 출력결과

a는 10보다 큽니다.
콘솔에 출력이 됩니다.
조건문 참 쉽죠잉~?

3-5 라인 : 앞의 예제와 동작 순서는 동일합니다. 다만, 4, 5라인이 추가되었죠? 즉, 조건이 참인 경우 여러 문장을 수행하려면 이렇게 들여쓰기 위치만 맞추어주면 됩니다.
만약 변수 a를 9로 변경한 후 다시 실행해볼까요? 그러면 if a >10 : 의 조건에 만족하지 않으므로 3, 4, 5라인을 모두 건너뛰고, 화면에 아무것도 출력하지 않는 것을 확인할 수 있습니다.

CHAPTER 03: = ("양자택일, if ~ else문")

Unit:1 == (이것 아니면 저것)

앞의 예제에서는 참인 경우만 문장을 출력하는 처리를 하였고, 거짓인 경우에는 아무것도 처리하지 않았습니다. 이러한 구조는 불편함이 있습니다. 일반적으로는 조건이 주어졌을 때 참인 경우와 거짓인 경우 나누어서 처리하는 것이 맞습니다. 바로 양자택일의 형태이지요. 이러한 형태는 둘 중에 한 개를 반드시 선택해야 합니다. 파이썬의 조건문에서도 단순 if문에서의 참인 경우만 처리하는 구조에서 둘 중에 양자택일하여 선택 처리할 수 있는 문법이 제공되는데 바로 if ~ else 구조입니다.

Unit:2 == (if ~ else문의 기본 동작 원리)

다음은 if ~ else 문의 기본 동작 원리입니다.

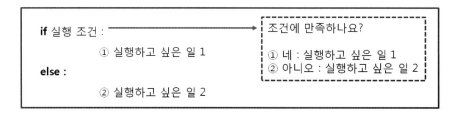

if문의 기본 형태에서 '실행 조건'이 거짓인 경우 처리할 수 있는 else : 문을 추가하였습니다. 결국 이 구조에서 '실행 조건'이 참이면 '① 실행하고 싶은 일 1'을 수행하고, '실행 조건'이 거짓이면 '② 실행하고 싶은 일 2'를 수행합니다. 간단한 소스코드를 작성해 볼까요?

이번에는 우리가 직접 키보드로 수를 입력할 수 있도록 Input() 함수를 사용해 보아요.

■ 소스코드 : 4장/4-3.py

```
1:    a = int(input('정수를 입력하세요 : '))
2:    if a > 10 :
3:        print("a는 10보다 큽니다.")
4:    else :
5:        print("a는 10보다 작습니다")
```

■ 출력결과

정수를 입력하세요 : 9
a는 10보다 작습니다

1 라인 : 키보드로 값을 입력받을 수 있도록 input() 함수를 사용하였습니다. 그런데, input() 함수는 무조건 문자열만 입력받습니다. 그래서 int() 함수로 형변환하여 변수 a에 값을 대입하였습니다.
2 라인 : if문이라는 조건문으로 a가 10보다 큰지 물어보고 있습니다. 우리는 a에 정수 9를 입력하였으므로 10보다 작아서 else : 문으로 넘어가게 됩니다.
3 라인 : a에 10보다 큰 수를 입력하였을 경우 즉, 조건이 참인 경우 "a는 10보다 큽니다."라는 문장이 실행됩니다.
4-5 라인 : 조건이 거짓이므로 else : 문으로 넘어오고 "a는 10보다 작습니다."라는 문장을 출력합니다.

우리가 작성한 코드를 이해하기 쉽게 순서도(FlowChart)로 나타내볼까요?

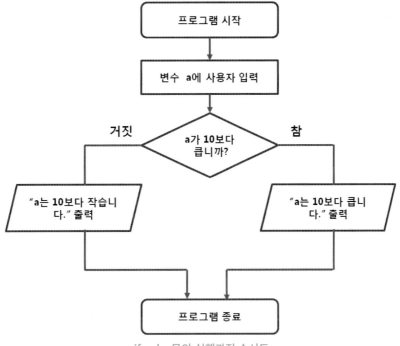

if - else문의 실행과정 순서도

Unit:3 == (if문의 중첩 (if문 안에 if문))

이번에는 if문 안에 if문을 사용하는 방법에 대해 알아보겠습니다. 이런 경우는 조건 안에 또 조건이 있는 경우를 말합니다. 중첩 if문의 동작 원리는 다음과 같습니다.

```
if 실행 조건1:
        ① 실행조건1 만족 시 수행
elif 실행 조건2:
        ② 실행조건2 만족 시 수행
else :
        ③ 실행조건 1, 2 모두 불만족 시 수행
```

실행 조건1을 만족하면 하위의 문장이 실행되는데, 그 안에 또 다른 if문을 비교하는 실행 조건2가 나타나 비교하고 있습니다. 결국, 중첩된 if문은 실행 조건1 안에 실행 조건2가 포함된 형태입니다. 간단한 예제를 구현해 보겠습니다. 사용자의 아이디와 비밀번호를 검사하는 간단한 사용자 계정 검사 코드입니다.

■ 소스코드 : 4장/4-4.py

```
1:     id = "jamsuham75"
2:     pw = "1234"
3:
4:     userid = input("사용자 아이디 : ")
5:     userpw = input("사용자 비밀번호 : ")
6:
7:     if id == userid:
8:         if pw == userpw:
9:             print("로그인 되었습니다")
10:        else:
11:            print("사용자 비밀번호가 틀렸습니다")
12:    else:
13:        print("사용자 아이디가 틀렸습니다")
```

■ 출력결과

```
사용자 아이디 : jamsuham75
사용자 비밀번호 : 1234
로그인 되었습니다
>>>
```

1, 2 라인 : 비교할 id와 pw의 값을 저장합니다.

4 라인 : 사용자 아이디를 문자열로 입력받아 변수 userid 저장합니다.

5 라인 : 사용자 비밀번호를 문자열로 입력받아 변수 userpw에 저장합니다.

7 라인 : id와 입력한 userid의 값이 같은지 비교합니다.

8 라인 : id와 입력한 userid의 값이 같다고 가정하면 다시 pw와 userpw의 값을 비교합니다.

9 라인 : id와 userid의 값이 같고, pw와 userpw의 값이 같다면 "로그인 되었습니다."를 출력합니다. 결국 아이디와 비밀번호 두 조건 모두 일치해야 수행합니다.

10-11 라인 : id와 입력한 userid는 일치하지만 pw와 userpw가 일치하지 않은 경우 수행합니다.

12-13 라인 : id와 입력한 userid가 일치하지 않는 경우 수행합니다.

 # 잠깐 알아두세요

if문 끝에 콜론(:)의 표기를 빠뜨리지 않도록 주의합니다. 초보자들이 가장 많이 하는 실수 중의 하나가 if문과 else문 끝에 콜론(:) 표기를 빠뜨리는 것입니다.

CHAPTER 04: = ("여러 개의 조건문, if ~ elif ~ else문")

Unit:1 == (이것 아니면 저것 아니면 요것 기타 등등)

우리의 선택은 양자택일만 있는 것이 아닙니다. 워낙 선택의 폭이 다양한 세상에 살고 있습니다. 프로그래밍에서도 이러한 다양한 선택이 가능합니다. 앞서 배웠던 if ~ else 문을 확장하여 다양한 선택이 가능하도록 만든 구문이 바로 if ~ elif ~ else 문입니다. 이것은 "이것, 저것, 그것, 요것 등등"을 선택할 수 있도록 하는 구문입니다. 그럼, 어떻게 사용하는지 기본 원리를 살펴볼까요?

Unit:2 == (if ~ elif ~ else 문의 기본 원리)

```
if 실행 조건1:
          ① 실행조건1 만족 시 수행
elif 실행 조건2:
          ② 실행조건2 만족 시 수행
else :
          ③ 실행조건 1, 2 모두 불만족 시 수행
```

if ~ else문의 기본 형태에서 중간에 elif 문을 추가하였습니다. 이 구조는 '실행 조건1'이 참이면 ① 실행 조건1 만족 시 수행을 하고, '실행 조건2'이 참이면 ② 실행조건2 만족 시 수행합니다. 이러한 식으로 elif를 사용하여 중간에 실행 조건을 늘릴 수 있습니다. 그러면 두 가지의 선택이 아닌 여러 가지의 선택이 가능한 형태가 됩니다. 간단한 소스코드를 작성해 보겠습니다.

■ 소스코드 : 4장/4-5.py

```
1:    subject = input('favorite subject : ')
2:
3:    if subject == "python" :
4:        print("내가 좋아하는 과목은 파이썬입니다.")
5:    elif subject == "java" :
6:        print("내가 좋아하는 과목은 자바입니다.")
7:    elif subject == "C#" :
8:        print("내가 좋아하는 과목은 C#입니다.")
9:    else :
10:       print("내가 좋아하는 과목은 없습니다")
```

■ 출력결과

```
favorite subject : python
내가 좋아하는 과목은 파이썬입니다.
```

1 라인 : 키보드로 문자열의 값을 입력받아 변수 subject에 저장합니다.

3-4 라인 : 입력한 subject와 "python" 문자열이 일치하는지 비교하고 일치하면 "내가 좋아하는 과목은 파이썬입니다."라는 문자열을 화면에 출력합니다.

5 라인 : 4라인에서 조건을 만족하지 않으면 5라인의 elif로 넘어와서 subject와 "java" 문자열이 일치하는지 비교합니다.

7 라인 : 5라인에서 조건을 만족하지 않으면 7라인의 elif로 넘어와서 subject와 "C#" 문자열이 일치하는지 비교합니다.

9-10 라인 : 모든 조건을 만족하지 않으면 9라인의 else로 넘어가고, "내가 좋아하는 과목은 없습니다."라는 문자열을 출력하고 종료합니다.

우리가 작성한 코드를 이해하기 쉽게 순서도(FlowChart)로 나타내볼까요?

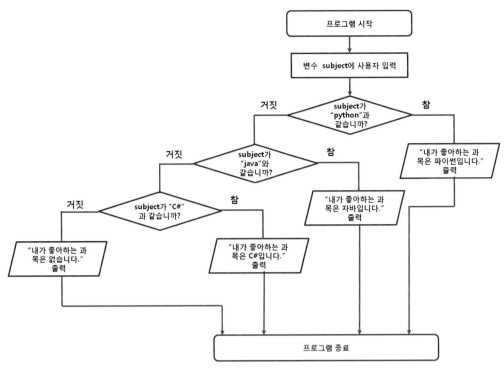

if ~ elif ~ else문의 실행과정 순서도

Unit:3 == (if ~ elif ~ else 문의 여러 가지 예제)

이번에는 if ~ elif ~ else 문을 사용하는 여러 가지 예제를 살펴보도록 하겠습니다. 우리 실생활에서 휴대폰 단축키를 사용하면 저장된 특정 사람에게 전화가 걸리는 기능이 있습니다. 이러한 원리도 여러 가지 조건문에 의해 실행되는 것입니다.

■ 소스코드 : 4장/4-6.py

```
1:    shortcut = int(input("단축키를 입력하세요 : "))
2:
3:    if shortcut == 1:
4:        print("엄마 : 010-1234-XXXX")
5:    elif shortcut == 2:
6:        print("아빠 : 010-5678-XXXX")
7:    elif shortcut == 3:
8:        print("동생 : 010-1111-XXXX")
9:    elif shortcut == 4:
10:       print("친구 : 010-0000-XXXX")
11:   else:
12:       print("해당 단축키가 없습니다")
```

```
단축키를 입력하세요 : 2
아빠 : 010-5678-XXXX
```

1 라인 : 사용자로부터 단축키를 입력받습니다.

3-10 라인 : 입력한 단축키 shortcut의 변수값이 1에서 4사이의 범위값에 있으면 조건문에 해당하는 출력문을 화면에 출력합니다. 예를 들어 shortcut에 2를 입력하였을 때 5라인이 참이므로 6라인 "아빠 : 0110-5678-XXXX"가 출력됩니다.

11-12 라인 : 입력한 단축키 shortcut의 변수값이 1에서 4의 범위값에 없다면 else문으로 넘어가서 "해당 단축키가 없습니다."를 출력합니다.

이번에는 사용자로부터 월을 입력받으면 월에 해당하는 계절이 출력되도록 하는 코드를 작성해 보도록 하겠습니다.

■ 소스코드 : 4장/4-7.py

```
1:      month = int(input("월을 입력하세요 : "))
2:
3:      if month == 12 or month < 3 and month > 0:
4:          print("겨울입니다")
5:      elif month > 2 and month < 6:
6:          print("봄입니다.")
7:      elif month > 5 and month < 9:
8:          print("여름입니다.")
9:      elif month > 8 and month < 12:
10:         print("가을입니다.")
11:     else:
12:         print("입력값이 잘못되었습니다.")
```

■ 출력결과

```
월을 입력하세요 : 3
봄입니다.
>>>
```

1 라인 : 사용자로부터 월을 입력받습니다.

3 라인 : 입력한 month가 12월 1월 2월일 경우 겨울로 출력하려고 합니다. 이 때 조건의 경우 입력한 month가 12월이거나 0보다 크고 3보다 작은 수일때(즉, 입력한 수가 1과 2일 때) 만족하는 문장입니다.

5-6 라인 : 입력한 month가 2보다 크고 6보다 작은 수일 때(즉, 입력한 수가 3, 4, 5일 때) 만족하고,

조건이 참이면 "봄입니다."를 출력합니다.

7-8 라인 : 입력한 month가 5보다 크고 9보다 작은 수일 때(즉, 입력한 수가 6, 7, 8일 때) 만족하고, 조건이 참이면 "여름입니다."를 출력합니다.

9-10 라인 : 입력한 month가 8보다 크고 12보다 작은 수일 때(즉, 입력한 수가 9, 10, 11일 때) 만족하고, 조건이 참이면 "가을입니다."를 출력합니다.

11-12 라인 : 입력한 month의 수가 1부터 12사이의 범위값을 벗어난 경우 11라인으로 넘어가고, "입력값이 잘못되었습니다."를 출력합니다.

이번에는 사용자로부터 점수를 입력받아 그 값에 해당하는 학점을 표시하는 코드를 작성해 보겠습니다. 점수의 입력값이 100 ~ 91점은 A학점, 90 ~ 81점은 B학점, 80 ~ 71점은 C학점, 70 ~ 61점은 D학점, 60점 이하는 F학점으로 표시합니다. 단, 입력하는 수의 범위는 0부터 100 사이입니다.

■ **소스코드 : 4장/4-8.py**

```
1:      point = int(input("점수를 입력하세요 : "))
2:
3:      if point <= 100 and point > 90 :
4:          print('학점 : A')
5:      elif point <= 90 and point > 80 :
6:          print('학점 : B')
7:      elif point <= 80 and point > 70 :
8:          print('학점 : C')
9:      elif point <= 70 and point > 60 :
10:         print('학점 : D')
11:     elif point <= 60 and point > 0 :
12:         print('학점 : F')
13:     else:
14:         print("입력값이 잘못되었습니다.")
```

■ **출력결과**

```
점수를 입력하세요 : 90
학점 : B .
```

1 라인 : 사용자로부터 점수를 입력받습니다.

3-4 라인 : 입력한 point가 100보다 작거나 같고 90보다 크면 '학점 A'를 출력합니다.

5-12 라인 : 입력한 point가 90보다 작거나 같고 80보다 크면 '학점 B'를, 80보다 작거나 같고 70보다 크면 '학점 C'를, 70보다 작거나 같고 60보다 크면 '학점 D'를, 60보다 작거나 같고 0보다 크면 '학점 F'를 출력합니다.

13-14 라인 : 그 외의 범위에 해당하지 않으면 else 이하를 처리합니다.

이번에는 흔히 우리 주변에서 볼 수 있는 자판기의 원리를 코드로 작성해 보겠습니다. 여러분이 자판기에 돈을 넣으면 여러분이 뽑을 수 있는 상품에 불이 들어옵니다. 즉, 자판기는 입력된 금액을 상품들의 금액들과 비교해서 구매 여부를 판단합니다.

■ **소스코드 : 4장/4-9.py**

```
1:    print("==== 자판기 메뉴 ====")
2:    print("1.음료 1000원 2.과자 2000원 3.껌 500원")
3:    print()
4:
5:    cracker = 2000
6:    drink = 1000
7:    ggum = 500
8:    money = int(input("Insert Coin : "))
9:
10:   if money >= cracker:
11:           print("과자, 음료, 껌 모두 구매할 수 있습니다.")
12:   elif money < cracker and money >= drink:
13:           print("음료와 껌을 구매할 수 있습니다.")
14:   elif money < drink and money >= ggum:
15:           print("껌을 구매할 수 있습니다.")
16:   else:
17:           print("아무것도 구매할 수 없습니다.")
```

■ **출력결과**

```
==== 자판기 메뉴 ====
1.음료 1000원 2.과자 2000원 3.껌 500원

Insert Coin : 1000
음료와 껌을 구매할 수 있습니다.
```

8 라인 : 사용자로부터 자판기에 투입할 금액을 입력받아서 int()함수에 의해 정수로 타입캐스팅 후 money 변수에 값을 저장합니다.

10-11 라인 : 만약 투입한 금액 money가 cracker보다 크거나 같다면, cracker가 모든 상품 중에 가격이 가장 높으므로 '모두 구매할 수 있습니다'라는 문구를 출력합니다.

12-13 라인 : 투입한 금액 money가 cracker(2000원)보다 작고 drink(1000원)보다 크거나 같으면 '음료와 껌을 구매할 수 있습니다.'라는 문구를 출력합니다.

14-15 라인 : 투입한 금액 money가 drink(1000원)보다 작고 ggum(500원)보다 크거나 같으면 '껌을

구매할 수 있습니다.'라는 문구를 출력합니다.

16-17 라인 : 어떠한 조건에도 만족하지 않으면 '아무것도 구매할 수 없습니다.'라는 문구를 출력합니다. 투입금액이 500원 미만이라는 의미입니다.

CHAPTER **05:** **= ("조건문에서 아무것도 처리하고 싶지 않을 때")**

지금까지 if문의 수행조건이 참 또는 거짓일 때 반드시 무언가를 수행하도록 처리하였습니다. 그러나 아무런 일도 하지 않도록 처리하고 싶을 때도 있습니다. 이럴 때 사용하는 것이 바로 pass입니다.

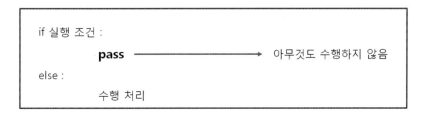

간단한 예제를 작성해 보도록 하겠습니다.

■ 소스코드 : 4장/4-10.py

```
1:    idnum = input("나이를 입력하세요 : ");
2:
3:    if int(idnum) >= 19:
4:          pass
5:    else:
6:          print("신분증을 제시하세요")
```

■ 출력결과

나이를 입력하세요 : 17
신분증을 제시하세요

1 라인 : 사용자로부터 나이를 입력받습니다.
3 라인 : 입력받은 변수 idnum을 정수로 타입캐스팅 후 19보다 크거나 같은지 비교합니다.
4 라인 : 만약 idnum이 19보다 크거나 같으면 pass 키워드를 통해 아무것도 처리하지 않습니다.
5-6 라인 : idnum이 19보다 작으면 '신분증을 제시하세요'라는 문자열을 출력합니다.

P5. 합리적인 사고의 기초, 반복문

C1. 반복문이란 무엇인가?

C2. for문

C3. while문

C4. 무한루프(무한반복)

C5. break와 continue

이해하였는가?

복습

No

YES

P6. 필요할 때 호출하자. 함수

PART 05

합리적 사고의 기초, 반복문

우리의 일상사에는 반복적인 일들이 참 많습니다. 일년의 주기, 한달의 주기, 하루의 주기, 그리고 매일 반복되는 일상들. 그리고 반복되는 업무들 등등… 쳇바퀴처럼 돌아가는 우리의 인생처럼 프로그래밍에서도 마찬가지로 이렇게 반복해야 하는 루틴들이 있습니다. 이러한 루틴들을 프로그래밍에서는 반복문을 통해 처리할 수 있는데, 이번 시간에는 반복문에 대해서 알아보도록 하겠습니다.

CHAPTER 01:

= ("반복문이란 무엇인가")

만약 여러분에게 파이썬을 이용하여 "Programming"이라는 문자열을 5번 출력하라고 한다면 어떻게 출력할 것인가요? 우리가 지금까지 배운 지식을 동원하자면,

```
print("Programming");
print("Programming");
print("Programming");
print("Programming");
print("Programming");
```

이렇게 5번의 print() 함수를 사용하여 출력할 것입니다. 이 정도 출력 방법은 동의할 만합니다. 그런데, 만약 "Programming"이라는 문자열을 100번 출력하라고 한다면 과연 어떻게 할까요? 위와 같은 방법으로는 좀 곤란합니다. print() 함수를 100번 사용해야 하는데, 그렇게 되면 코드의 라인이 100 라인이 추가되어야 하기 때문입니다. 이러한 해결방법은 지극히 비효율적입니다. 결국 해결방법은 같은 문자열을 반복해서 출력하는 것인데, 이러한 반복적인 데이터 출력을 위해서 사용하는 것이 바로 반복문입니다. 또는 루프(loop)문이라고 부르기도 합니다.

파이썬에서 사용하는 반복문의 종류에는 2가지가 있는데, 각각 for문, while문입니다.

CHAPTER 02:

= ("for문")

Unit:1 == (for문의 기본 원리)

먼저 for문에 대해 알아보도록 하겠습니다. 사실 파이썬에서는 반복문으로써 while문보다 for문의 사용 빈도가 높습니다. 왜냐하면 for문은 한 문장에 시작값, 끝값과 같은 범위와 증가값 등을 표현할 수 있기 때문입니다. 그리고, 리스트, 튜플, 딕셔너리와 같은 타입도 for문과 연계하여 사용할 수 있어서 매우 편리합니다. 리스트, 튜플, 딕셔너리는 7장에서 다루도록 하겠습니다.

다음은 for문의 형식입니다.

for 변수 in range(시작값, 끝값, 증가값):
반복할 문장

for문은 range() 함수와 함께 사용됩니다. range() 함수는 우리가 전달인자에 값만 대입하면 숫자 리스트를 자동으로 만들어줍니다. 예를 들어 range() 함수에 시작값을 0, 끝값을 5, 증가값 1을 대입했다고 가정해 봅시다.

range(0, 5, 1)

⬇

[0, 1, 2, 3, 4]

range() 함수의 구조

range(0, 5, 1)은 0부터 5미만의 숫자를 포함하는 리스트를 리턴합니다. 끝값인 5는 포함되지 않습니다. 그래서 for문과 함께 쓰이면 0, 1, 2, 3, 4의 값을 변수에 하나씩 대입하면서 반복문을 수행합니다. for문을 이용하여 간단한 예제를 작성해 보겠습니다. 앞에서 'Programming' 문자열을 5번 출력했던 예제를 for문을 이용하여 구현해 보겠습니다.

```
1:    for num in range(0, 5, 1):
2:        print("Programming")
```

■ 출력결과

```
Programming
Programming
Programming
Programming
Programming
```

1 라인 : range()의 시작값을 0, 끝값을 5로 설정합니다. 그러면 for문으로 문장을 반복하면서 변수 num에 0부터 4까지 차례대로 1씩 증가하는 값들이 대입됩니다.

range() 함수의 세번째 전달인자인 증가값을 생략하면 기본적으로 1로 인식을 합니다. 그래서 range(0, 5, 1)과 range(0, 5)는 동일합니다.

for문의 동작 순서를 순서도(FlowChart)를 통해 살펴보겠습니다.

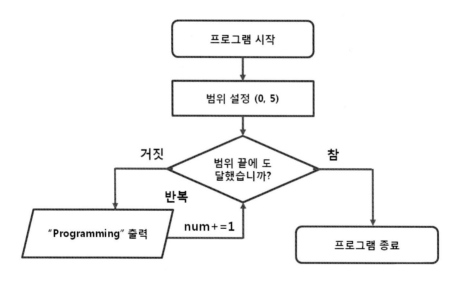

간단한 코드에 비해 순서도가 더 복잡해 보일 수 있습니다만, for문에 여러가지 내용이 함축되어 있기 때문에 순서도를 통해 더 명확하게 이해할 수 있습니다.

먼저 일정 범위값을 range() 함수를 통해 설정하고, for 반복문을 통해 설정한 범위 끝에 도달했는지를 반복하여 검사합니다. 범위 끝에 도달하지 않았다면 'Programming'을 화면에 출력하고, num 변수를 1씩 증가시킵니다. 이렇게 반복하다가 범위 끝에 도달하게 되면 참이 되므로 프로그램을 종료합니다.

우리가 앞으로 작성하는 for문의 순서 원리가 기본적으로 이 순서도의 원리로 동작합니다.

range() 범위 안의 수는 한 번 반복할 때마다 변수 num에 대입됩니다. 그런데 우리는 변수 num에 대입되는 값을 코드에서 활용하지 않았네요. num을 출력 문장의 인덱스 넘버로 활용해 보겠습니다.

■ 소스코드 : 5장/5-2.py

```
1:    for num in range(0, 5, 1):
2:        print(num + 1, " : Programming")
```

■ 출력결과

```
1 : Programming
2 : Programming
3 : Programming
4 : Programming
5 : Programming
```

2 라인 : 변수 num을 출력문의 인덱스로 사용하였습니다.

Unit:2 == (for문의 기본 활용)

for문을 사용하여 간단한 기능의 프로그램을 만들어 봅시다. 먼저 1부터 10까지의 합을 구하는 프로그램을 작성하라고 한다면 우리는 1+2+3+4+5+6+7+8+9+10과 같이 계산할 수 있습니다.

■ 소스코드 : 5장/5-3.py

```
1:    sum =  1+2+3+4+5+6+7+8+9+10
2:    print('1에서 10까지의 합 :', sum)
```

■ 출력결과

```
1에서 10까지의 합 : 55
```

아주 간단한 코드입니다. 여러분이 반복문을 굳이 사용하지 않아도 해결 가능하지요. 이것을 우리가 배운 for문을 이용하여 작성하면 어떨까요?

■ 소스코드 : 5장/5-4.py

```
1:    sum = 0
2:    for i in range(1, 11, 1):
3:        sum += i
4:    print('1에서 10까지의 합 :', sum)
```

1에서 10까지의 합 : 55

2 라인 : 끝값이 11인 이유는 (11-1)인 10까지만 연산에 포함되고, 11은 포함되지 않기 때문입니다.
3 라인 : sum += i는 sum = sum + i를 의미합니다. i의 값이 반복문을 수행하면서 1부터 10까지 대입이 되고, 변수 sum에 누적됩니다.

이거나 저거나 비슷하다구요? 그렇다면 만약 1부터 1000까지의 합을 구해야 한다면 어떨까요? 반복문을 사용하지 않는다면 1+2+3+4……+999+1000까지 수동으로 계산할 수 있지만, 상식적으로 매우 비효율적이죠? 숫자만 작성하다가 날샐 수 있을 것 같아요. 이러한 경우 반복문을 이용한 소스코드에서 range() 함수의 두 번째 전달인자값만 1000으로 변경하면 간단하게 해결됩니다.

■ 소스코드 : 5장/5-5.py

```
1:    sum = 0
2:    for i in range(1, 1001, 1):
3:        sum += i
4:    print('1에서 1000까지의 합 :', sum)
```

■ 출력결과

1에서 1000까지의 합 : 500500

반복문을 이용한 이 예제의 원리가 아직 잘 이해가 안가나요? 지구의 자전 주기와 비교하면 이해하기가 쉽습니다. 지구가 1바퀴씩 돌때마다(반복문을 한 번 수행할 때마다) 1일씩 증가합니다. 1년이면 365번의 자전을 한 셈이죠. range() 함수의 범위를 1부터 365까지로 변경하고 반복문을 수행하면 지구는 365번의 자전을 한 셈이 됩니다.

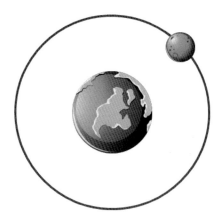

지구는 1번 자전하면 1일 증가

■ 소스코드 : 5장/5-6.py

```
1:    for i in range(1, 366, 1):
2:        print(i, '일 지났습니다.')
```

■ 출력결과

```
1 일   지났습니다.
2 일   지났습니다.
3 일   지났습니다.
4 일   지났습니다.
5 일   지났습니다.
6 일   지났습니다.
7 일   지났습니다.
8 일   지났습니다.
9 일   지났습니다.
..............
360 일   지났습니다.
361 일   지났습니다.
362 일   지났습니다.
363 일   지났습니다.
364 일   지났습니다.
365 일   지났습니다.
```

이번에는 1부터 100까지 짝수의 합을 구해볼까요? 현재의 반복문 형태에서 당황하지 말고 살짝만 응용하면 됩니다. 1부터 100까지의 합은 구할 수 있지요? 이 소스코드에 증가값만 변경하면 됩니다.

■ 소스코드 : 5장/5-7.py

```
1:    sum = 0
2:    for i in range(0, 101, 2):
3:        sum += i
4:    print('1부터 100까지의 짝수합 :', sum)
```

■ 출력결과

```
1부터 100까지의 짝수합 : 2550
```

필자는 어릴적 재미있게 했던 게임 중에 사람의 생각을 알아 맞히는 게임을 좋아했습니다. 일종의 스무고개라고도 할 수 있는데, 내가 미리 생각한 숫자나 아니면 사물을 상대방이 질문을 하여 점점 범위를 좁혀가는 게임입니다. 이번에는 이러한 게임을 모티브로 하여 내가 입력한 숫자가 해당 범위에 있는지 검사하는 코드를 작성해 보겠습니다.

```
1:    favorite = int(input('내가 가장 좋아하는 숫자는? '))
2:    start = int(input('범위 시작값 : '))
3:    end = int(input('범위 끝값 : '))
4:
5:    for i in range(start, end, 1):
6:        if(favorite == i):
7:            print('내가 좋아하는 숫자가 있습니다.')
```

■ 출력결과

```
내가 가장 좋아하는 숫자는? 7
범위 시작값 : 1
범위 끝값 : 9
내가 좋아하는 숫자가 있습니다.
```

1 라인 : 여러분이 생각한 숫자를 키보드로 입력받아 favorite 변수에 저장합니다.

2-3 라인 : 검사를 할 범위의 시작값과 범위의 끝값을 입력받아 각각 start와 end 변수에 저장합니다.

5 라인 : start에서 end 범위만큼 반복을 합니다.

6-7 라인 : 반복문 안에서 내가 입력한 숫자인 favorite와 범위 안의 수인 i를 비교합니다. 만약 일치하는 수가 있다면 '내가 좋아하는 숫자가 있습니다.'라는 문구를 화면에 출력합니다.

Unit:3 == (구구단 출력하기)

앞에서 for문을 이용하여 기본적인 반복문의 동작을 살펴보았습니다. 이번에는 반복문의 가장 대표적인 예제인 구구단 프로그램을 작성해 보도록 하겠습니다. 먼저 구구단 2단을 출력해볼 것인데, 이 때 여러분이 코드 작성에 앞서 생각해 보아야 할 부분은 반복되는 포인트를 찾는 것입니다. 구구단 2단에서 반복되는 포인트는 어디일까요?

```
2 * 1 = 2
2 * 2 = 4
2 * 3 = 6
.
.
.
```

단수는 그대로 있고, 단수와 곱해지는 수가 1씩 증가하는 것을 볼 수 있습니다. 우리가 생각할 수 있는 포인트는 단수와 곱해지는 수를 반복문으로 처리하면 될 것 같다는 생각을 할 수 있습니다. 단수는 2단으로 고정하고, 곱해지는 수만 1부터 9까지 루프문을 통해 증가시키면 될 것입니다. 코드를 작성해 보겠습니다.

```
1:    for val in range(1, 10, 1):
2:        print("2 * %d = %d" % (val, 2*val))
```

■ 출력결과

```
2 * 1 = 2
2 * 2 = 4
2 * 3 = 6
2 * 4 = 8
2 * 5 = 10
2 * 6 = 12
2 * 7 = 14
2 * 8 = 16
2 * 9 = 18
```

1 라인 : 반복문을 통해 9번의 반복을 하면서 단수와 곱해지는 수인 변수 val은 1부터 9까지의 값을 입력받습니다.

2 라인 : 단수는 2로 정해져 있으므로 2에 변수 val의 값을 곱하여 결과를 출력합니다. 반복문을 한 번 수행할 때마다 변수 val은 1씩 증가합니다.

___ # 잠깐 알아두세요 ___

소스코드에서 사용한 %d는 10진수를 표현하기 위한 서식 지정자입니다. d는 decimal의 약자로 10진수를 의미합니다.

print("2 * %d = %d" % (val, 2*val)의 문장에서 %d는 문자열 안에서 %d 그대로 출력되는 것이 아니라 각 %d에 대응되는 변수의 값이 대입되어 출력됩니다. 첫 번째 %d는 순서대로 변수 val이, 두 번째 %d는 2*val의 값이 대입되어 출력됩니다.

이번에는 사용자로부터 입력받은 단수에 해당되는 구구단을 출력하는 프로그램을 작성해 보도록 하겠습니다.

■ 소스코드 : 5장/5-10.py

```
1:    dan = int(input('단수를 입력하세요 : '))
2:    for val in range(1, 10, 1):
3:        print("%d * %d = %d" % (dan, val, dan*val))
```

```
단수를 입력하세요 : 5
5 * 1 = 5
5 * 2 = 10
5 * 3 = 15
5 * 4 = 20
5 * 5 = 25
5 * 6 = 30
5 * 7 = 35
5 * 8 = 40
5 * 9 = 45
```

1 라인 : input() 함수를 통해 단수를 입력합니다. 입력받은 값은 문자열이므로 int() 함수를 통해 정수로 타입캐스팅하여 변수 dan에 대입합니다.

3 라인 : 문자열 포맷 코드를 사용하여 단수(dan), 단수와 곱해지는 수(val), 그리고 계산 결과 (dan*val)를 출력합니다.

잠깐 알아두세요

필자는 반복문을 설명하면서 반복문이라는 단어와 루프문이라는 용어를 혼용해서 사용할 수 있습니다. 반복은 루프라는 영문을 우리말로 번역한 것이므로 같은 의미의 용어입니다. 혹여 반복문과 루프문이라는 용어가 혼용해서 사용될지라도 서로 다른 용어로 인식하지 않길 바랍니다. 아무래도 프로그래밍은 영어권이 원조이다 보니 용어 자체를 문맥상 영문 그대로 사용할 때 자연스러운 경우도 있습니다.

Unit:4 == (for문 안에 for문 (이중 반복문))

앞서 작성했던 구구단 출력 프로그램은 단순히 입력한 한 단에 대한 구구단만 출력하는 것이었습니다. 그런데 만약 구구단 전체인 2단부터 9단까지 모두 출력하라고 한다면 어떻게 구현할 수 있을까요? 이 것도 반복하여 증가하는 포인트를 잘 파악해보면 됩니다.

각 단을 기준으로 단수와 곱해지는 수가 1부터 9까지 증가하였다면, 그와 더불어 단수 또한 어떤 특정한 시점이 되면 증가해야 한다는 것을 알 수 있습니다. 그 특정한 시점이란 단수와 곱해지는 수가 1부터 9까지 반복을 수행하였을 때인데, 수행 빈도로 따져보면 단의 증가는 상대적으로 빈도수가 낮은 편입니다. 글로만 설명을 하니까 잘 이해가 안가죠? 그림을 통해서 자세히 이해하도록 하겠습니다.

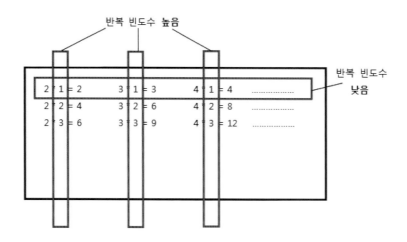

구구단 출력에서 가장 빈번하게 반복되는 부분은 어디인가요? 바로 단수와 곱해지는 수가 1부터 9까지 반복되는 구간이죠. 이에 비해 단수는 상대적으로 천천히 증가합니다. 그림을 이해하였다면, 2단부터 9단까지 어떻게 구구단을 출력할 것인지 머리속으로 또는 연필을 가지고 노트에 알고리즘을 구상해 보도록 하겠습니다. 차근차근 생각해보면 여러분 스스로 충분히 풀 수 있을 것이라 생각합니다. for문에서 이중 반복문의 형식입니다.

for 변수1 in range(시작값, 끝값, 증가값):
    for 변수2 in range(시작값, 끝값, 증가값):
        반복할 문장

이중 반복문의 개념이 어려우신가요? 앞에서 반복문의 개념을 쉽게 이해하기 위해 지구의 자전을 예로 들었었는데, 이중 반복문의 경우는 지구의 공전과 자전의 혼합 원리로 생각하면 이해하시는데 도움이 됩니다.

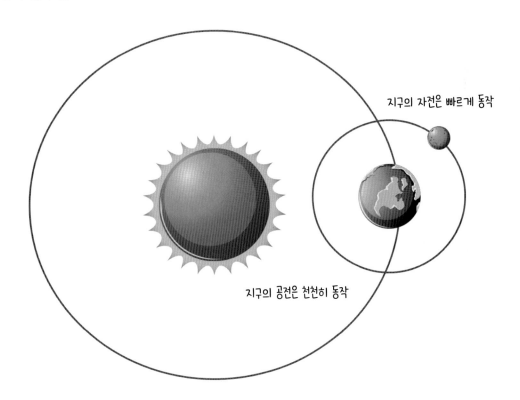

지구의 자전은 빠르게 동작

지구의 공전은 천천히 동작

지구의 공전은 한 바퀴에 1년이 걸리고, 지구의 자전은 한 바퀴에 하루가 걸립니다. 회전의 빈도수를 따져보면 자전의 반복이 빠르고, 공전의 반복은 상대적으로 느립니다. 이중 반복문에 대입해보면 지구의 공전은 바깥쪽 반복문이고, 지구의 자전은 안쪽 반복문입니다.

이제 구구단을 2단부터 9단까지 출력하는 예제를 작성해 보겠습니다. 스스로 충분히 생각하고 고민했으리라 생각합니다. 앞에서 설명했던 원리를 바탕으로 작성해 봅시다.

```
1:     for dan in range(2, 10, 1):
2:         for val in range(1, 10, 1):
3:             print("%d * %d = %d" % (dan, val, dan*val), end=' ')
4:         print()
```

■ 출력결과

```
2 * 1 = 2 2 * 2 = 4 2 * 3 = 6 2 * 4 = 8 2 * 5 = 10 2 * 6 = 12 2 * 7 = 14 2 * 8 = 16 2 * 9 = 18
3 * 1 = 3 3 * 2 = 6 3 * 3 = 9 3 * 4 = 12 3 * 5 = 15 3 * 6 = 18 3 * 7 = 21 3 * 8 = 24 3 * 9 = 27
4 * 1 = 4 4 * 2 = 8 4 * 3 = 12 4 * 4 = 16 4 * 5 = 20 4 * 6 = 24 4 * 7 = 28 4 * 8 = 32 4 * 9 = 36
5 * 1 = 5 5 * 2 = 10 5 * 3 = 15 5 * 4 = 20 5 * 5 = 25 5 * 6 = 30 5 * 7 = 35 5 * 8 = 40 5 * 9 = 45
6 * 1 = 6 6 * 2 = 12 6 * 3 = 18 6 * 4 = 24 6 * 5 = 30 6 * 6 = 36 6 * 7 = 42 6 * 8 = 48 6 * 9 = 54
7 * 1 = 7 7 * 2 = 14 7 * 3 = 21 7 * 4 = 28 7 * 5 = 35 7 * 6 = 42 7 * 7 = 49 7 * 8 = 56 7 * 9 = 63
8 * 1 = 8 8 * 2 = 16 8 * 3 = 24 8 * 4 = 32 8 * 5 = 40 8 * 6 = 48 8 * 7 = 56 8 * 8 = 64 8 * 9 = 72
9 * 1 = 9 9 * 2 = 18 9 * 3 = 27 9 * 4 = 36 9 * 5 = 45 9 * 6 = 54 9 * 7 = 63 9 * 8 = 72 9 * 9 = 81
```

1 라인 : 단수인 변수 dan의 범위가 range() 함수에 의해 2부터 9까지 반복하며 증가합니다. 이 반복문은 바깥쪽에 있으므로 천천히 크게 동작하는 반복문입니다.

2 라인 : 단수와 곱해지는 수인 변수 val의 범위가 range() 함수에 의해 1부터 9까지 반복하며 증가합니다. 이 반복문은 안쪽에 있으므로 빠르고 자주 동작하는 반복문입니다.

3 라인 : 단수(dan) * 단수와 곱해지는 수(val)를 계산하여 구구단을 출력하는 문장입니다. dan은 바깥쪽 반복문에서 val은 안쪽 반복문에서 한 번 반복할 때마다 증가하므로, 1개의 dan 수에 9번의 val 수가 곱해지는 구조로 출력됩니다.

4 라인 : 바깥쪽 반복문 영역에 포함된 영역으로 개행하는 기능을 합니다. 한 단의 출력이 끝나면 그 다음 줄로 개행하여 새로운 단을 출력하도록 하기 위함입니다. 만약 이 문장이 없다면 단의 구분없이 문장이 이어져서 출력될 것입니다.

이번에는 이중 반복문을 이용하여 별표 직각삼각형을 출력해보도록 하겠습니다. 별표 삼각형 출력 시리즈는 필자가 어릴 때 배웠던 베이직 언어에서부터 작성했던 이중 반복문의 가장 기초적이고 대표적인 알고리즘입니다.

■ 소스코드 : 5장/5-12.py

```
1:     star = '*'
2:     for col in range(1, 6, 1):
3:         for row in range(0, col, 1):
4:             print(star, end = " ")
5:         print('')
```

```
*
* *
* * *
* * * *
* * * * *
```

1 라인 : 출력할 별표 문자를 변수 star에 저장합니다.

2 라인 : 바깥쪽 반복문입니다. range() 함수의 범위가 1부터 6까지이므로 변수 col에는 1부터 시작하여 반복할 때마다 1씩 증가하여 5까지 대입이 됩니다.

3 라인 : 안쪽 반복문입니다. range() 함수의 범위가 0부터 col까지이므로 변수 row에는 0부터 시작하여 반복할 때마다 1씩 증가하여 col까지 대입이 됩니다. 별문자의 개수는 아래로 내려갈수록 가변적으로 증가하므로 범위를 변수 col로 지정하였습니다.

4 라인 : 별표를 화면에 출력합니다. end = " "는 개행하지 않고 " "만큼의 간격으로 출력하겠다는 의미입니다.

5 라인 : 한 라인의 출력이 끝났으면 다음 라인에 별표를 출력하도록 개행을 합니다.

별표 삼각형은 여러 가지로 응용할 수 있습니다. 이번에는 여러분이 역직각삼각형을 직접 출력해보시기 바랍니다. 직각삼각형의 코드를 이해했다면 살짝 응용하면 풀 수 있습니다. 힌트를 드리면 안쪽 반복문의 경우 별표의 출력이 5, 4, 3, 2, 1의 형태로 감소해야 하므로 range() 함수의 시작값과 끝값의 범위가 바뀌여야 되겠죠.

```
* * * * *
* * * *
* * *
* *
*
```

03:

= ("while문")

Unit:1 == (**while문의 기본 원리**)

우리가 앞에서 살펴본 for문과 더불어 많이 사용하는 반복문이 while문입니다. while문의 기본 원리는 특정 조건을 주고 그 조건이 만족하는 동안 계속해서 반복 수행을 하는 것입니다. for문의 문법과 다소 다른 것 같지만, 반복문이라는 점에서 동일한 원리를 가지고 있습니다. 다음은 while문을 사용하기 위한 문법 구조입니다.

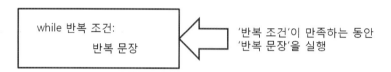

while문 안에는 반복 조건과 반복 문장이 들어가는데, 반복 조건을 만족하는 동안 반복 문장을 수행하라는 의미입니다. 이렇게 반복하여 수행하다가 어느 순간 반복 조건을 만족하지 않으면 비로소 while문을 빠져나가게 됩니다.

while문을 수행하는 아주 간단한 코드를 작성해 보겠습니다. 이미 앞에서 for문을 통해 우리는 훈련이 되어있기 때문에 for문에서 작성했던 반복문을 while문으로 변환하는 수준으로 보면 될 것같습니다. 가장 기본적인 'Programming' 문자열을 5번 출력하는 코드입니다.

■ 소스코드 : 5장/5-13.py

```
1:   iloop = 0
2:   while iloop < 5:
3:       print("Programming")
4:       iloop += 1
```

■ 출력결과

```
Programming
Programming
Programming
Programming
Programming
```

1 라인 : iloop 변수를 0으로 초기화합니다.

2 라인 : while문에서 반복조건으로 iloop가 5보다 작은지 검사합니다. 만약 5보다 작다면 참이므로 하위의 3-4라인 코드를 수행합니다. while 문장 끝에 콜론(:) 붙이는 것 꼭 잊지 마세요.

4 라인 : while문이 반복수행될 때마다 iloop 변수를 1씩 증가시킵니다. 그래야만 어느 순간 iloop가 5보다 크거나 같게 되고, while문을 빠져나갈 수 있기 때문입니다.

while문의 동작 순서를 순서도(FlowChart)로 보겠습니다.

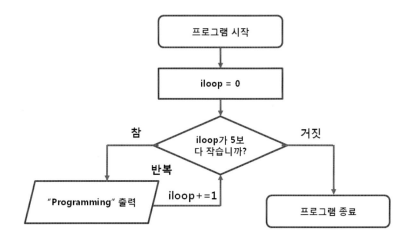

코드 상에서 문법이 달라 약간 이질감이 있었지만, 순서도를 그려보니 동작하는 기본로직은 거의 동일하다는 것을 알 수 있습니다. iloop 변수는 반복 조건을 비교하기 위한 중요한 변수입니다. iloop 변수가 5보다 작은지 비교하여 작으면(참이면) 'Programming'을 출력하고, iloop 변수를 1 증가시킵니다. 이렇게 반복을 하다가 어느 순간 iloop 변수가 5보다 크거나 같아지게 되면 반복 조건에 만족하지 않으므로(거짓이므로) 프로그램을 종료하게 됩니다.

Unit:2 == (while문의 활용)

앞에서 for문을 통해 반복문에 대한 연습을 했습니다. while문에서는 여러분이 for문에서 다루었던 예제를 while문으로 작성할 수 있으면 됩니다. 그럼 while문의 예제를 하나씩 작성해 보겠습니다.

먼저 while문을 이용하여 1부터 10까지의 합을 구하는 코드를 작성해 볼까요?

■ 소스코드 : 5장/5-14.py

```
1:    sum = 0
2:    val = 0
3:    while val < 11:
4:        sum += val
5:        val += 1
6:    print('1에서 10까지의 합 :', sum)
```

■ 출력결과

1에서 10까지의 합 : 55

1-2 라인 : sum 변수는 1부터 10까지의 합을 저장하기 위한 변수입니다. 초기값을 0으로 설정하였습니다. val 변수는 반복 조건을 수행하기 위해 필요합니다. 초기값은 0으로 설정하였습니다.

3 라인 : val 변수의 값이 11보다 작은 동안 while문 이하의 문장을 수행하라는 의미입니다. val 변수 값이 11과 같거나 커지면 while 반복문을 빠져나가게 됩니다.

4 라인 : val 변수가 11보다 작은 경우 수행되는 문장으로 val의 값을 sum 변수에 누적시킵니다. sum += val 문장을 풀어 쓰면 sum = sum + val입니다.

5 라인 : val 변수가 11보다 작은 경우 수행되는 문장으로 val의 값을 1 증가 시킵니다. 한 번 반복할 때마다 val이 1씩 증가함으로써 언젠가 반복문을 빠져나올 수 있게 됩니다.

___ # 잠깐 알아두세요 ___

어떠한 프로그래밍 언어든지 반복문으로써 for문과 while문은 늘 공존합니다. 어떠한 명령문이 좋은지 나쁜지 우열을 가릴 수는 없습니다. 각자 사용하기 편하고 가독하기 편한 명령문을 자신의 취향대로 선택하여 사용하시면 됩니다. 필자의 개인적인 취향은 for문입니다. for문은 변수, 범위값, 증가값을 한 문장에 표현할 수 있는데, 필자에게는 그러한 요소가 가독성을 좋게 하기 때문입니다. 이것은 필자의 취향일 뿐, 상대적으로 while문이 가독하기 불편하다는 의미는 절대 아닙니다. 각자 두 반복문을 사용해보시고 주로 편한 반복문을 선택해서 사용해도 되고, 아니면 혼용해서 사용하셔도 무방합니다.

이번에는 while문을 이용하여 1부터 100까지의 홀수의 합을 구하는 코드를 작성해 보겠습니다.

■ 소스코드 : 5장/5-15.py

```
1:    sum = 0
2:    val = 1
3:    while val < 100:
4:        sum += val
5:        val += 2
6:    print('1에서 100까지의 홀수의 합 :', sum)
```

1에서 100까지의 홀수의 합 : 2500

1-2 라인 : sum 변수는 1부터 10까지의 합을 저장하기 위한 변수입니다. 초기값을 0으로 설정하였습니다. val 변수는 반복 조건을 수행하기 위해 필요합니다. 홀수값을 연산하기 위해 초기값은 1로 설정하였습니다.

3 라인 : val 변수의 값이 100보다 작은 동안 while문 이하의 문장을 수행하라는 의미입니다. 100까지의 마지막 홀수값은 99이므로 100과 같거나 커지면 while 반복문을 빠져나가게 됩니다.

4 라인 : val 변수가 100보다 작은 경우 수행되는 문장으로 val의 값을 sum 변수에 누적시킵니다.

5 라인 : val 변수는 홀수값을 연산해야 하므로 반복할 때마다 2만큼 증가시킵니다. 초기값이 1이므로, 반복할 때마다 3, 5, 7, 9… 식으로 증가하겠죠.

이번에는 반복문의 대표적인 예제인 구구단을 출력하는 코드를 작성해 보겠습니다. 사용자로부터 단수를 입력받아 해당 구구단을 출력하는 코드입니다.

■ 소스코드 : 5장/5-16.py

```
1:    val = 1
2:    dan = int(input('단수를 입력하시오 : '))
3:    while val < 10:
4:        print(dan, ' * ', val , ' = ', dan * val)
5:        val += 1
```

■ 출력결과

```
단수를 입력하시오 : 2
2 * 1 = 2
2 * 2 = 4
2 * 3 = 6
2 * 4 = 8
2 * 5 = 10
2 * 6 = 12
2 * 7 = 14
2 * 8 = 16
2 * 9 = 18
```

1 라인 : val 변수는 단수와 곱하는 수입니다.

2 라인 : 무슨 단을 출력할 지 단수를 사용자로부터 입력받습니다.

3 라인 : 단수와 곱하는 수 val 변수는 1부터 9까지의 범위를 갖습니다.

4 라인 : 반복할 때마다 dan 변수값과 val 변수값을 곱하여 출력합니다.

5 라인 : 반복할 때마다 val 변수를 1씩 증가시킵니다.

2단부터 9단까지 구구단 전체를 출력하기 위해 이중 반복문을 사용하였습니다. 이중 for문을 사용한 것과 같이 이중 while문을 이용하여 구구단 전체를 출력해 보겠습니다.

■ 소스코드 : 5장/5-17.py

```
1:    dan = 2
2:    while dan < 10:
3:        val = 1
4:        while val < 10:
5:            print("%d * %d = %d" % (dan, val, dan*val), end=' ')
6:            val += 1
7:        dan += 1
8:        print();
```

■ 출력결과

```
2 * 1 = 2 2 * 2 = 4 2 * 3 = 6 2 * 4 = 8 2 * 5 = 10 2 * 6 = 12 2 * 7 = 14 2 * 8 = 16 2 * 9 = 18
3 * 1 = 3 3 * 2 = 6 3 * 3 = 9 3 * 4 = 12 3 * 5 = 15 3 * 6 = 18 3 * 7 = 21 3 * 8 = 24 3 * 9 = 27
4 * 1 = 4 4 * 2 = 8 4 * 3 = 12 4 * 4 = 16 4 * 5 = 20 4 * 6 = 24 4 * 7 = 28 4 * 8 = 32 4 * 9 = 36
5 * 1 = 5 5 * 2 = 10 5 * 3 = 15 5 * 4 = 20 5 * 5 = 25 5 * 6 = 30 5 * 7 = 35 5 * 8 = 40 5 * 9 = 45
6 * 1 = 6 6 * 2 = 12 6 * 3 = 18 6 * 4 = 24 6 * 5 = 30 6 * 6 = 36 6 * 7 = 42 6 * 8 = 48 6 * 9 = 54
7 * 1 = 7 7 * 2 = 14 7 * 3 = 21 7 * 4 = 28 7 * 5 = 35 7 * 6 = 42 7 * 7 = 49 7 * 8 = 56 7 * 9 = 63
8 * 1 = 8 8 * 2 = 16 8 * 3 = 24 8 * 4 = 32 8 * 5 = 40 8 * 6 = 48 8 * 7 = 56 8 * 8 = 64 8 * 9 = 72
9 * 1 = 9 9 * 2 = 18 9 * 3 = 27 9 * 4 = 36 9 * 5 = 45 9 * 6 = 54 9 * 7 = 63 9 * 8 = 72 9 * 9 = 81
```

1 라인 : 단수는 2단부터 시작하므로 dan 변수의 초기값을 2로 설정하였습니다.

2 라인 : 2단부터 9단까지 단수를 증가하기 위한 반복문입니다. 값의 범위는 2부터 9까지입니다.

3 라인 : 단수와 곱해지는 수인 val 변수입니다. 선언과 초기화를 이곳에 위치한 이유는 단수가 늘어갈 때마다 단수와 곱하는 수인 val은 9에서 다시 1로 초기화해야 하기 때문입니다. 예를 들어 2단의 마지막에 2 * 9 = 18로 val의 값은 9입니다. 단수가 3단으로 늘었을 때 val의 값이 9이면 안되겠죠? 그래서 이 지점에서 val 변수의 값을 다시 1로 초기화한 것입니다.

4-6 라인 : 한 단의 구구단을 출력하는 알고리즘과 동일합니다.

7 라인 : 단수를 1증가합니다.

8 라인 : 단수의 구분을 위해 개행하는 문장입니다.

while문의 사용법에 대해 이 정도의 예제를 이해하고 스스로 작성할 수만 있다면 while문을 이용한 반복문의 기본 사용은 문제없습니다.

CHAPTER **04:**

= ("무한 루프(무한 반복)")

무한 루프라는 것은 반복 수행이 무한이 일어난다는 것입니다. 반복문은 수행조건에 의해서 언젠가는 조건이 무너질 수 있도록 적절히 구성해야 합니다. 그렇지 않으면 무한 루프에 빠지게 됩니다. 우리가 앞에서 작성했던 소스코드 5-13.py를 보면 iloop 〈 5라는 조건을 통해 iloop를 반복 수행할 때마다 1씩 증가하여 "Programming" 문자열을 5번 출력하였습니다. 만약 iloop += 1 문장을 주석으로 막는다면 어떻게 될까요? iloop의 값은 초기값인 0으로 계속 남아 있게 되고, iloop 〈 5의 조건이 깨지지 않는 참이므로 반복문을 계속 수행하게 됩니다. 예제를 다음과 같이 작성해 보겠습니다.

■ 소스코드 : 5장/5-18.py

```
1:    iloop = 0
2:    while iloop < 5:
3:        print("Programming")
4:        #iloop += 1
```

■ 출력결과

```
Programming
Programming
Programming
Programming
Programming
Programming
Programming
Programming
Programming
Programming
Programming
Programming
```

결과는 보시는 것처럼 문자열이 무한 반복하여 출력되는 것을 확인할 수 있습니다. 무한 루프를 중지하려면 [Ctrl + C]를 누르면 됩니다.

이번에는 또 다른 무한 루프의 경우를 살펴 보겠습니다. 사용자로부터 정수를 입력받아 누적된 합을 출력하는 프로그램입니다.

```
1:    hap = 0
2:    inum = 0
3:    while True:
4:        inum = int(input('정수를 입력하세요 : '))
5:        hap += inum
6:        print("누적된 합은 : " + str(hap))
```

■ 출력결과

```
정수를 입력하세요 : 3
누적된 합은 : 3
정수를 입력하세요 : 2
누적된 합은 : 5
정수를 입력하세요 : 6
누적된 합은 : 11
정수를 입력하세요 : 1
누적된 합은 : 12
정수를 입력하세요 : 8
누적된 합은 : 20
정수를 입력하세요 : 8
누적된 합은 : 28
정수를 입력하세요 : 6
누적된 합은 : 34
정수를 입력하세요 : 4
누적된 합은 : 38
정수를 입력하세요 : 2
누적된 합은 : 40
정수를 입력하세요 : |
```

3 라인 : while문의 반복 조건이 True이므로 4-6라인은 무한 루프를 수행하게 됩니다.

4 라인 : input() 함수를 통해 키보드로 값을 입력받고 int로 타입캐스팅하여 inum 변수에 저장합니다.

5-6 라인 : inum 변수를 hap 변수에 누적하여 더한 후 print() 함수를 통해 누적값을 출력합니다.

무한 루프가 무조건 나쁜 것은 아닙니다. 어떤 경우에는 무한 루프를 수행해야 하는 경우가 있는데, 다만 무한 루프를 어느 시점에 빠져나올 수 있도록(특정 조건에 break나 return과 같은 점프문으로 빠져나올 수 있도록) 설계해야 합니다. break문의 사용법을 살펴보도록 하겠습니다.

CHAPTER 05: = ("break문과 continue문")

Unit:1 == (멈추거나 계속하거나)

우리나라의 전통 놀이 가운데 동양화를 감상하면서 할 수 있는 고스톱이라는 놀이가 있습니다. 아마 고스톱을 전혀 해보지 않은 사람들도 이름 정도는 들어보았을 것입니다. 나의 패와 상대의 패를 읽어서 '고'를 하던지 '스톱'을 하는 방식입니다. 그림은 동양화인데 놀이의 이름은 외래어를 사용한 것을 보면 참 아이러니합니다.

지금 설명하는 continue와 break의 의미가 각각 '고', '스톱'입니다. 즉, continue는 계속하라는 뜻이고, break는 멈추라는 뜻입니다. 변화무쌍한 세상에서 우리는 계속 이 길을 가야할 지 아니면 그만 멈추어야 할지 결정해야 할 상황이 생깁니다. 코드에서도 마찬가지입니다. 이 때 continue문과 break문을 적절하게 사용하면 됩니다.

Unit:2 == (break문의 기본 원리)

break의 사전적인 의미에는 '중단하다', '차단하다'는 뜻이 있습니다. 자동차의 브레이크를 밟으면 동작을 멈추는 것처럼 break문을 만나면 그 지점에서 동작을 멈추게 됩니다. 동작을 멈춘다는 의미는 현재 자신이 속해 있는 영역을 벗어난다는 뜻입니다. 예를 들어 반복문 안에서 break문을 사용하게 되면 현재 수행하고 있는 반복문을 빠져나가겠다는 의미입니다. 다음은 break문의 사용 방법입니다.

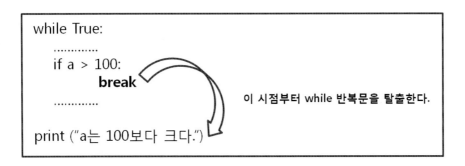

반복문 while 내부에서 특정 조건이 되면 break문을 만나게 되는데, 이 때 break문은 수행 중인 반복문 while문을 빠져나가게 합니다. 주로 무한 루프의 상황에서 특정 시점에 반복문을 빠져나오게 하기 위한 방법으로 사용됩니다.

■ 소스코드 : 5장/5-20.py

```
1:   a = 0
2:   while True:
3:       if a > 100:
4:           break
5:       print('a의 값은 : ', a)
6:       a += 1
7:   print('a는 100보다 크다')
```

■ 출력결과

```
a의 값은 :  94
a의 값은 :  95
a의 값은 :  96
a의 값은 :  97
a의 값은 :  98
a의 값은 :  99
a의 값은 :  100
a는 100보다 크다
```

1 라인 : 특정 조건에 사용할 a 변수를 0으로 초기화합니다.

2 라인 : 반복 조건이 True이면 무조건 참입니다. 즉, 무한 반복을 한다는 뜻입니다.

3 라인 : a의 값이 100보다 큰지 검사합니다.

4 라인 : a의 값이 100보다 큰 경우 break를 수행하면 현재 속해 있는 반복문을 빠져나가게 됩니다.

6 라인 : a의 값을 1씩 증가시킵니다. 이렇게 해야만 언젠가 a의 값이 반복 조건을 만족하게 됩니다. 만약 이 문장이 없거나 주석으로 처리하게 된다면 이 프로그램은 무한 반복을 하게 될 것입니다.

이 코드의 핵심은 while True: 인 무한 반복문 안에서 특정 조건 if a > 100: 을 통해 조건이 만족이 된다면 break문으로 무한 반복을 빠져나갈 수 있는 구조를 가지고 있다는 점입니다. 모든 무한 반복의 구조를 가진 코드들은 이렇게 반드시 무한 반복을 빠져나갈 수 있는 특정 조건을 가지고 있습니다.

> **─ # 잠깐 알아두세요 ─**
>
> break문 사용의 경우 일반적으로 분기문인 switch - case문에서 주로 사용합니다. 하지만 파이썬에서는 switch - case문을 지원하지 않습니다. 그 이유는 단순함을 추구하는 파이썬이 if - elif와 같은 분기문만으로도 가독성 및 'switch - case문'의 기능을 확보할 수도 있고, 또한 딕셔너리(dictionary)와 같은 데이터 타입으로도 switch - case 와 비슷한 기능을 구현할 수 있기 때문에 굳이 switch - case문의 채용 필요성을 느끼지 못했을 것입니다.

Unit:3 == (continue문의 기본 원리)

continue문은 반복을 수행하는 중에 생략하고 넘어가고 싶은 것이 있을 때 사용하면 됩니다. continue 문의 사용 방법을 보도록 하겠습니다.

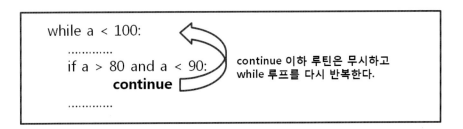

반복문 while 내부에서 특정 조건이 되면 continue문을 만나게 되는데, 이 때 continue문 이하의 수행은 무시하고, 다시 반복의 시작점인 while문으로 이동하여 그 다음의 수행을 합니다.

■ 소스코드 : 5장/5-21.py

```
1:    a = 0
2:    while  a < 100:
3:        a += 1
4:        if a > 80 and a < 90:
5:            continue
6:        print('a의 값은 : ', a)
```

```
a의 값은 :  78
a의 값은 :  79
a의 값은 :  80
a의 값은 :  90
a의 값은 :  91
a의 값은 :  92
a의 값은 :  93
a의 값은 :  94
a의 값은 :  95
a의 값은 :  96
a의 값은 :  97
a의 값은 :  98
a의 값은 :  99
a의 값은 : 100
```

1 라인 : 반복 조건을 검사하기 위한 a 변수의 값을 0으로 초기화합니다.

2 라인 : while문을 이용하여 a가 100보다 작은 동안 반복문을 수행합니다.

3 라인 : 반복문의 탈출 조건을 만들기 위해 a 변수를 1씩 증가합니다.

4-5 라인 : a의 값이 81부터 89까지일 때는 continue문을 수행합니다. continue문을 수행하면 다시 2라인 while문으로 이동합니다. 즉, continue문 이하는 수행하지 못하고 다시 반복한다는 의미입니다.

6 라인 : 반복문을 수행할 때마다 a의 값을 출력합니다. 하지만, a의 값이 81부터 89까지인 경우에는 continue문에 의해 print()함수를 수행하지 못하고 반복문으로 다시 돌아가므로 a의 값이 출력되지 않습니다.

출력 결과를 보면 a의 값을 80까지 출력한 후 그 다음 출력은 90인 것을 볼 수 있습니다. 즉, 81부터 89까지의 값 출력이 생략된 것을 확인할 수 있지요. 이 코드의 핵심은 continue문을 이용하여 어떤 특정한 구간을 생략할 수 있다는 점입니다. 여러분이 코드를 작성 시 특정 구간을 생략하고 싶을 때 continue문을 사용해 보시기 바랍니다.

<u>MEMO</u>

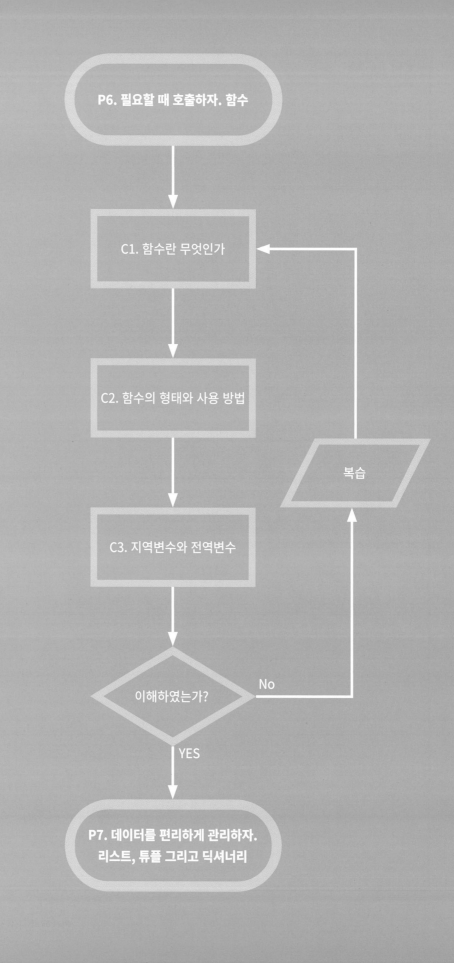

PART 06

필요할 때 호출하자.
함수

요리에 비유했을 때 변수는 요리의 재료라고 하였습니다. 그리고 우리는 연산자를 사용하여 재료와 재료를 결합하거나, 가공하여 요리를 완성해 갑니다. 이러한 과정으로 우리집 냉장고에는 이미 만들어진 떡볶이, 카레, 햄버거, 닭볶음탕, 피자, 핫도그 등 다양한 음식들이 저장되어 있고, 배고플때 꺼내서 간편하게 데워먹으면 됩니다. 매우 편리하죠? 함수가 바로 이러한 느낌입니다. 처음부터 그때 그때 요리를 하는 것이 아니라 이미 만들어져 있는 음식을 데우기만 하면 간편하게 먹을 수 있는 것. 이 느낌을 가지고 이번 시간에는 함수에 대해 살펴보도록 하겠습니다.

CHAPTER 01:

= ("함수란 무엇인가")

Unit:1 == (일반적인 함수의 개념)

우리는 중등교육과정의 수학에서 함수에 대해 배웁니다. 우리가 알고 있는 수학에서의 함수의 형태는 다음과 같습니다. y가 x의 함수일 때의 형태입니다.

$$y = f(x)$$

함수라는 것은 임의의 어떤 입력 x에 대해 그에 따른 출력 y가 존재하는 것을 말합니다. 위의 함수 정의 기호에 의거하여 만약 입력한 값에 대해 2배(x2)의 출력 결과값을 반환하는 함수를 정의한다면 다음과 같습니다.

$$y = 2x$$

이 함수는 입력한 값 x를 무조건 2배로 뻥튀기해서 y에 반환합니다. x에 1를 대입하면 y는 2를 반환받게 되고, x에 2를 대입하면 y는 4를 반환받게 됩니다.

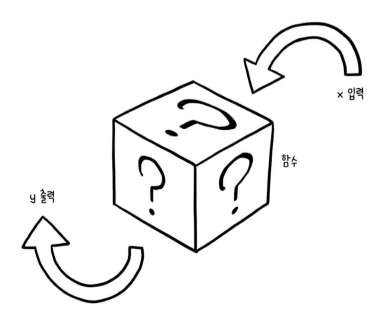

x 입력

함수

y 출력

함수는 블랙박스와 같습니다. 함수 내부에서 어떤 원리로 어떻게 구현되었든지 우리는 알 필요는 없습니다. 다만, x라는 값을 함수에 입력하면 함수 안에서 처리하여 y라는 결과값을 반환할 뿐입니다. 우리 실생활에서도 함수의 원리를 이용한 물건들이 많습니다. 대표적인 예가 커피자판기죠.

커피자판기의 동작은 동전과 원하는 커피 종류를 선택하면 원하는 커피가 만들어져서 나옵니다. 우리는 커피자판기 내부에서 커피가 어떻게 만들어지는지 원리에 대해 알 필요는 없습니다. 다만 입력에 대한 출력 결과만 보면 됩니다. 동전이라는 원료를 커피자판기라는 함수에 넣으면 커피라는 결과물이 나옵니다.

이러한 원리 기반에서 함수를 정의해보자면 특정한 작업을 하기 위해 독립적으로 만들어진 하나의 기능 단위라고 말할 수 있습니다.

Unit:2 == (함수를 사용하는 이유)

앞에서 예를 들었던 커피 자판기의 경우 동전을 넣으면 커피를 내어주는 아주 단순한 한 가지의 기능을 가지고 있습니다. 하지만, 요즘 나오는 기계나 소프트웨어의 경우 기능이 매우 다양하고 복잡해졌음을 알 수 있습니다. 간단한 계산기의 경우 사칙연산만 보아도 더하기, 빼기, 곱하기, 나누기의 기능만 4가지이고, 그 외에 나머지 구하는 기능, 제곱근 구하는 기능 등을 추가하면 점점 더 늘어나게 되겠지요. 하물며 최근 제작되는 시스템의 소프트웨어의 복잡도는 말할 것도 없겠지요. 함수는 이러한 복잡해지는 프로그램을 기능 단위로 분리하여 작성함으로써 다음과 같이 크게 2가지의 장점을 얻을 수 있습니다.

① 코드의 가독성이 좋아집니다.

어떤 글을 읽을 때 내용의 주제에 따라 단락별로 나누어 놓으면 읽기가 수월하고 이해도 빠르게 됩니다. 이와 반대로 글을 단락별로 구분하지 않고 계속 이어지면 가독성이 떨어져 읽기가 어려워지고 이해도 잘 되지 않습니다.

마찬가지로 코드에서도 모든 기능을 한 곳에서 장황하게 작성하여 처리하게 되면 코드를 보고 해석하는 입장에서는 읽기가 매우 힘들어집니다. 이와 반대로 기능 단위로 나누어서 기능을 나누어 놓으면 코드의 가독성은 좋아지고 해석도 쉬워집니다.

② 코드의 유지 보수 및 확장이 쉬워집니다.

여러분이 어느 소프트웨어 회사에 입사를 하였다고 합시다. 이 때 이전 근무자의 코드를 인수인계 받아서 파악을 해야 하는데, 코드가 완전 스파게티 코드(엉망으로 짜서 해석하기 힘든 코드)라고 한다면 대략 난감할 것입니다. 좋은 코드는 가독성이 좋아서 이해하기 쉽게 합니다. 함수를 사용하면 이해하기 쉬운 가독성 좋은 코드로 만들 수 있습니다. 그래서 여러분이 새로운 코드를 파악하여 유지보수 및 확장을 해야 한다 할지라도 어렵지 않게 처리할 수 있습니다.

③ 반복적으로 수행할 내용을 한 번만 작성해놓고 재사용이 가능합니다.

커피자판기의 경우 커피 만드는 과정을 요청이 들어올 때마다 반복해야 합니다. 매번 같은 과정의 코드를 반복해서 작성할 필요 없이 코드를 함수로 만들어놓으면 필요할 때마다 호출만 하면 됩니다.

정돈되지 않은 문장

정돈된 문장

잠깐 알아두세요

스파게티 코드란 프로그래밍 소스 코드가 스파게티 면발처럼 복잡하게 얽혀 있다는 것을 비유해서 표현한 것입니다. 스파게티 코드는 오류없이 정상 동작은 하지만 다른 개발자가 이 코드를 이해하기에는 다소 어려움이 있으므로 유지 보수 및 확장이 힘든 코드입니다. 이러한 스파게티 코드는 일정 상 시간에 쫓겨 개발을 수행해야 하는 경우 양산되는 좋지 않은 현상들입니다.

Unit:3 == (함수의 종류)

함수는 크게 두 종류로 나눌 수 있습니다. 하나는 내장 함수이고, 다른 하나는 사용자 정의 함수입니다.

■ 내장 함수

우리가 사용했던 함수 중에 대표적인 출력 함수가 print()입니다. 이 함수는 다양한 서식 데이터를 출력해주는 기능을 제공합니다. 우리가 print() 함수를 직접 만든 것도 아니고, 이 함수의 동작 원리도 알지 못합니다. 이 함수에 어떤 데이터를 입력하면 화면에 출력된다는 것만 알고 있습니다.

우리가 자주 사용했던 함수 중에 input()이라는 입력 함수가 있습니다. 이 함수 또한 마찬가지로 우리는 함수의 내부 동작 원리를 알지 못합니다. 단지 이 함수를 사용하면 키보드로 데이터를 입력받을 수 있다는 것만 알고 있습니다.

이 두 함수들은 파이썬 언어에서 사용자에게 제공하는 함수입니다. 이러한 함수들을 우리는 '내장 함수'라고 합니다. 파이썬을 제공하는 각 벤더사들은 파이썬 개발자들이 편리하게 개발할 수 있도록 미리 내장 함수를 만들어놓고 라이브러리화시켜 놓은 것입니다. 파이썬의 내장 함수는 외부 모듈과는 달리 별도의 import가 필요하지 않기 때문에 아무런 설정 없이 바로 사용 가능합니다. 다음은 파이썬의 대표적 내장 함수 목록입니다.

내장 함수	설명
abs(x)	어떤 숫자를 입력 받았을 때 그 숫자의 절대값을 돌려주는 기능
chr(i)	아스키(ACSII) 코드 값을 입력 받아 그 코드에 해당하는 문자를 출력하는 기능
divmod(a, b)	2개의 숫자 a, b를 입력 받아 a를 b로 나눈 몫과 나머지를 튜플 형태로 돌려주는 기능
eval(expression)	실행 가능한 문자열을 입력 받아 문자열을 실행한 결과값을 돌려주는 기능
hex(x)	정수값을 입력 받아 16진수(hexadecimal)로 변환하여 돌려주는 기능
id(object)	객체를 입력 받아 객체의 고유 주소 값을 돌려주는 기능
len(s)	입력값 s의 길이 또는 요소 전체의 개수를 돌려주는 기능
list(s)	반복 가능한 자료형 s를 입력 받아 리스트로 만들어 돌려주는 기능
map(f, iterable)	함수 f와 반복 가능한 iterable 자료형을 받아서 입력받은 각 요소를 함수 f가 수행한 결과를 묶어서 돌려주는 기능
max(iterable)	인수로 반복 가능한 자료형을 입력 받아 그 최대값을 돌려주는 기능
min(iterable)	인수로 반복 가능한 자료형을 입력 받아 그 최소값을 돌려주는 기능
open(filename)	인수로 파일 이름을 입력 받아 파일 객체를 돌려주는 기능
range(start, stop, step)	주로 for문과 함께 사용. 입력받은 숫자에 해당하는 범위 값을 반복 가능한 객체로 만들어 돌려주는 기능
str(object)	문자열 형태로 객체를 변환하여 돌려주는 기능

이 외에도 더 많은 내장 함수를 제공하고 있습니다. 우리가 지금 내장 함수의 내용을 다 알 필요는 없습니다. 이러한 기본 기능들이 제공되고 있다는 정도로만 이해하시고, 필요할 때 내장 함수의 레퍼런스를 참고하시면 됩니다.

■ 사용자 정의 함수

코드를 작성하다 보면 내장 함수를 유용하게 사용하기도 하지만, 내장 함수만으로 충족되지 않는 기능들도 많습니다. 내장 함수라는 것이 표준적인 기능들만 제공하다 보니 다양한 기능을 반영하기 위한 프로그래밍을 하기에는 너무나 그 기능이 부족합니다. 그래서 개발자는 자신이 원하는 기능을 직접 만들 수 있는데, 사용자가 직접 정의했다고 해서 사용자 정의 함수라고 부릅니다. 우리가 지금부터 배울 함수에 대한 내용들이 내가 직접 만들어 사용하는 사용자 정의 함수입니다.

CHAPTER **02:** = ("**함수의 형태와 사용 방법**")

Unit:1 == (**함수의 기본 형태와 구성 요소**)

먼저 파이썬에서 정의하는 함수의 기본 형태와 구성 요소를 살펴보겠습니다.

> **def 함수이름(전달인자):**
> **# 함수의 내용 작성**

함수의 기본 형태는 def, 함수이름, 전달인자로 구성되어 있습니다. 그리고 그 다음 라인부터 함수의 내용을 작성하면 됩니다.

■ def

파이썬에서 함수를 정의할 때 가장 먼저 def 키워드를 사용합니다. def는 'define'의 앞글자만 따온 것으로 '정의한다'는 뜻을 가지고 있습니다. def 키워드가 나오면 파이썬의 함수가 정의된 것이라고 이해하시면 됩니다.

■ 함수이름

함수를 식별하기 위해 함수의 이름을 정합니다. 함수의 이름을 정할 때 고려해야 할 사항이 있습니다. 첫 번째로 가장 먼저 파이썬에서 이미 예약된 예약어는 피해야 합니다. 예를 들면 print(), input()과 같은 내장함수의 이름과 같은 것이죠. 그리고 두 번째로 함수의 기능에 맞는 이름을 정해야 합니다. 예를 들어 화면에 그려야 하는 기능을 가진 함수라면 draw()라고 이름을 정할 수 있겠지요.

■ 전달인자(매개변수)

함수 호출 시 필요에 따라 함수에 필요한 값을 전달합니다. 함수의 동작에 따라 전달인자의 개수가 없을 수도 있고 여러 개일 수도 있습니다.

주의할 점은 함수이름의 끝에 콜론(:)을 반드시 붙여 주어야 한다는 것과 함수의 내용은 한 탭 들여쓰기를 하여 작성해야 합니다.

Unit:2 == (간단한 함수 작성하기)

직접 간단한 함수를 작성해 볼까요? 간단한 예로 계산기의 사칙연산 기능 중 더하기 기능을 작성해 보도록 하겠습니다.

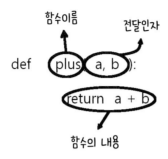

함수의 이름은 더하기 기능이므로 plus라는 이름으로 작성하였고, 인수목록은 두 개의 변수가 필요하므로 (a, b)라고 작성하였습니다. 함수의 내용은 전달인자로 받은 두 수 a와 b를 더해서 반환하는 기능입니다. 직접 소스코드로 작성해 보겠습니다.

■ 소스코드 : 6장\6-1.py

```
1:    def plus(a, b):
2:        return a + b
3:
4:    result = plus(10, 20)
5:    print(result)
```

■ 출력결과

30

4 라인 : plus() 함수를 호출합니다. 호출 시 전달인자에 10과 20의 값을 전달합니다. 그러면 plus() 함수의 전달인자 a에 10이, b에 20의 값이 각각 복사됩니다. 그리고 a + b의 연산 결과를 반환하여 result 변수에 대입합니다.
5 라인 : 연산 결과 result 변수를 출력합니다.

> ＿ # 잠깐 알아두세요 ＿
>
> return문은 함수 안에서 값을 반환하는 기능을 합니다. 그런데 return문은 함수 정의 시 반드시 필수는 아닙니다. 결과값을 외부로 반환하기 원하는 함수는 return문을 사용하고, 결과값을 반환할 필요가 없는 함수는 return문을 사용하지 않아도 됩니다.

Unit:3 == (함수의 호출과 프로그램 흐름)

다음은 프로그램 수행 과정에서 함수의 호출 및 반환되는 흐름을 순서대로 표시하였습니다.

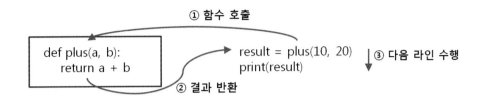

파이썬은 기본적으로 순차적 수행을 합니다. 프로그램을 수행하다가 plus() 함수를 호출하게 되면(①) 함수의 정의부를 수행하여 두 수의 합에 대한 결과를 반환합니다.(②) 이 때, 결과를 반환하면서 호출했던 위치로 다시 돌아옵니다. 그리고 다시 순차적으로 그 다음 라인을 수행합니다.(③)

Unit:4 == (사칙연산 계산기 만들기)

앞의 plus() 함수를 기반으로 빼기, 곱하기, 나누기 기능 또한 함수로 만들어서 호출할 수 있습니다.

■ 소스코드 : 6장\6-2.py

```
1:    def plus(a, b):
2:        return a + b
3:
4:    def minus(a, b):
5:        return a - b
6:
7:    def multiple(a, b):
8:        return a * b
9:
10:   def divide(a, b):
11:       return a / b
12:
13:   num1 =  int(input('첫 번째 수를 입력하시오 :'))
14:   num2 =  int(input('두 번째 수를 입력하시오 :'))
15:
16:   result = plus(num1, num2)
17:   print(result)
18:   result = minus(num1, num2)
19:   print(result)
```

```
20:    result = multiple(num1, num2)
21:    print(result)
22:    result = divide(num1, num2)
23:    print(result)
```

■ 출력결과

```
첫 번째 수를 입력하시오 :50
두 번째 수를 입력하시오 :30
80
20
1500
1.6666666666666667
```

1-2 라인 : 두 수 a와 b를 입력받아 a와 b를 더한 후 결과값을 반환하는 함수입니다.

4-5 라인 : 두 수 a와 b를 입력받아 a에서 b를 뺀 후 결과값을 반환하는 함수입니다.

7-8 라인 : 두 수 a와 b를 입력받아 a와 b를 곱한 후 결과값을 반환하는 함수입니다.

10-11 라인 : 두 수 a와 b를 입력받아 a를 b로 나눈 후 몫을 결과값으로 반환하는 함수입니다.

16 라인 : 사용자로부터 입력받은 두 수 num1과 num2를 전달인자로 전달하여 plus() 함수를 호출합니다. 결과값은 result 변수에 반환합니다.

18, 20, 22 라인 : 나머지 함수들의 호출 또한 동일합니다. 사용자로부터 입력받은 두 수 num1과 num2를 전달인자로 전달하여 각각 minus(), multiple(), divide() 함수를 호출합니다. 결과값은 result 변수에 반환합니다.

더하기, 빼기, 곱하기, 나누기 기능을 각각의 함수로 정의하였습니다. 코드가 함수 단위로 작성되어 있어 가독성이 좋고, 필요한 기능의 함수를 언제든지 호출하면 사용할 수 있습니다.

Unit:5 == (구구단 출력 코드를 함수로 만들기)

이번에는 기존에 작성했던 구구단 출력 코드를 함수로 만들어보겠습니다. 앞에서도 언급했듯이 이렇게 함수로 한 번 작성해 놓으면 필요할 때 함수를 호출함으로써 쉽게 이용할 수 있습니다. 다음은 기존 구구단의 코드 형태입니다.

```
dan = int(input('단수를 입력하세요 : '))

for val in range(1, 10, 1):
    print("%d * %d = %d" % (dan, val, dan*val))
```

함수로 만들기

이 코드에서의 기능은 입력받은 단수의 구구단을 화면에 출력하는 것입니다. 그래서 구구단을 출력하는 코드를 함수로 만들어야 합니다. 기존의 코드를 다음과 같이 함수의 형태로 바꾸어보겠습니다.

■ 소스코드 : 6장\6-3.py

```
1:    def gugudan(dan):
2:        for val in range(1, 10, 1):
3:            print("%d * %d = %d" % (dan, val, dan*val))
4:
5:    val = int(input('단수를 입력하세요 : '))
6:    gugudan(val)
```

■ 출력결과

```
단수를 입력하세요 : 6
6 * 1 = 6
6 * 2 = 12
6 * 3 = 18
6 * 4 = 24
6 * 5 = 30
6 * 6 = 36
6 * 7 = 42
6 * 8 = 48
6 * 9 = 54
```

1 라인 : 구구단을 출력하는 2-3라인의 내용을 gugudan()이라는 이름의 함수로 정의하였습니다. 이때 dan이라는 단수를 입력받는 변수 dan을 전달인자로 받습니다.
2-3 라인 : 입력받은 구구단을 출력하는 코드입니다. 하나의 단위기능이므로 기존 코드에서 함수화시킨 부분입니다.
6 라인 : gugudan() 함수를 호출합니다. 우리가 만든 gugudan()함수를 사용하는 형태입니다.

얼핏 보면 기존 코드가 함수화 시킨 변경된 코드보다 코드 수도 적고 더 간단해 보일지 모릅니다. 하지만, 여러분이 기능을 사용할 때마다 매번 같은 코드를 반복해서 작성해야 한다면 어떨까요? 매우 비효율적이지 않을까요? 함수를 한 번 만들어놓고 필요할 때 호출하여 사용하는 것이 더욱 효율적입니다.

Unit:6 == (계정 정보 검사 코드 함수로 만들기)

기존에 작성했던 계정 정보 검사 출력 코드를 함수로 만들어보겠습니다. 다음은 기존 계정 정보 검사 출력 코드입니다.

```
id = "jamsuham75"
pw = "1234"

userid = input("사용자 아이디 : ")
userpw = input("사용자 비밀번호 : ")

if id == userid:
    if pw == userpw:
        print("로그인 되었습니다")
    else:
        print("사용자 비밀번호가 틀렸습니다")
else:
    print("사용자 아이디가 틀렸습니다")
```

함수로 만들기

기존 코드에서 입력받은 사용자 아이디와 비밀번호 값을 검사하는 부분을 함수로 만들어야 합니다. 기존의 코드를 다음과 같이 함수의 형태로 바꾸어보겠습니다.

■ 소스코드 : 6장\6-4.py

```
1:    id = "jamsuham75"
2:    pw = "1234"
3:
4:    def account(userid, userpw):
5:        if id == userid:
6:            if pw == userpw:
7:                print("로그인 되었습니다")
8:            else:
9:                print("사용자 비밀번호가 틀렸습니다")
10:       else:
11:           print("사용자 아이디가 틀렸습니다")
12:
13:   input_id = input("사용자 아이디 : ")
14:   input_pw = input("사용자 비밀번호 : ")
15:   account(input_id, input_pw)
```

■ 출력결과

```
사용자 아이디 : jamsuham75
사용자 비밀번호 : 1234
로그인 되었습니다
```

1-2 라인 : 비교할 아이디와 비밀번호 값입니다.

4 라인 : 입력받은 사용자 아이디와 비밀번호의 값을 검사하는 기능을 account() 함수로 만들었습니다.

15 라인 : account() 함수를 호출합니다. 호출 시 사용자로부터 입력받은 아이디와 비밀번호를 전달합니다.

이렇게 account()라는 함수를 만들어놓으면 10명이든 100명이든 계정 검사 시 account() 함수만 호출하여 입력받은 아이디와 비밀번호만 전달하면 됩니다. 만약 함수화 시키지 않는다면 이 코드는 매 검사 시 반복해서 사용되어야 하므로 10명 검사 시 같은 코드가 10번, 100명 검사 시 같은 코드를 100번 사용하게 되는 비효율성을 보이게 됩니다.

Unit:7 == (커피 자판기 코드 작성하기)

이번에는 커피를 서비스하는 과정을 살펴보겠습니다. 커피를 사람이 직접 서비스한다면 어떤 과정을 거칠까요?

먼저 손님이 커피 주문을 하겠죠. 그러면 종업원은 먼저 물을 준비합니다. 그리고 주문한 커피를 탑니다. 마지막으로 물을 부으면 주문한 커피가 완료됩니다. 과정을 그림으로 살펴 보겠습니다.

주문 → 1. 물을 준비한다 → 2. 커피를 탄다 → 3. 물을 붓는다 → 완료

이 과정을 소스코드로 작성해 보겠습니다.

■ 소스코드 : 6장\6-5.py

```
1:    coffee = ' '
2:
3:    coffee = input('커피를 선택하시오(아메리카노, 카페라떼, 카페모카) : ')
4:    print()
5:
6:    print('1. 물을 준비한다')
7:    print('2. 컵을 준비한다')
8:
9:    if coffee == '아메리카노':
10:        print('3. 아메리카노를 탄다.')
11:    elif coffee == '카페라떼':
```

```
12:        print('3. 카페라떼를 탄다.')
13:    elif coffee == '카페모카':
14:        print('3. 카페모카를 탄다.')
15:    else:
16:        print('3. 아무거나 탄다. ')
17:
18:    print('4. 물을 붓는다.')
19:    print()
20:    print(coffee, '한 잔 서비스 완료!!')
```

■ **출력결과**

커피를 선택하시오(아메리카노, 카페라떼, 카페모카) : 카페모카

1. 물을 준비한다
2. 종이컵을 준비한다
3. 카페모카를 탄다.
4. 물을 붓는다.

카페모카 한 잔 서비스 완료!!

1 라인 : 선택한 커피 종류를 저장할 변수를 선언합니다.
3 라인 : 사용자로부터 커피 종류를 입력받습니다.
9-16 라인 : 사용자가 '아메리카노', '카페라떼', '카페모카' 중에 선택한 커피를 출력합니다.

사용자로부터 값을 입력받아 순차적으로 수행하는 어렵지 않은 코드입니다. 그런데 손님이 1명이라면 문제 없지만, 손님이 여러 명이라면 어떨까요? 예를 들어 손님이 3명이라고 하면 커피를 3잔 만들어야 합니다. 그렇게 되면 코드의 3-20라인을 3번 반복해야 합니다. 코드의 라인이 현재 코드의 3배로 늘어나는 셈이지요.

손님이 올 때마다 코드는 배수로 더 늘어나게 될 것입니다. 너무 비효율적이죠? 마찬가지로 이 문제를 효율적인 형태로 해결할 수 있는 방법은 함수입니다. 코드에서 반복되는 부분을 함수화시키고, 필요할 때 호출하면 주문하는 손님이 아무리 늘어난다고 해도 크게 부하가 걸리지 않습니다. 현실적으로 커피를 타는 반복되는 과정을 커피 자판기로 만들어 버리면 간단해지겠죠.

이제 커피를 직접 만들지 않아도 됩니다. 손님에게 주문 받고 커피 자판기에서 나온 커피를 손님에게 가져다 주면 됩니다. 우리가 커피를 탈 때 물을 준비하고, 커피를 타고, 물을 붓는 과정들은 모두 커피 자판기 안에서 자동으로 수행됩니다. 이 때 사용자가 커피 자판기 내부의 작동 과정을 알 필요가 있을까요? 굳이 알 필요는 없죠. 사용자는 주문만 하고, 주문한 커피만 받으면 됩니다. 결국 커피 자판기는 함수인 셈인거죠. 그러면 이 개념을 기반으로 커피를 만드는 과정을 함수의 형태로 코드를 작성해 보겠습니다.

■ 소스코드 : 6장\6-6.py

```
1:    coffee = '아메리카노'
2:
3:    def coffee_machine(sel_coffee):
4:        print('1. 물을 준비한다')
5:        print('2. 종이컵을 준비한다')
6:
7:        if sel_coffee == '아메리카노':
8:            print('3. 아메리카노를 탄다.')
9:        elif sel_coffee == '카페라떼':
10:           print('3. 카페라떼를 탄다.')
11:       elif sel_coffee == '카페모카':
12:           print('3. 카페모카를 탄다.')
```

```
13:        else:
14:            print('3. 아무거나 탄다. ')
15:        print('4. 물을 붓는다.')
16:
17:    coffee = input('커피를 선택하시오(아메리카노, 카페라떼, 카페모카) : ')
18:    print()
19:    coffee_machine(coffee)
20:    print()
21:    print(coffee, '한 잔 서비스 완료!!')
```

■ 출력결과

커피를 선택하시오(아메리카노, 카페라떼, 카페모카) : 카페모카

1. 물을 준비한다
2. 종이컵을 준비한다
3. 카페모카를 탄다.
4. 물을 붓는다.

카페모카 한 잔 서비스 완료!!

3-15 라인 : 커피를 만드는 과정을 coffee_machine()이라는 이름으로 함수화 하였습니다. 전달인자 sel_coffee에 선택한 커피의 값을 넘겨주면 전달인자의 값을 비교하여 커피를 완성합니다.

19 라인 : coffee_machine() 함수를 호출합니다. 이 때 선택한 커피를 전달인자 coffee로 전달합니다. 그러면 3라인 함수의 정의부인 coffee_machine()의 매개변수인 sel_coffee가 값을 받습니다.

이렇게 자판기의 형태로 함수화 시켰을 때의 장점은 손님이 여러 명이 오더라도 coffee_machine() 함수를 호출하여 선택한 커피의 값 coffee만 전달하면 된다는 것입니다. 앞에서의 상황인 손님 3명이 주문했을 때의 코드를 작성해 보겠습니다.

■ 소스코드 : 6장\6-7.py

```
1:    coffee = '아메리카노'
2:
3:    def coffee_machine(sel_coffee):
4:        print('1. 물을 준비한다')
5:        print('2. 종이컵을 준비한다')
6:
7:        if sel_coffee == '아메리카노':
8:            print('3. 아메리카노를 탄다.')
9:        elif sel_coffee == '카페라떼':
10:            print('3. 카페라떼를 탄다.')
```

```
11:        elif sel_coffee == '카페모카':
12:            print('3. 카페모카를 탄다.')
13:        else:
14:            print('3. 아무거나 탄다. ')
15:        print('4. 물을 붓는다.')
16:
17:    for i in range(0,3):
18:        print('-----------------------------------------------------------')
19:        coffee = input('커피를 선택하시오(아메리카노, 카페라떼, 카페모카) : ')
20:        print()
21:        coffee_machine(coffee)
22:        print()
23:        print(coffee, '한 잔 서비스 완료!!')
```

■ 출력결과

```
------------------------------------------------------------
커피를 선택하시오(아메리카노, 카페라떼, 카페모카) : 아메리카노

1. 물을 준비한다
2. 종이컵을 준비한다
3. 아메리카노를 탄다.
4. 물을 붓는다.

아메리카노 한 잔 서비스 완료!!
------------------------------------------------------------
커피를 선택하시오(아메리카노, 카페라떼, 카페모카) : 카페라떼

1. 물을 준비한다
2. 종이컵을 준비한다
3. 카페라떼를 탄다.
4. 물을 붓는다.

카페라떼 한 잔 서비스 완료!!
------------------------------------------------------------
커피를 선택하시오(아메리카노, 카페라떼, 카페모카) : 카페모카

1. 물을 준비한다
2. 종이컵을 준비한다
3. 카페모카를 탄다.
4. 물을 붓는다.

카페모카 한 잔 서비스 완료!!
```

17 라인 : 3명의 손님이 주문하도록 반복문 for를 사용하여 3번 반복하도록 합니다.

어떻습니까? 3명의 주문을 coffee_machine()함수를 3번 호출함으로써 간단히 처리할 수 있었습니다. 만약 100명 손님의 주문을 받는다면 어떻게 바꾸면 될까요? for문에서 range(0, 100)으로 변경하면 간단하게 처리됩니다.

CHAPTER 03:

= ("지역변수와 전역변수")

이제는 변수에 관한 이야기를 할 것입니다. 왜냐하면 함수 안에서 사용하는 데이터가 변수이기 때문입니다. 우리는 이미 변수를 선언하고 값을 대입하여 사용하는 방법은 알고 있습니다. 하지만 변수가언제 메모리에 생성되고 언제 소멸되는지에 대한 수명이나 접근 범위에 대해서는 잘 알지 못합니다.이번 시간에는 생성한 변수가 얼마의 기간 동안 메모리 상에 존재하는지 접근 범위는 어떻게 되는지살펴보도록 하겠습니다.

Unit:1 == (지역변수)

우리가 보는 TV 지상파 방송을 보면 전국 방송과 지역 방송으로 나누어집니다. 필자가 가끔 지방에내려가서 TV를 보게 되면 지상파 방송의 해당 지역 방송국에서 내보내는 전국 방송이 아닌 지역 방송을 보게 되는 경우가 있습니다. 지역 방송이라는 것은 해당 지역에서만 나오는 방송입니다. 즉, 지역이라는 의미를 생각해보면 어느 한정된(제한된) 공간이라고 볼 수 있을 것 같습니다.

■ 코드에서의 지역의 이해

우리나라 전국에 '이주성'이라는 동명의 사람들이 각 지역마다 1명씩 있다고 가정하겠습니다. 만약에 전국을 상대로 '이주성'이라는 사람을 부르면(호출하면) 어느 지역에 있는 이주성을 불렀는지 알 수 있을까요? 알 수 없습니다. 그런데,각 지역으로 들어가서 '이주성'을 부르게 되면 각 지역의 '이주성'들이 대답을 할 것입니다. 예를 들어 경기도에 가서 '이주성'을 부르면 경기도에 사는 '이주성'만 대답을 할 것이고,전라도에 가서 '이주성'을 부르면 전라도에 사는 '이주성'만대답을 하겠지요.

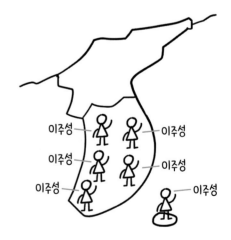

코드에서도 마찬가지입니다. 경기도, 전라도, 경상도 등의 각 도는 특정 공간을 형성하는 각각의 함수라고 생각하면 되고, 각 도의 '이주성'은 함수 내에서 사용하는 변수라고 생각하면 됩니다. 각각의 지역 안에 있는 변수를 우리는 지역 변수라고 부릅니다.

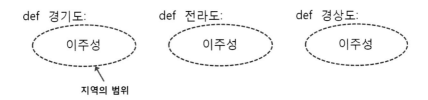

각 도의 이름으로 함수를 만들고 지역변수를 선언하여 특징을 하나씩 살펴 보도록 하겠습니다.

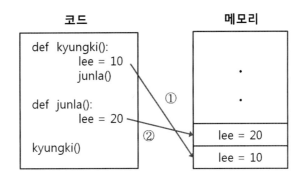

두 개의 함수 kyungki()와 junla()를 정의하였습니다. 각 함수를 하나의 지역이라고 생각하겠습니다. 이 때 함수의 내부에서는 변수 lee를 각각 10과 20으로 초기화합니다. 그런데 이렇게 이름이 같아도 다른 지역에 있기 때문에 중복 오류가 나지 않습니다. 왜냐하면 각 변수는 노는 물(함수)이 다르기 때문입니다. 그래서 그림에서처럼 각 변수는 독립적인 메모리 공간을 차지합니다.

그리고 변수가 메모리에 적재되는 순서는 호출 순서에 따릅니다. kyungki() 함수가 먼저 호출므로 lee = 10이 먼저 적재되고, 함수 안에서 다음 함수인 junla()가 호출되므로 lee = 20이 그 다음으로 적재되는 것을 볼 수 있습니다.

■ 지역변수가 메모리에 존재하는 시간

각 지역변수가 메모리에 함수 호출 순서대로 적재되는 것을 살펴 보았습니다. 그런데 메모리라는 것은 유한한 자원이므로 할당만 하고 소멸되지 않으면 메모리가 부족해집니다. 그런데 다행스럽게 메모리의 할당과 소멸은 우리가 직접 신경쓸 필요는 없습니다. 왜냐하면 시스템이 메모리를 할당해주고 소멸해주기 때문입니다. 하지만, 우리가 선언한 변수가 어느 시점에 할당되고 소멸되는지는 알고 있어야만 여러분이 선언한 지역변수의 수명을 알 수 있습니다.

이미 우리는 지역변수들이 메모리에 할당되는 순서를 살펴보았으므로, 메모리의 지역변수들이 어떤 순서대로 어느 시점에 소멸되는지 살펴보겠습니다.

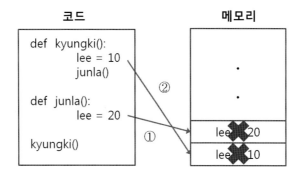

함수의 호출 순서는 kyungki() -> junla()의 순입니다. 그런데 함수가 끝나는 시점은 반대로 junla() -> kyungki()입니다. 함수 안에서 선언한 변수는 해당 함수가 종료되게 되면 메모리에서 소멸됩니다. 그래서 지역변수 lee의 종료 순서는 junla() 함수가 종료되는 시점에 지역변수 lee = 20이 소멸되고, kyungki() 함수가 종료되는 시점에 지역변수 lee = 10이 종료됩니다.

코드를 기반으로 함수의 호출 순서와 지역변수의 메모리 생성 및 소멸 순서를 살펴보도록 하겠습니다.

■ 소스코드 : 6장\6-8.py

```
1:    def  kyungki():
2:        print('2. lee = 10 변수를 메모리에 적재합니다.')
3:        lee = 10
4:        print('3. junla() 함수를 호출하였습니다.')
5:        junla()
6:        print('6. lee = 10 변수를 메모리에서 소멸합니다.')
7:
8:    def  junla():
9:        print('4. lee = 20 변수를 메모리에 적재합니다.')
10:       lee = 20
11:       print('5. lee = 20 변수를 메모리에서 소멸합니다.')
12:
13:   print('1. kyungki() 함수를 호출하였습니다.')
14:   kyungki()
```

■ 출력결과

```
1. kyungki() 함수를 호출하였습니다.
2. lee = 10 변수를 메모리에 적재합니다.
3. junla() 함수를 호출하였습니다.
4. lee = 20 변수를 메모리에 적재합니다.
5. lee = 20 변수를 메모리에서 소멸합니다.
6. lee = 10 변수를 메모리에서 소멸합니다.
```

13-14 라인 : kyungki() 함수를 호출합니다. 그러면 kyungki() 함수의 정의부인 1라인으로 이동합니다.

1-4 라인 : 3라인에서 lee = 10 변수가 생성되고, 5라인에서 새로운 함수 junla()를 호출합니다. 이 때, junla() 함수의 정의부인 8라인으로 이동합니다.

8-11 라인 : 10라인에서 lee = 20 변수가 생성되고, 11라인 수행 후 junla() 함수를 종료합니다. 이 함수가 종료되면 호출했던 지점인 5라인으로 돌아갑니다.

6 라인 : kyungki() 함수 정의부의 마지막 라인을 수행 후 함수를 종료합니다. 이 함수가 종료되면 호출했던 지점인 14라인으로 돌아갑니다.

함수의 호출 순서와 소멸 순서를 정확하게 이해하기 위해서 변수의 선언 및 함수의 호출부 전후로 메시지 출력을 하였습니다.

■ 매개변수도 지역변수

함수의 매개변수도 메모리에 할당되는 지역변수입니다. 그래서 함수가 수행될 때 자동으로 메모리에 할당되었다가 함수가 끝나면 자동으로 메모리에서 소멸됩니다. 앞에서 함수 내에 선언된 변수만 지역 변수라고 강조를 하여서 자칫 함수의 매개변수를 지역변수라고 생각 못할 수도 있습니다. 매개변수도 변수가 선언되는 위치만 다를 뿐 똑같은 특징을 가지고 있습니다.

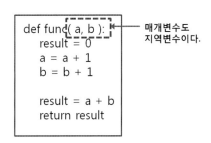

그림을 보면 매개변수 a와 b를 받아 함수 내부에서 연산을 하고 있습니다. 연산이 가능하다는 것은 변수 a와 b가 메모리에 할당되었다는 것을 의미합니다. 물론 함수 안에서 result 변수가 지역변수로 선언되므로 메모리를 할당 받습니다. 함수가 종료되면 a, b, result 모두 메모리 상에서 소멸됩니다.

Unit:2 == (전역변수)

전역변수라는 것은 지역변수의 반대되는 개념입니다. '전역'이라는 것은 전체 지역을 뜻하는 것으로 프로그램 전체 영역에서 사용할 수 있는 변수입니다. 국내의 스타들이 국내뿐 아니라 해외에서까지 활동을 하면 글로벌 스타라고 하지요. 전역 변수 또한 전체 영역에서 접근할 수 있다고 하여 글로벌 변수라고도 합니다.

■ 코드에서의 전역의 이해

전역변수를 선언하고 사용하는 방법에 대해 살펴보겠습니다.

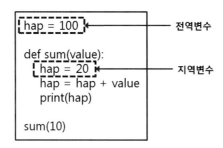

앞에서 함수의 안에서 선언한 변수를 지역변수라고 했습니다. 함수의 바깥쪽에 선언한 변수는 전역변수라고 합니다. 함수 sum 안에 선언한 변수 hap = 20은 지역변수라고 하고, 함수 바깥쪽에 선언한 변수 hap = 100은 전역변수라고 합니다. 코드를 통해 전역변수의 쓰임을 살펴보겠습니다.

■ 소스코드 : 6장\6-9.py

```
1:    hap = 100
2:
3:    def sum(value):
4:        hap = 20
5:        hap = hap + value
6:        print('hap 출력 : ', hap)
7:
8:    sum(10)
9:    print('hap 출력 : ', hap)
```

■ 출력결과

```
hap 출력 :  30
hap 출력 :  100
```

1 라인 : hap 변수는 함수의 바깥쪽에 위치하고 있으므로 전역변수입니다. 전역변수는 코드 내의 어디서든 접근이 가능한 변수입니다.

4 라인 : hap 변수는 함수의 안쪽에 위치하고 있으므로 지역변수입니다. 지역변수는 해당 함수 내에서만 유효하므로 sum() 함수를 벗어나면 소멸됩니다.

5-6 라인 : 변수 hap에 전달인자 value의 값을 더합니다. 이 때 사용한 hap은 전역변수일까요? 지역변수일까요? 전역변수와 지역변수의 이름이 동일할 경우 지역변수가 우선입니다. 그래서 지역변수 hap에 전달인자 value의 값을 더하여 출력합니다.

9 라인 : 출력하는 변수 hap은 전역변수일까요? 지역변수일까요? 이 변수는 함수 밖에 있으므로 전역변수입니다. 그래서 100이 출력됩니다.

쉽게 정리하면 함수 안에서 사용하는 변수는 지역변수이고, 지역변수는 함수 안에서 지지고 볶고 끝납니다. 그리고 함수 밖에서 사용하는 변수는 전역변수이고, 전역변수는 함수 안과 밖에서 지지고 볶고 끝납니다. 다만, 전역변수와 지역변수가 이름이 같은 경우 함수 내부에서는 지역변수가 우선입니다. 그리고, 전역변수가 메모리에 존재하는 시간은 프로그램이 시작될 때 메모리에 생성되고, 프로그램이 종료될 때 메모리에서 소멸됩니다.

___ # 잠깐 알아두세요 ___

전역변수는 프로그램 전체에서 공통적으로 사용되고 잘 변하지 않는 데이터를 사용해야 합니다. 전역변수가 수시로 변하고 여러 함수에서 자주 손을 댄다면 프로그램의 흐름을 파악하기가 매우 어려워집니다. 그래서 기본적으로 함수 안에서 함수 밖의 데이터인 전역변수는 수정하지 못하도록 제한되어 있습니다.

■ 함수 안에서 전역변수 수정하기

전역변수는 말 그대로 프로그램 전역을 접근할 수 있다고 하였습니다. 그런데, 함수 안에서 전역변수를 수정하려고 하면 오류가 납니다. 이러한 경우 함수 안의 변수명 앞에 global 키워드를 붙여 선언하면 전역변수를 수정할 수 있게 됩니다.

```
hap = 100
def sum(value):
    global hap
```

sum() 함수 안에 선언된 global hap은 함수 바깥쪽에 선언된 전역변수 hap = 100을 나타냅니다. 즉, global 키워드를 변수 앞에 붙여줌으로써 함수 안에서 전역변수에 접근할 수 있는 것입니다.

```
1:    hap = 100
2:    num = 50
3:
4:    def sum(value):
5:        global hap
6:        hap = hap + value
7:        print('hap 출력 : ', hap)
8:        print('num 출력 : ', num)
9:
10:   sum(10)
11:   print('hap 출력 : ', hap)
```

■ 출력결과

```
hap 출력 :  110
num 출력 :  50
hap 출력 :  110
```

1-2 라인 : 전역변수 hap = 100과 num = 50을 각각 선언합니다. 두 변수는 프로그램 전역에 접근할 수 있는 변수입니다.

5 라인 : hap변수 이름 앞에 global 키워드가 붙었습니다. 키워드는 1라인의 전역변수 hap을 의미합니다.

6 라인 : 전역변수 hap에 전달인자로 받은 value의 값을 더하여 결과값을 다시 hap에 대입합니다. hap이 100이고 value가 10이므로 결과값 hap은 110이 되겠네요.

8 라인 : 전역변수 num을 출력합니다. num은 hap과 다르게 별도의 수정없이 출력만 하고 있으므로 문제없이 전역변수 num의 값 50이 출력됩니다.

11 라인 : 6라인에서 계산한 전역변수 hap의 값이 출력됩니다. 왜냐하면 6라인에서 계산한 변수 hap은 전역변수이기 때문입다.

global 키워드를 배웠지만 가급적 사용하지 않는 것을 권합니다. 함수는 전달인자나 return문과 같은 외부와 소통할 수 있는 안정적인 창구가 있습니다. 그런데 global 키워드의 경우는 외부와 소통하는 이러한 자연스러운 흐름을 깨뜨리게 됩니다. global의 사용법은 알아두되, 여러분이 코드를 작성할 때에는 가급적 사용하지 않기를 권장합니다.

MEMO

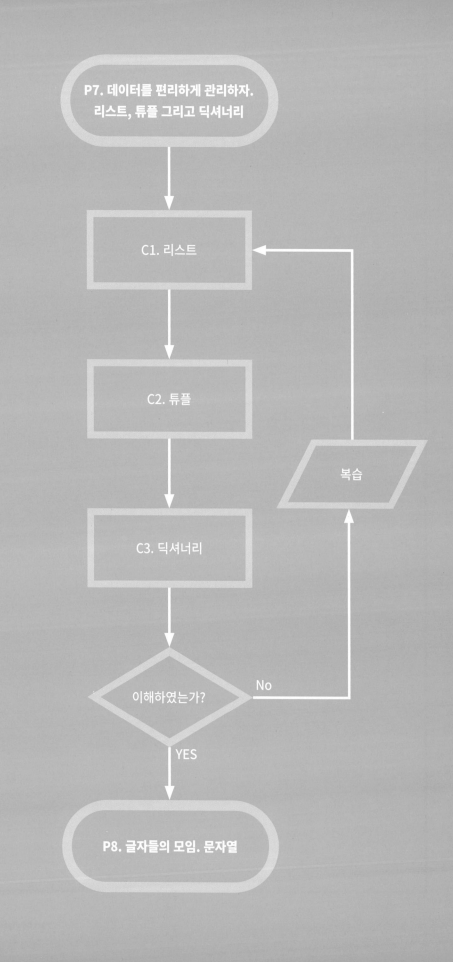

PART 07

데이터를 편리하게 관리하자.
리스트, 튜플
그리고 딕셔너리

학교에 가면 출석부가 있습니다. 우리 반 학생들의 이름 목록들이 나열되어 있지요. 편의점에서 여러 개의 물건을 구매하면 영수증에 구매한 물품 목록들이 나열되어 있는 것을 볼 수 있습니다. 또한 식당의 메뉴판에도 음식 메뉴의 목록들이 나열되어 있습니다. 우리 생활에서 이렇게 목록이 빈번하게 사용되는 이유는 각 그룹 안에서 학생의 이름을, 편의점의 물품을, 음식의 메뉴를 편리하게 관리하기 위함이겠지요. 우리의 일상처럼 파이썬에서도 데이터를 편리하게 관리할 수 있는 기능이 제공되는데, 이번 시간에는 리스트, 튜플, 딕셔너리에 대해 살펴보도록 하겠습니다.

= ("리스트(List)")

Unit:1 == (리스트는 무엇인가요?)

리스트(list)란 사전적인 의미로 '목록'을 뜻합니다. 리스트는 일상 생활에서도 자주 사용하는 용어로써 임의의 정보들을 순서대로 나열하여 보여주는 형태를 보통 리스트라고 말합니다. 우리 주변에는 리스트의 형태로 보관되는 것들이 제법 많습니다. 이해를 돕기 위해서 일반 자동차와 기차를 비교하여 예로 들어보겠습니다.

일반 자동차는 각각의 독립적인 개체입니다. 각각의 자동차를 변수라고 가정하면 데이터는 각각의 자동차(변수)마다 관리해야 합니다. 그러나 기차는 각각의 개별 객차들을 붙여서 하나의 기다란 기차를 이루게 됩니다. 각각의 객차들이 변수의 역할을 하지만 독립적이지 않고 기차라는 하나의 그룹을 이루고 있습니다. 리스트는 이러한 기차와 같습니다. 각 객차들을 한 줄로 붙여 전체를 대표하는 기차의 이름(예를 들면 KTX)을 지정합니다. 그리고 각 객차는 별도의 이름이 아닌 KTX[0], KTX[1], KTX[2] …와 같이 인덱스 번호를 붙여서 구분할 수 있습니다.

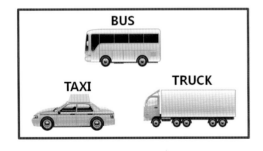
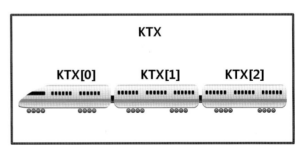

Unit:2 == (리스트를 왜 사용할까요?)

기차와 같은 형태의 리스트를 사용하는 이유는 무엇일까요? 예를 들어볼까요? 일반 자동차가 3대 정도 있다고 가정합시다. 각각을 변수라고 생각하고 이름을 bus, taxi, truck이라고 선언한 후 값을 입력하고 출력하는 것은 어렵지 않습니다.

■ 변수 3개의 입출력

```
1:    bus = 10
2:    taxi = 20
3:    truck = 30
4:    sum = bus + taxi + truck
5:    print(sum)
```

이렇게 작성한 후 실행하면 bus, taxi, truck 3개의 변수를 모두 합한 결과가 출력될 것입니다.
만약 10개 정도의 변수를 선언해야 한다면 어떨까요? 이 정도도 어찌어찌하여 선언하면 가능합니다.

■ 변수 10개의 입출력

```
1:    bus1 = 10
2:    bus2 = 11
3:    taxi1 = 20
4:    taxi2 = 21
5:    truck1 = 30
6:    .................................
7:    sum = bus1 + bus2 + taxi1 + taxi2 + truck1 + ......
8:    print(sum)
```

10개의 변수를 합한 결과값이 출력되겠지요.

그런데, 만약 100개 정도의 변수를 선언해야 한다면 어떨까요? 변수의 양도 그렇고 변수의 이름 또한 앞에서의 방법대로 선언하여 작성하고 출력하기에는 한계가 느껴지지요? 이럴 때 필요한 것이 바로 리스트(list)입니다. 리스트를 만드는 방법은 다음과 같습니다.

> ### 리스트 이름 = [값1, 값2, 값3, ...]

리스트는 대괄호([ ]) 안에 값들을 선언하면 됩니다. 먼저 간단하게 3개의 값을 담은 정수형 리스트를 생성해 보겠습니다.

> ### ktx = [1, 2, 3]

리스트 기반에서 각각의 값에 접근하려면 리스트 이름에 인덱스 값을 넣어 접근할 수 있습니다. ktx[0] 는 1, ktx[1]은 2, ktx[2]는 3의 값을 나타내고, 리스트의 각 값을 변경하려면 ktx[0] = 10, ktx[1] = 20, ktx[2] = 30과 같이 사용하면 됩니다. 리스트를 이용한 소스코드를 다음과 같이 작성해 봅시다.

```
1:    ktx = [1,2,3]
2:    sum = ktx[0] + ktx[1] + ktx[2]
3:    print(sum)
```

■ 출력결과

```
6
>>>
```

1 라인 : ktx라는 변수에 값을 [1, 2, 3]의 형태로 대입하였으므로 ktx는 리스트로 선언되었습니다.
2 라인 : 리스트 ktx의 각 요소에 접근하기 위해 ktx에 인덱스 값을 대입하였습니다. 리스트의 값은 총 3개이므로 ktx[0], ktx[1], ktx[2]에 각각 접근하여 각 요소의 값을 더합니다.
3 라인 : 3개의 요소 값의 합을 출력합니다.

이번에는 리스트의 요소를 10개로 늘려볼까요?

■ 소스코드 : 7장\7-2.py

```
1:    ktx = [1,2,3,4,5,6,7,8,9,10]
2:    sum = ktx[0]+ktx[1]+ktx[2]+ktx[3]+ktx[4]+ktx[5]+ktx[6]+ktx[7]+ktx[8]+ktx[9]
3:    print(sum)
```

■ 출력결과

```
55
>>>
```

리스트를 사용해서 무언가 더 간결해진 느낌인가요? 리스트를 통해 값을 선언하는 것은 간결해졌지만 각 항목에 순차적으로 접근 시 여전히 사용이 불편합니다. 어떤 일정한 패턴이나 반복되는 구문의 경우 반복문(for, while)과 함께 사용하면 매우 편리한데, 리스트의 경우 불편했던 부분을 반복문을 통해 해결할 수 있습니다. 반복문을 이용하여 다음과 같이 수정해볼까요?

```
1:    ktx = [1,2,3,4,5,6,7,8,9,10]
2:    sum = 0
3:    for i in range(0, 10):
4:        sum += ktx[i]
5:    print(sum)
```

■ 출력결과

```
55
>>>
```

2 라인 : 변수 sum을 0으로 초기화합니다. 초기화를 하지 않으면 sum에는 쓰레기값이 들어가 있으므로 4라인에서 ktx[0]와 연산 시 오류가 발생합니다.

3 라인 : range(0, 10)은 반복의 시작 범위를 0부터 9까지 설정하겠다는 의미입니다. 변수 i의 값은 0부터 시작하여 반복할 때마다 변수 i의 값이 1씩 증가합니다. 그리고 마지막 i의 값은 9가 되고 값이 그 이상 넘어가면 반복문을 빠져나가게 됩니다.

4 라인 : 반복하면서 i값을 ktx 리스트의 인덱스에 대입하여 각 값을 얻어와 sum 변수에 누적시키고 있습니다.

리스트에 순차적 접근 형태가 반복문을 통해서 훨씬 편리하고 간단해졌음을 볼 수 있습니다.

Unit:3 == (리스트에 값을 추가하기)

리스트를 사용함으로써 여러 개의 변수를 선언하고, 접근하는 문제를 해결할 수 있었습니다. 그런데 리스트를 생성하는 형태는 아직 불편함이 남아 있습니다. 만약 리스트에 요소 수가 100개라면, 지금의 상황에서는 다음과 같이 생성해야 하니까요.

ktx = [1, 2, 3, 4, 5, 6, 7, ..., 96, 97, 98, 99, 100]

또 이렇게 생성한 리스트에 값을 추가하고 싶다면 ktx 리스트 안에 값을 추가해야 하는 번거로움이 있습니다. 그래서 파이썬의 리스트에서는 리스트에 값을 추가할 때 append()라는 함수를 사용합니다. 사용방법은 다음과 같습니다.

리스트이름.append(값)

먼저 빈 리스트를 생성합니다. 그리고 리스트이름.append(값)을 대입하면 리스트에 값이 인덱스 순서대로 추가됩니다.

```
1:    sum = 0
2:    ktx = []
3:    ktx.append(1)
4:    ktx.append(2)
5:    ktx.append(3)
6:    ktx.append(4)
7:    ktx.append(5)
8:    for i in range(0, 5):
9:        sum += ktx[i]
10:   print(sum)
```

■ 출력결과

```
15
>>>
```

2 라인 : ktx 리스트를 빈 상태로 생성합니다.

3-7 라인 : append() 함수를 사용하여 각 요소에 1부터 5까지 값을 대입합니다. 리스트의 인덱스 순서대로 값이 대입된다고 하였으므로, ktx[0] = 1, ktx[1] = 2, ktx[2] = 3, ktx[3] = 4, ktx[4] = 5 이런 식으로 값이 들어간다고 보면 됩니다.

그런데, append() 함수를 통해 리스트 값을 추가하는 부분 또한 반복되는 부분입니다. 이것 또한 반복문을 이용하면 코드를 간결하게 처리할 수 있습니다. 다음과 같이 변경해 봅시다.

■ 소스코드 : 7장\7-5.py

```
1:    sum = 0
2:    ktx = []
3:    for i in range(0, 5):
4:        ktx.append(i + 1)
5:    for i in range(0, 5):
6:        sum += ktx[i]
7:    print(sum)
```

■ 출력결과

```
15
>>>
```

3 라인 : 5개의 데이터를 반복적으로 입력하기 위해서 반복의 범위를 0부터 5까지 지정하였습니다.

4 라인 : append() 함수를 통해서 ktx 리스트에 인덱스 순서대로 값이 입력됩니다. 초기값은 i가 0이므로 1을 더하였습니다.

5-6 라인 : 반복의 범위를 0부터 5까지 지정하여 ktx 리스트에 순차적으로 접근하고 있습니다. 누적된 합을 변수 sum에 저장하고 있습니다.

만약 리스트의 값을 100개 추가 생성하라고 해도 코드가 추가되지 않고 for문의 range 범위만 조정하면 됩니다.

■ 소스코드 : 7장\7-6.py

```
1:    sum = 0
2:    ktx = [ ]
3:    for i in range(0, 100):
4:        ktx.append(i + 1)
5:    for i in range(0, 100):
6:        sum += ktx[i]
7:    print(sum)
```

■ 출력결과

```
5050
>>>
```

Unit:4 == (리스트를 초기화하기)

리스트를 초기화하는 방법에 대해 알아보겠습니다. 변수의 목적은 값을 입력하여 사용하는 것입니다. 리스트의 목적 또한 변수와 동일하게 값을 입력하고 사용하는 것입니다. 그래서 보통 변수를 선언하면 선언과 동시에 초기값을 입력하는데 이것을 초기화라고 합니다. 내부적으로는 변수가 메모리 할당을 받는 순간 바로 값이 입력되게 되는 것입니다. 리스트도 변수와 같이 선언하면 반드시 초기화를 해야 합니다. 앞에 소스코드 7-6.py 에서는 변수 sum을 0으로 초기화하였고, 리스트 ktx는 [ ]으로 비어있는 리스트로 초기화하였습니다. 리스트는 다양한 형태의 초기화가 가능합니다.

```
ktx = []
ktx = [1, 2, 3, 4, 5]
ktx = [3.14, 1.59, 2.65]
ktx = ['대한민국은','민주공화국이다']
ktx = [1, 2, '박수', 4, 5, '박수']
```

리스트는 []와 같이 비어있는 리스트로 초기화를 할 수 있습니다. 또한 정수로만 구성된 리스트, 실수로만 구성된 리스트, 문자열로만 구성된 리스트와 같이 같은 타입의 값으로 구성된 리스트로 초기화할 수 있습니다. 그리고 특이한 점은 다른 타입의 값으로 구성된 리스트로 초기화할 수 있다는 점입니다.

Unit:5 == (리스트의 접근 범위 지정)

리스트에 접근하여 출력 시 지정한 범위대로 값을 출력할 수 있습니다. 리스트 접근 범위 지정 방법은 다음과 같습니다.

리스트이름[시작인덱스 : 끝인덱스 + 1]

리스트의 이름에 중괄호[]를 이용하여 묶어주고 시작인덱스와 끝인덱스를 입력하고, 구분자는 콜론(:)을 입력합니다. 끝인덱스에 +1을 붙인 이유는 끝인덱스 + 1의 값은 제외되고, 실제로 끝인덱스의 값까지만 포함되기 때문입니다.

예를 들어보겠습니다. ktx[0:2]라고 지정한다면 시작인덱스는 0이고, 끝인덱스는 1입니다. 즉, ktx[0], ktx[1]을 의미합니다. ktx[2]는 포함되지 않음을 주의하시기 바랍니다.

■ 소스코드 : 7장\7-7.py

```
1:    ktx = [10, 20, 30, 40, 50, 60, 70]
2:    print(ktx[0:2])
3:    print(ktx[0:5])
4:    print(ktx[2:6])
```

■ 출력결과

```
[10, 20]
[10, 20, 30, 40, 50]
[30, 40, 50, 60]
```

시작인덱스와 끝인덱스를 생략할 수도 있습니다.

리스트이름[: 끝인덱스 + 1]
리스트이름[시작인덱스 :]

생략의 의미는 나머지 전체를 나타냅니다. ktx[:3]의 경우는 리스트의 처음부터 ktx[2]까지를 나타내고, ktx[3:]의 경우는 ktx[3]부터 리스트의 끝까지를 의미합니다.

■ 소스코드 : 7장\7-8.py

```
1:    ktx = [10, 20, 30, 40, 50, 60, 70]
2:    print(ktx[:3])
3:    print(ktx[3:])
```

■ 출력결과

```
[10, 20, 30]
[40, 50, 60, 70]
```

2 라인 : 끝인덱스가 3인데, 실제 포함되는 끝인덱스는 2이므로 처음부터 ktx[2]까지입니다. 출력되는 항목은 ktx[0], ktx[1], ktx[2]입니다.

3 라인 : 시작인덱스가 3이고, 끝인덱스가 생략되었으므로, ktx[3]부터 그 다음 나머지 항목들입니다. 출력되는 항목은 ktx[3], ktx[4], ktx[5], ktx[6]입니다.

Unit:6 == (리스트간의 연산)

리스트간에 더하기 연산과 곱하기 연산이 가능합니다. 리스트끼리 더하게 되면, 리스트의 각 항목들이 하나의 리스트로 합쳐지게 됩니다. 그리고 리스트에 정수를 곱하게 되면 리스트의 항목들이 곱한 수만큼 반복해서 늘어납니다.

■ 소스코드 : 7장\7-9.py

```
1:    ktx = [10, 20, 30]
2:    tgv = [40, 50, 60]
3:    print(ktx + tgv)
4:    print(ktx * 3)
```

■ 출력결과

```
[10, 20, 30, 40, 50, 60]
[10, 20, 30, 10, 20, 30, 10, 20, 30]
```

3 라인 : ktx와 tgv 리스트를 더했을 때 두 리스트의 항목인 [10, 20, 30]과 [40, 50, 60]이 하나로 합쳐집니다.

4 라인 : 리스트 ktx에 3을 곱하면 리스트의 항목 개수가 3배 늘어납니다.

Unit:7 == (리스트의 수정, 삭제)

일반적으로 리스트 항목의 값을 수정하는 방법은 리스트의 인덱스에 접근하여 수정이 가능합니다.

■ 소스코드 : 7장\7-10.py

```
1:    ktx = [10, 20, 30, 40]
2:    ktx[0] = 100
3:    ktx[2] = 300
4:    print(ktx)
```

■ 출력결과

```
[100, 20, 300, 40]
```

리스트 항목의 인덱스를 이용하여 값을 변경할 수 있습니다. 연속된 범위의 값을 입력하거나 변경하는 경우는 반복문을 이용하면 편리하겠지요. 앞에서 반복문을 이용한 리스트 항목의 변경은 이미 다루어 보았습니다.

이번에는 기존 리스트의 전체 항목 개수를 고려하지 않고 값을 추가하여 늘릴 수 있는 방법을 살펴보겠습니다. 예를 들어 리스트 ktx의 3번째 값인 30을 300, 301, 302 3개의 값으로 변경하려면 다음과 같이 작성하면 됩니다.

■ 소스코드 : 7장\7-11.py

```
1:    ktx = [10, 20, 30, 40]
2:    ktx[2:3] = [300, 301, 302]
3:    print(ktx)
```

■ 출력결과

```
[10, 20, 300, 301, 302, 40]
```

ktx[2:3]은 ktx의 시작인덱스 2부터 끝인덱스 (3-1), 즉 ktx[2]를 의미합니다. ktx[2]의 값 30을 300, 301, 302로 변경하라는 의미입니다. 결과에서처럼 1개의 값을 3개의 연속된 형태의 값으로 변경된 것을 확인할 수 있습니다.

그런데, ktx[2:3]이 ktx[2]를 나타내는 것이라면 ktx[2:3] 대신 ktx[2]에 [300, 301, 302]를 대입하면 되지 않을까요? 7-11 코드를 수정하여 다음 코드를 작성해 봅시다.

```
1:    ktx = [10, 20, 30, 40]
2:    ktx[2] = [300, 301, 302]
3:    print(ktx)
```

■ 출력결과

[10, 20, [300, 301, 302], 40]

결과가 어떤가요? 리스트 안에 리스트가 들어가 있죠? 즉, 이 코드의 경우는 기존 리스트 안의 3번째 항목에 리스트를 추가한 형태입니다. 이러한 형태는 실제로 많이 사용하지 않으니 참고만 하시면 됩니다.

이번에는 리스트의 항목을 삭제하는 방법을 살펴보겠습니다. del() 함수를 이용하면 리스트의 각 항목을 삭제할 수 있습니다.

del(리스트이름[위치])

■ 소스코드 : 7장\7-13.py

```
1:    ktx = [10, 20, 30, 40]
2:    del(ktx[2])
3:    print(ktx)
```

■ 출력결과

[10, 20, 40]

2 라인 : ktx[2], 즉 3번째 항목을 삭제합니다.

출력된 결과는 리스트의 3번째 항목을 제외하고 출력된 것을 확인할 수 있습니다. 만약 리스트의 여러 항목을 한 번에 삭제하려면 다음과 같은 문장으로 작성하면 됩니다.

리스트이름[시작인덱스 : 끝인덱스 + 1] = []

이 문장을 사용하여 리스트 ktx의 2번째 항목부터 3번째 항목까지 삭제하는 코드를 작성해 봅시다.

■ 소스코드 : 7장\7-14.py

```
1:    ktx = [10, 20, 30, 40]
2:    ktx[1:3] = []
3:    print(ktx)
```

■ 출력결과

```
[10, 40]
```

Unit:8 == (리스트의 유용한 제공 함수)

리스트를 조작하기 위해 제공되는 여러가지 함수들이 있습니다.

함수	설명	사용 형태
append()	리스트의 가장 끝에 항목을 추가합니다.	리스트이름.append(값)
pop()	리스트의 가장 끝의 항목을 삭제합니다.	리스트이름.pop()
reverse()	리스트의 항목을 역순으로 변경합니다.	리스트이름.reverse()
sort()	리스트의 항목을 오름차순으로 정렬합니다.	리스트이름.sort()
remove()	리스트에서 지정한 값을 삭제합니다.	리스트이름.remove(값)
insert()	리스트에서 지정한 위치에 값을 삽입합니다.	리스트이름.insert(인덱스, 값)
extend()	리스트와 리스트를 더하는 기능을 합니다. 앞에서 배웠던 리스트1 + 리스트2 와 같은 개념입니다.	리스트이름.extend(리스트)
count()	리스트에서 찾을 값의 개수를 셉니다.	리스트이름.count(값)
len()	리스트의 전체 항목 개수를 셉니다.	len(리스트이름)
del()	리스트에서 해당 항목을 삭제합니다.	del(리스트이름[인덱스]
index()	리스트에서 지정한 값을 찾아 위치를 반환합니다.	리스트이름.index(값)

함수의 이름이 워낙 직관적이라서 각 함수의 설명을 보지 않아도 어떠한 기능을 하는 함수인지 알 수 있을 것 같습니다. 각 함수가 어떻게 사용되는지 다음과 같이 작성해 봅시다.

■ 소스코드 : 7장\7-15.py

```
1:    ktx = [10, 20, 30, 40]
2:    print('현재 리스트 : ', ktx)
3:
4:    ktx.append(50)
5:    print('append 함수 사용 : ', ktx)
6:
```

```
 7:    ktx.pop()
 8:    print('pop 함수 사용 : ', ktx)
 9:
10:    ktx.reverse()
11:    print('reverse 함수 사용 : ', ktx)
12:
13:    ktx.sort()
14:    print('sort 함수 사용 : ', ktx)
15:
16:    ktx.remove(20)
17:    print('remove 함수 사용 : ', ktx)
18:
19:    ktx.insert(1, '이건뭐야')
20:    print('insert 함수 사용 : ', ktx)
21:
22:    tgv = [100, 200, 300]
23:    ktx.extend(tgv)
24:    print('extend 함수 사용 : ', ktx)
25:
26:    psIndex = ktx.index(40)
27:    print('index 함수 사용 : ', psIndex)
28:
29:    cntlist = len(ktx)
30:    print('len 함수 사용 : ', cntlist)
```

■ 출력결과

```
현재 리스트 :  [10, 20, 30, 40]
append 함수 사용 :  [10, 20, 30, 40, 50]
pop 함수 사용 :  [10, 20, 30, 40]
reverse 함수 사용 :  [40, 30, 20, 10]
sort 함수 사용 :  [10, 20, 30, 40]
remove 함수 사용 :  [10, 30, 40]
insert 함수 사용 :  [10, '이건뭐야', 30, 40]
extend 함수 사용 :  [10, '이건뭐야', 30, 40, 100, 200, 300]
index 함수 사용 :  3
len 함수 사용 :  7
```

CHAPTER **02:**

= ("튜플(Tuple)")

Unit:1 == (튜플이란 무엇인가?)

튜플(Tuple)은 리스트와 비슷하게 목록의 형태로 값을 저장합니다. 리스트와 다른 점은 값을 수정할
수도 없고, 읽기만 가능하다는 점입니다. 그러나 튜플은 생성 시 괄호()를 사용합니다. 이것 또한 대
괄호[]를 사용했던 리스트와 다른 점이죠.

Unit:2 == (튜플의 생성)

튜플은 다음과 같이 괄호()를 이용하여 만들 수도 있고, 괄호를 생략해도 동일한 튜플이 생성됩니다.

```
tp1 = (1, 2, 3)
tp2 = 1, 2, 3
```

한 개의 항목을 갖는 튜플을 만들 때에는 조금 다르게 한 개의 항목 뒤에 콤마(,)를 붙여 줍니다.

```
tp1 = (1,)
tp2 = 1,
```

만약 한 개의 항목을 갖는 튜플에 콤마를 붙이지 않으면 어떻게 될까요? 튜플이 아닌 그냥 일반값으
로 저장됩니다.

```
1:    tp1 = (10, 20, 30, 40)
2:    tp2 = 10, 20, 30, 40
3:
4:    print(tp1)
5:    print(tp2)
6:
7:    tp3 = (10,)
8:    tp4 = (10)
9:    tp5 = 10,
10:
11:    print(tp3)
12:    print(tp4)
13:    print(tp5)
```

■ 출력결과

```
(10, 20, 30, 40)
(10, 20, 30, 40)
(10,)
10
(10,)
```

8 라인 : tp4의 경우 괄호() 안에 값을 대입한 튜플 형태이지만, 한 개의 항목에 콤마가 붙어 있지 않으므로 튜플이 아닌 일반값으로 저장됩니다.

Unit:3 == (튜플의 사용방법)

튜플은 기본적으로 읽기 전용 속성입니다. 그렇다 보니 초기값 외에 값을 변경하려고 하면 오류가 발생합니다. 예를 들어 튜플 tp = (10, 20)이 생성되었다고 합시다. 여기에 tp.append(30)과 같이 값을 추가하거나 tp[1]=200과 같이 값을 변경할 수 없습니다. 단지, 튜플의 항목에 접근하여 출력하거나 항목끼리의 연산은 가능합니다.

■ 소스코드 : 7장\7-17.py

```
1:    tp = (10, 20, 30, 40)
2:    print('두 번째 항목 : ', tp[1])
3:    print('네 번째 항목 : ', tp[3])
4:
5:    sum = tp[0] + tp[1] + tp[2]
6:    print('세 항목의 합 : ', sum)
```

■ 출력결과

```
두 번째 항목 :  20
네 번째 항목 :  40
세 항목의 합 :  60
```

튜플은 범위에 접근할 때도 리스트와 같은 방식으로 콜론(:)을 사용하면 됩니다.

튜플이름[시작인덱스 : 끝인덱스 + 1]

tp[1:3], tp[:3], tp[1:] 이러한 형태로 사용하면 됩니다.

■ 소스코드 : 7장\7-18.py

```
1:    tp = (10, 20, 30, 40)
2:    print(tp[1:3])
3:    print(tp[1:])
4:    print(tp[:3])
```

■ 출력결과

```
(20, 30)
(20, 30, 40)
(10, 20, 30)
```

출력 결과를 보면 리스트에서와 같이 해당 범위만큼 출력되는 것을 볼 수 있습니다.

튜플 또한 리스트와 마찬가지로 튜플끼리의 더하기 및 정수와 곱하기가 가능합니다.

```
1:    tp1 = (1, 2)
2:    tp2 = ('짝',)
3:    print(tp1 + tp2)
4:    print(tp2 * 3)
```

■ 출력결과

```
(1, 2, '짝')
('짝', '짝', '짝')
```

3 라인 : 두 개의 튜플 tp1과 tp2를 더합니다. 각 튜플의 항목들이 합해져서 하나의 튜플이 됩니다.

4 라인 : 튜플 tp2에 3을 곱합니다. 리스트와 마찬가지로 튜플의 해당 항목의 개수가 3배로 늘어납니다. 그래서 tp2의 항목인 '짝'이 3번 출력되는 것을 확인할 수 있습니다.

Unit:4 == (튜플을 리스트로 변환)

튜플은 리스트로, 리스트는 튜플로 상호 변환이 가능합니다. 튜플의 경우 값이 변경이 안되기 때문에 튜플을 리스트로 변환하여 값을 변경한 후 다시 리스트를 튜플로 변경합니다. 튜플을 리스트로, 리스트를 튜플로 변환하는 함수는 다음과 같습니다.

> **튜플을 리스트로 변환 : list(튜플)**
> **리스트를 튜플로 변환 : tuple(리스트)**

■ 소스코드 : 7장\7-20.py

```
1:    mytp = ('나혼자', '파이썬')
2:    mylist = list(mytp)
3:    mylist[0] = '다함께'
4:
5:    mytp = tuple(mylist)
6:    print(mytp)
```

■ 출력결과

```
('다함께', '파이썬')
```

2 라인 : mytp는 튜플이므로 값을 변경할 수 없습니다. 그래서 list() 함수를 사용하여 값을 변경할 수 있는 리스트의 형태로 변경하였습니다.

3 라인 : 튜플을 리스트로 변경한 mylist의 1번째 항목을 기존의 '나혼자'에서 '다함께'로 변경하였습니다.

5 라인 : 값의 변경이 완료되었으므로 원래의 튜플로 다시 변환합니다. tuple() 함수를 사용하여 다시 튜플의 형태로 변경하였습니다.

CHAPTER 03: = (" 딕셔너리 (Dictionary)")

Unit:1 == (딕셔너리란 무엇인가?)

딕셔너리(Dictionary)는 영어로 '사전'이라는 의미를 가지고 있습니다. 이번 시간에는 파이썬의 딕셔너리에 대해 알아보겠습니다. 의미 그대로 사전의 속성을 알면 딕셔너리 속성을 이해하기 쉽습니다.

우리에게 사전의 용도는 모르는 단어를 찾아보기 위해서이지요. 예를 들어 'friend'라는 단어의 뜻을 찾는다면 'friend : 친구'와 같이 두 개의 값을 하나의 쌍으로 묶어서 구성되어 있음을 볼 수 있습니다. 즉, 이렇게 하나의 쌍으로 구성된 자료구조를 딕셔너리라고 합니다.

또 다른 예를 들어볼까요? 여러분의 최애 아이템 중에 편의점이 있지요. 편의점에서 삼각김밥과 컵라면을 먹으려고 해요. 그러면 가장 먼저 무엇을 해야 하죠? 네, 먼저 상품의 바코드를 찍어서 계산을 해야겠지요. 각 상품의 바코드를 찍으면 계산대에 가격이 출력됩니다. 즉, 상품에 대한 데이터는 상품 명과 가격 이렇게 한 쌍으로 묶여 있음을 추측할 수 있습니다.

상품의 데이터 관리 형태를 통한 딕셔너리 개념 이해

이렇게 상품명과 가격의 정보가 한 쌍으로 관리되는 자료구조가 바로 딕셔너리입니다.

Unit:2 == (딕셔너리의 생성)

딕셔너리를 직접 만들어 봅시다. 딕셔너리는 다음과 같은 형태를 가지고 있습니다.

> **딕셔너리변수 = {키1 : 값1, 키2 : 값2, 키3 : 값3 ...}**

키와 값이 한 쌍으로 이루어진 데이터들을 중괄호 { }로 묶어 딕셔너리변수에서 관리합니다.

■ 소스코드 : 7장\7-21.py

```
1:    product = {'컵라면' : 800, '삼각김밥' : 1000, '소세지' : 1500}
2:    word = {'boy' : '소년', 'girl' : '소녀', 'family' : '가족'}
3:
4:    print(product)
5:    print(word)
```

■ 출력결과

```
{'컵라면': 800, '삼각김밥': 1000, '소세지': 1500}
{'boy': '소년', 'girl': '소녀', 'family': '가족'}
```

1 라인 : product의 경우 키(key)를 '컵라면', '삼각김밥', '소세지'로 설정하고, 값(value)을 각각 800, 1000, 1500으로 설정하여 딕셔너리를 만들었습니다.

2 라인 : word의 경우 키(key)를 'boy', 'girl', 'family'로 설정하고, 값(value)을 각각 '소년', '소녀', '가족'으로 설정하여 딕셔너리를 만들었습니다.

키(key)와 값(value)은 어떤 타입을 사용하라고 정해진 것은 없고, 단지, 그 안에 데이터가 서로 쌍을 이루기만 하면 됩니다. product와 word에서 사용된 각각의 키와 값을 반대로 생성해도 무방합니다. 딕셔너리는 여러 개의 연관된 데이터를 하나의 변수로 나타낼 때 사용하면 매우 유용합니다. 앞에서 예를 들었던 삼각김밥, 컵라면, 소세지의 경우도 편의점 상품이라는 연관된 데이터로 표현하였고, 각각의 딕셔너리 항목은 키와 값으로 한 쌍을 이루고 있습니다.

___ # 잠깐 알아두세요 ___

> C++이나 자바와 같은 다른 프로그래밍 언어에서는 딕셔너리와 비슷한 개념으로 맵(map)이라는 자료구조를 제공합니다. 사용형태도 딕셔너리와 비슷하게 map(key, value) 형태로 사용합니다.

Unit:3 == (딕셔너리의 항목 추가 및 삭제)

딕셔너리에 새로운 항목을 추가하려면 다음과 같은 형식으로 사용할 수 있습니다.

딕셔너리이름[키] = 값

■ 소스코드 : 7장\7-22.py

```
1:    product = {'컵라면' : 800, '삼각김밥' : 1000, '소세지' : 1500}
2:
3:    product['오뎅'] = 2000
4:    product['닭다리'] = 3000
5:    product['아이스크림'] = 1000
6:
7:    print(product)
```

■ 출력결과

{'컵라면' : 800, '삼각김밥' : 1000, '소세지' : 1500, '오뎅' : 2000, '닭다리' : 3000, '아이스크림' : 1000}

3 라인 : product 딕셔너리에 키를 '오뎅', 값을 2000으로 항목을 새로 추가하였습니다.
4 라인 : product 딕셔너리에 키를 '닭다리', 값을 3000으로 항목을 새로 추가하였습니다.
5 라인 : product 딕셔너리에 키를 '아이스크림', 값을 1000으로 항목을 새로 추가하였습니다.

만약 이미 있는 키를 사용하면 딕셔너리에 항목이 새로 추가되지 않고, 기존의 값이 변경됩니다. 앞의 소스코드에 product['컵라면'] = 1200이라고 추가해 봅시다. 실행을 해보면 기존 컵라면의 값이 800이였는데, 1200으로 변경되어 출력되는 것을 확인할 수 있습니다.
딕셔너리의 항목을 삭제할 수 있습니다. 삭제하는 형식은 다음과 같습니다.

del(딕셔너리이름['키'])

■ 소스코드 : 7장\7-23.py

```
1:    product = {'컵라면' : 800, '삼각김밥' : 1000, '소세지' : 1500}
2:
3:    del(product['컵라면'])
4:    del(product['소세지'])
5:
6:    print(product)
```

■ 출력결과

{'삼각김밥' : 1000}

Unit:4 == (딕셔너리의 사용)

딕셔너리는 주로 키값을 사용하여 값을 얻어오는 목적으로 사용됩니다. 앞에서 딕셔너리의 항목에 접근하여 값을 추가하고 변경했던 형식으로 주로 쓰입니다. 결국 딕셔너리의 사용은 항목을 입력하고 출력하는 것이 전부입니다. 그런데 딕셔너리를 입출력할 때 제공되는 몇 가지 함수가 있습니다. 먼저 키를 통해 값에 접근하는 get() 함수를 살펴보겠습니다.

딕셔너리이름.get(키

get() 함수를 이용하여 키를 통해 값에 접근할 수 있습니다. 앞에서 사용해 보았던 딕셔너리이름[키]와 동일한 기능을 합니다. product['컵라면']이라고 사용하면 800의 값에 접근하는 형태로 product.get('컵라면')이라고 사용하면 동일하게 800의 값에 접근합니다.

이번에는 딕셔너리의 모든 키를 반환하는 keys() 함수를 살펴보겠습니다.

딕셔너리이름.keys()

product.keys()라고 사용하면 결과는 product 딕셔너리의 키만 반환하여 dict_keys['컵라면', '삼각김밥', '소세지']가 출력됩니다.

이번에는 딕셔너리의 모든 값을 반환하는 values() 함수를 살펴보겠습니다.

딕셔너리이름.values()

product.values()라고 사용하면 결과는 product 딕셔너리의 값만 반환하여 dict_values[800, 1000, 1500]이 출력됩니다.

■ 소스코드 : 7장\7-24.py

```
1:    product = {'컵라면' : 800, '삼각김밥' : 1000, '소세지' : 1500}
2:
3:    print(product.get('삼각김밥'))
4:    print(product.keys())
5:    print(product.values())
```

```
1000
dict_keys(['컵라면', '삼각김밥', '소세지'])
dict_values([800, 1000, 1500])
```

3 라인 : get() 함수에 딕셔너리의 키인 '삼각김밥'을 입력하였습니다. 반환값은 키에 대응하는 값인 1000이 출력되었습니다.

4 라인 : keys() 함수를 사용하여 product 딕셔너리의 모든 키를 출력하였습니다.

5 라인 : values() 함수를 사용하여 product 딕셔너리의 모든 값을 출력하였습니다.

keys() 함수와 values() 함수를 통해 출력된 결과에 각각 dict_keys와 dict_values가 붙어서 나옵니다. 이러한 표시를 없애고 싶으면 list() 함수를 사용하여 리스트의 형태로 변환하면 됩니다.

list(딕셔너리이름.keys())

list(딕셔너리이름.values())

list(product.keys())를 출력하면 기존에 출력되던 dict_keys는 사라지고, ['컵라면', '삼각김밥', '소세지']의 형태로 출력됩니다. list(product.values()) 또한 마찬가지입니다.

딕셔너리 항목 중에 해당 키가 있는지 확인하려면 in을 사용하면 됩니다. 사용형태는 다음과 같습니다.

키 in 딕셔너리이름

키가 있으면 True를 리턴하고, 키가 없으면 False를 리턴합니다.

■ 소스코드 : 7장\7-25.py

```
1:    product = {'컵라면' : 800, '삼각김밥' : 1000, '소세지' : 1500}
2:    item = input('상품을 입력하세요 : ')
3:
4:    if(item in product):
5:        print('편의점에 상품이 있습니다.')
6:    else:
7:        print('편의점에 존재하지 않는 상품입니다.')
```

상품을 입력하세요 : 컵라면
편의점에 상품이 있습니다.

상품을 입력하세요 : 오뎅
편의점에 존재하지 않는 상품입니다

이번에는 나라를 입력하면 해당 나라의 수도 이름이 출력되도록 하는 프로그램을 작성하겠습니다. 나라 이름을 키로 수도 이름을 값으로 하여 딕셔너리를 만듭니다. 그리고 사용자로 하여금 나라 이름을 입력받아 해당 나라의 수도 이름이 출력되도록 합니다.

■ 소스코드 : 7장\7-26.py

```
 1:    capital = {'네팔' : '카트만두',
 2:              '대한민국' : '서울',
 3:              '일본' : '도쿄',
 4:              '중국' : '베이징',
 5:              '이탈리아' : '로마',
 6:              '러시아' : '모스크바',
 7:              '독일' : '베를린',
 8:              '미국' : '워싱턴',
 9:              '프랑스' : '파리',
10:              '영국' : '런던'};
11:
12:    while(True):
13:        contry = input(str(list(capital.keys())) + " 나라의 수도는 무엇일까요? ")
14:        if contry in capital:
15:            print(contry, '의 수도는', capital.get(contry), '입니다.')
16:
17:        elif contry == "exit":
18:            break;
19:        else:
20:            print('그런 나라가 없습니다.')
```

['네팔', '대한민국', '일본', '중국', '이탈리아', '러시아', '독일', '미국', '프랑스', '영국']
나라의 수도는 무엇일까요? 대한민국
대한민국 의 수도는 서울 입니다.

['네팔', '대한민국', '일본', '중국', '이탈리아', '러시아', '독일', '미국', '프랑스', '영국']
나라의 수도는 무엇일까요? 베트남
그런 나라가 없습니다.

['네팔', '대한민국', '일본', '중국', '이탈리아', '러시아', '독일', '미국', '프랑스', '영국']
나라의 수도는 무엇일까요? exit

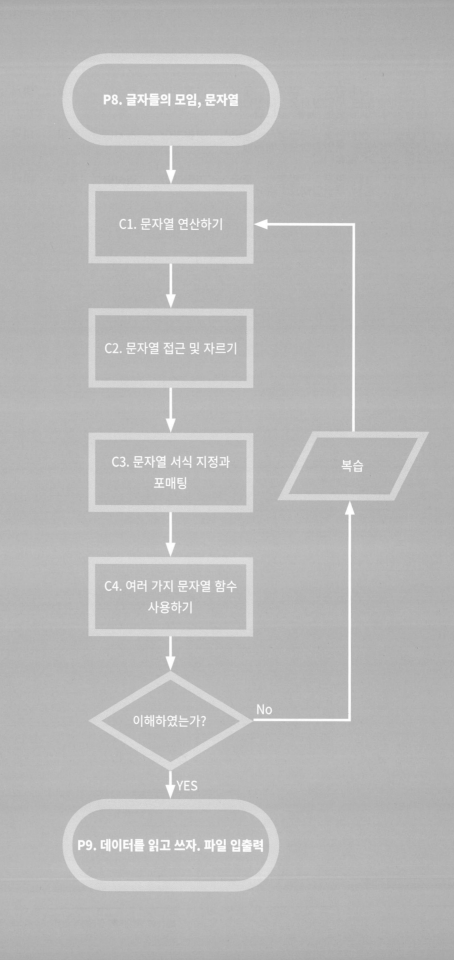

PART 08

글자들의 모임,
문자열

인류 최초의 문자는 수메르인들이 사용했던 '쐐기문자'입니다. 오래전부터 문자는 인류의 오랜 소통 방식이기도 하고 사람이 이해하기 편한 단위이기도 합니다. 반면 컴퓨터가 인식할 수 있는 가장 기본 단위는 숫자입니다. 우리가 컴퓨터와 대화하기 위해서는 이진수라는 숫자를 사용해야 하는데 생각만 해도 복잡하고 어렵겠죠? 사람이 이해하는 문자 또는 문자열들을 컴퓨터에서 해석하여 처리해주는 문자열 처리 기능들이 제공됩니다. 이번 시간에는 파이썬에서 제공하는 문자열 기능들에 대해 살펴보도록 하겠습니다.

CHAPTER 01 : = ("문자열 연산하기")

Unit:1 == (문자열이란 무엇인가?)

파이썬의 여러 기본 데이터 타입 중에 하나가 문자열이라고 2장에서 언급하였습니다. 문자열이란 'a', 'b', 'c' 등과 같은 각각의 문자들을 모아서 'abc'처럼 표현한 형태를 문자열이라고 하였습니다. 물론 "abc"와 같이 겹따옴표를 사용해도 동일하게 문자열이 됩니다.

문자열의 생성과 형태는 이미 배우고 사용하였으므로 어렵지 않을 것입니다. 그런데, 파이썬에서는 다른 언어에서는 볼 수 없는 문자열을 더하거나 곱할 수 있는 재미있는 기능들이 있습니다. 이러한 연산이 어떻게 가능한지 살펴보도록 하겠습니다.

$$\text{'abc'} \; + \; \text{'def'} \; = \; ?$$
$$\text{'abc'} \; \times \; 3 \; = \; ?$$

Unit:2 == (문자열 더하기)

1 + 2와 같이 정수의 경우는 더하기를 할 수 있습니다. 그런데 문자열의 경우는 더하기가 가능할까요? 문자열은 문자열끼리 더하기가 가능한데, 즉, 문자열끼리의 결합을 의미합니다. 예를 들어 문자열 'abc'와 'def'를 더하면 어떻게 될까요? 결과는 두 문자열을 결합한 'abcdef'가 됩니다.

■ 소스코드 : 8장\8-1.py

```
1:    #문자열끼리 직접 더하기
2:    print('I ' + 'love ' + 'you')
3:
4:    #문자열 변수를 더하기
5:    str1 = 'I '
6:    str2 = 'love '
7:    str3 = 'you'
```

```
 8:
 9:    result = str1 + str2 + str3
10:    print(result)
```

■ 출력결과

```
I love you
I love you
```

2 라인 : 앞에서 예를 들었던 형태처럼 문자열끼리 직접 + 기호로 더하기를 합니다. 문자열에서 문자열끼리의 더하기(+)는 결합을 의미합니다. 결과를 보면 3개의 문자열이 결합된 'I love you'가 출력된 것을 확인할 수 있습니다.

5-7 라인 : 각 변수 str1, str2, str3에 각 문자열 'I ', 'love ', 'you '을 대입합니다.

9 라인 : 문자열을 대입한 변수 str1, str2, str3를 더하여 결과를 result에 대입합니다.

Unit:3 == (문자열 곱하기)

2 * 3과 같이 정수에 곱하기 연산자를 사용한다는 것은 너무 당연합니다. 그런데 'abc' * 3과 같이 문자열에 정수를 곱한다는 것이 가능할까요? 문자열에서 곱하기의 의미가 무엇인지 살펴보도록 하겠습니다. 'abc' * 3의 결과는 'abcabcabc'가 출력됩니다. 곱하기의 의미는 곱한 만큼의 문자열을 증가시키라는 것입니다.

■ 소스코드 : 8장\8-2.py

```
1:    print('-' * 30)
2:    print('I ' + 'love '*3 + 'you')
3:    print('-' * 30)
```

■ 출력결과

```
------------------------------
I love love love you
------------------------------
```

1, 3 라인 : 문자 '-'에 30을 곱합니다. 이것은 '-'을 30만큼 증가시키라는 의미입니다.

2 라인 : 'love ' 문자열에 3을 곱합니다. 이것은 'love'를 3만큼 증가시키라는 의미입니다. 결과를 보면 'love love love'가 출력됩니다.

CHAPTER 02: = ("문자열 접근 및 자르기")

Unit:1 == (문자열 인덱스를 통해 접근하기)

우리는 앞서 7장에서 리스트와 튜플에 관하여 배운적이 있습니다. 리스트의 경우 데이터를 인덱스를 통해 각 요소에 접근할 수 있었습니다.

ktx = [10, 20, 30, 40]

↑   ↑   ↑   ↑

ktx[0] ktx[1] ktx[2] ktx[3]

문자열 또한 인덱스를 통해 요소에 접근할 수 있습니다. 문자열은 각 문자마다 인덱스가 매겨집니다.

str = '답은 정해져 있어 너는 대답만 해'

↑ ↑ ↑ ↑ ↑ ↑ ↑ ↑ ↑ ↑ ↑ ↑ ↑ ↑ ↑ ↑ ↑ ↑

[0] [1][2] [3] [4] [5] [6] [7] [8][9][10][11][12][13][14] [15][16][17]

문자열도 인덱스는 0부터 시작하여 오른쪽으로 한 칸씩 이동할 때마다 1씩 증가합니다. 만약 1번째 문자에 접근하고 싶으면 str[0], 4번째 문자에 접근하고 싶으면 str[3], 11번째 문자에 접근하고 싶으면 str[10]을 사용하면 됩니다. 소스코드를 통해 살펴볼까요?

■ 소스코드 : 8장\8-3.py

```
1:    str = '답은 정해져 있어 너는 대답만 해'
2:    print(str[0], end='')
3:    print(str[3], end='')
4:    print(str[10])
```

■ 출력결과

답정너

2 라인 : str[0]의 문자를 출력합니다. 전체 문자열의 1번째 문자는 '답'입니다. 다음 문자를 개행하지 않고 가로로 출력하기 위해 end="를 사용하였습니다.

3 라인 : str[3]의 문자를 출력합니다. 전체 문자열의 4번째 문자는 '정'입니다.

4 라인 : str[10]의 문자를 출력합니다. 전체 문자열의 11번째 문자는 '너'입니다.

이번에는 문자열 인덱스를 이용하여 문자열을 역순으로 출력하는 코드를 작성해 봅시다. 원리는 매우 간단합니다. 원본 문자열 변수와 변경할 문자열 변수를 만들어 놓고 원본 문자열 데이터를 변경할 문자열 변수의 메모리에 역순으로 입력하면 됩니다.

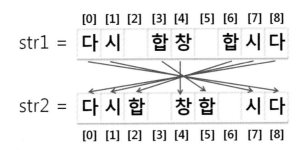

소스 코드를 통해 살펴 볼까요?

■ **소스코드** : 8장\8-4.py

```
1:    str1 = '다시 합창 합시다'
2:    str2 = ''
3:
4:    count = len(str1)
5:
6:    for i in range(0, count):
7:        str2 += str1[count - (i+1)]
8:
9:    print('str1 :', str1)
10:   print('str2 :', str2)
```

■ **출력결과**

```
str1 : 다시 합창 합시다
str2 : 다시합 창합 시다
```

1 라인 : 문자열 변수 str1을 원본 문자열로 저장합니다.

2 라인 : 문자열 변수 str2는 변경할 문자열로 저장합니다. 빈 문자열 ' '로 초기화합니다.

4 라인 : 문자열 함수 len()을 통해 문자열 변수 str1의 길이를 얻어와서 count에 저장합니다.

6 라인 : 원본 문자열과 변경할 문자열은 순서만 반대일 뿐 길이는 같으므로 원본 문자열 길이만큼 반복합니다.

7 라인 : str1 인덱스의 끝인덱스부터 시작인덱스까지 역순을 str2의 시작인덱스의 순서대로 누적시킵니다. 그래서 str1의 끝인덱스의 시작은 str1[count − (i+1)]입니다.

Unit:2 == (문자열 인덱스를 통해 자르기)

문자열에서 단순히 한 문자만을 뽑아 출력하는 방법을 살펴보았습니다. 그런데, 한 문자가 아니라 단어를 뽑아내는 방법은 없을까요? 리스트에서 접근 범위를 지정했던 방법과 동일하게 사용하면 됩니다.

문자열[시작인덱스 : 끝인덱스 + 1]

문자열의 이름에 중괄호[]를 이용하여 묶어주고 시작인덱스와 끝인덱스를 입력합니다. 끝인덱스에 + 1을 붙인 이유는 끝인덱스 + 1의 값은 제외되고, 실제로 끝인덱스의 값까지만 포함되기 때문입니다. 예를 들어보겠습니다. 문자열 변수 str = 'abcdef'가 있다고 가정했을 때, str[0:3]이라고 범위를 지정한다면 시작인덱스는 0이고, 끝인덱스는 2입니다. 즉, str[0], str[1], str[2]까지 포함됩니다. str[3]은 포함되지 않음을 주의하시기 바랍니다. 결국 출력하게 되면 'abc'가 출력됩니다.

■ 소스코드 : 8장\8-5.py

```
1:    str = 'To be or not to be'
2:
3:    print(str[0]+str[1]+str[2]+str[3]+str[4])
4:    print(str[0:5])
5:    print(str[6:8])
6:    print(str[9:16])
```

■ 출력결과

```
To be
To be
or
not to
```

3 라인 : str 문자열의 인덱스의 각 요소를 1개씩 가져와서 더한 후 출력합니다. str[0]은 'T', str[1]는 'o', str[2]는 공백, str[3]은 'b', str[4]는 'e'를 나타내므로 더하면 'To be'가 됩니다.

4 라인 : str 문자열의 범위를 0부터 5까지 잡았습니다. 끝값은 끝인덱스 + 1이라고 하였으므로 실질적인 값은 인덱스 0부터 인덱스 4까지의 값을 나타냅니다. 마찬가지로 'To be'가 출력됩니다.

5 라인 : 시작인덱스가 꼭 0일 필요는 없습니다. 0이 아닌 중간부터 시작할 수 있습니다. 인덱스 범위가 6부터 8까지이므로 'or'가 출력됩니다.

6 라인 : 인덱스 범위가 9부터 16까지이므로 'not to'가 출력됩니다.

문자열[시작인덱스 : 끝인덱스 + 1]에서 끝인덱스 + 1을 생략하면 시작인덱스부터 그 문자열의 끝까지 출력합니다. 또 그와 반대로 시작인덱스를 생략하면 문자열의 처음부터 출력합니다. 시작인덱스와 끝인덱스 + 1 모두 생략하면 문자열의 처음부터 끝까지 출력합니다.

> **문자열[시작인덱스 :]**
> **문자열[: 끝인덱스 + 1]**
> **문자열[:]**

■ **소스코드** : 8장\8-6.py

```
1:    str = 'To be or not to be'
2:
3:    print(str[0:])
4:    print(str[:8])
5:    print(str[:])
```

■ **출력결과**

```
To be or not to be
To be or
To be or not to be
```

3 라인 : 시작인덱스는 0이고 끝인덱스는 생략되었으므로 문자열은 처음부터 끝까지 출력됩니다.
4 라인 : 시작인덱스는 생략하고, 끝인덱스는 8까지이므로 문자열은 처음부터 인덱스 7까지 출력됩니다.
5 라인 : 시작인덱스와 끝인덱스를 모두 생략하였으므로 문자열의 처음부터 끝까지 출력됩니다.

03: = (" 문자열 서식 지정과 포매팅")

Unit:1 == (문자열 서식 지정은 왜 필요한가)

프로그램을 통해서 화면에 출력되는 모든 데이터의 형태는 문자열입니다. 그런데 출력되는 문자열 안에는 정수, 실수, 문자 등의 다양한 형태의 내용이 들어가 있습니다. 이러한 다양한 형태를 우리는 서식(format)이라고 부릅니다. 서식 지정자(format specifier)를 통해서 다양한 형태의 문자열을 만들 수 있습니다.

> 시간은 5시 입니다.
> 체온은 36.5도 입니다.
> 메모리의 주소값은 0x100 입니다.

첫 번째 문자열에는 정수값 5가, 두 번째 문자열에는 실수값 36.5가, 세 번째 문자열에는 16진수 0x100이 들어가 있습니다. 이 수들의 공통점은 언제든 값이 변할 수 있다는 점입니다. 이렇게 문자열 안에서 특정한 값을 바꾸어야 할 경우가 있는데 문자열 서식 지정자를 이용하면 가능합니다.

Unit:2 == (정수형 문자열 서식 지정자 (%d) 사용하기)

정수형 문자열 서식 지정자를 사용하여 정수값을 삽입하는 형태는 다음과 같습니다.

> '현재 시간은 %d시 입니다.' % 12

문자열 안에 12라는 정수를 출력하는 방법입니다. 문자열 안에 넣고 싶은 정수의 자리에 %d 서식 지정자를 넣어주고 삽입할 정수는 뒤에 나오는 % 문자 다음에 쓰면 됩니다.

Unit:3 == (실수형 문자열 서식 지정자(%f) 사용하기)

실수형 문자열 서식 지정자를 사용하여 실수값을 삽입하는 형태는 다음과 같습니다.

'현재 체온은 %f도 입니다.' % 36.7

문자열 안에 36.7이라는 실수를 출력하는 방법입니다. 문자열 안에 넣고 싶은 실수의 자리에 %f 서식 지정자를 넣어주고 삽입할 실수는 뒤에 나오는 % 문자 다음에 쓰면 됩니다.

Unit:4 == (문자열 서식 지정자 (%s) 사용하기)

문자열 서식 지정자를 사용하여 문자열값을 삽입하는 형태는 다음과 같습니다.

' 나는 %s에 살고 있습니다' % '서울'

정수형, 실수형 서식 지정자와 방법은 동일합니다. 문자열 안에 넣고 싶은 문자열의 자리에 %s 서식 지정자를 넣어주고 삽입할 문자열은 뒤에 나오는 % 문자 다음에 쓰면 됩니다.

■ 소스코드 : 8장\8-7.py

```
1:    value = int(input('정수값을 대입하세요 : '))
2:    print('현재 시간은 %d시 입니다.' % value)
3:
4:    value = float(input('실수값을 대입하세요 : '))
5:    print('현재 체온은 %.1f도 입니다' % value)
6:
7:    value = input('문자열을 대입하세요 : ')
8:    print('나는 %s에 살고 있습니다' % value)
```

■ 출력결과

```
정수값을 대입하세요 : 5
현재 시간은 5시 입니다.
실수값을 대입하세요 : 36.5
현재 체온은 36.5도 입니다
문자열을 대입하세요 : 수원
나는 수원에 살고 있습니다
```

1 라인 : 사용자로부터 값을 입력받기 위해 input() 함수를 사용하였습니다. 입력받은 값은 int형으로 타입캐스팅 하여 value에 대입합니다.

2 라인 : 문자열 안에 정수형을 출력하기 위해 정수형 서식 지정자 %d를 사용하여 입력받은 value의 값을 출력합니다.

4 라인 : 사용자로부터 값을 입력받기 위해 input() 함수를 사용하였습니다. 입력받은 값은 float형으로 타입캐스팅 하여 value에 대입합니다.

5 라인 : 문자열 안에 실수형을 출력하기 위해 실수형 서식 지정자 %f를 사용하여 입력받은 value의

값을 출력합니다. 이 때 f 앞에 .1을 붙였는데, 이 의미는 소수점 1번째 자리까지만 출력하겠다는 뜻입니다. 만약 %.5f라고 수정하면 36.50000가 출력됩니다.

7 라인 : input() 함수는 기본적으로 문자열을 입력받으므로 타입캐스팅을 할 필요가 없습니다. 입력받은 값을 그대로 value에 저장하면 됩니다.

8 라인 : 문자열 안에 문자열을 출력하기 위해 문자열 서식 지정자 %s를 사용하여 입력받은 value의 값을 출력합니다.

Unit:5 == (그 밖의 문자열 서식 지정자)

문자열 서식 코드에서 대입해 넣은 타입으로 정수형, 실수형, 문자열을 살펴보았습니다. 이 외에도 다양한 서식 지정자를 대입할 수 있습니다.

서식 지정자	설명
%d	정수형(integer) 데이터를 나타내는 서식입니다.
%f	부동소수형(floating-point) 데이터를 나타내는 서식입니다.
%s	문자열(string) 데이터를 나타내는 서식입니다.
%x	16진수(hexa) 형태로 나타내는 서식입니다.
%o	8진수(octal) 형태로 나타내는 서식입니다.
%c	문자(character) 형태로 나타내는 서식입니다.
%%	Literal % 문자를 나타내는 서식입니다.

─ # 잠깐 알아두세요 ─

정수형 문자열 서식 지정자인 %d의 값 뒤에 '%'기호를 출력하려면 어떻게 해야 할까요? 우리의 상식 선에서는 코드를 다음과 같이 작성할 것입니다.

print('강수 확률은 %d%입니다.' % 60)

아마 TypeError: not enough arguments for format string 와 같은 에러 메시지를 보게 될 것입니다. 왜 에러가 나는지 납득이 안되지요? 그 이유는 %d에 %가 같은 문자열에 존재하는 경우, %를 나타내려면 %%을 사용해야 하기 때문입니다. 다음과 같이 수정하면 정상적으로 동작합니다.

print('강수 확률은 %d%%입니다.' % 60)

Unit:6 == (format 함수를 사용한 포매팅)

문자열 서식 지정자를 사용하여 여러 타입의 데이터를 문자열로 출력하였다면 이번에는 또 다른 형태로 format() 함수를 사용하여 여러 타입의 데이터를 문자열로 출력하도록 하겠습니다.

먼저 정수형을 format() 함수로 출력하는 형태입니다.

> **'현재 시간은 {0}시 입니다.' .format(3)**

문자열 안에 정수 3을 출력하는 방법입니다. 문자열 안에 넣고 싶은 정수의 자리에 {0}항목을 넣어주고 삽입할 정수는 format(3) 함수 안에 쓰면 됩니다. 이 때 함수명 앞에 구분자로 점(.)을 표기를 해주어야 합니다.

문자열을 출력하는 형태도 동일합니다.

> **'나는 {0}에 살고 있습니다.' .format('수원')**

문자열 안에 '수원'이라는 문자열을 출력하는 방법입니다. 문자열 안에 넣고 싶은 자리에 {0} 항목을 넣어주고 삽입할 문자열은 format('수원') 함수 안에 쓰면 됩니다.

이번에는 2개 이상의 값을 출력하는 형태를 살펴보겠습니다.

> **'현재 시간은 {0}시 {1}분 입니다.' .format(12, 30)**

2개 이상의 값을 넣는 경우 문자열에 {0}, {1}과 같은 인덱스 항목을 넣어주고. format 함수의 입력값을 항목의 순서에 맞게 쓰면 됩니다. {0}은 format() 함수의 첫 번째 입력값인 12로 바뀌고, {1}은 format() 함수의 두 번째 입력값인 30으로 바뀝니다.

■ 소스코드 : 8장\8-8.py

```
1:    value = int(input('정수값을 대입하세요 : '))
2:    print('현재 시간은 {0}시 입니다.' .format(value))
3:
4:    value = input('문자열을 대입하세요 : ')
5:    print('나는 {0}에 살고 있습니다' .format(value))
6:
7:    value1 = int(input('첫 번째 정수값을 대입하세요 : '))
8:    value2 = int(input('두 번째 정수값을 대입하세요 : '))
9:    print('현재 시간은 {0}시 {1}분 입니다.' .format(value1, value2))
```

```
정수값을 대입하세요 : 3
현재 시간은 3시 입니다.
문자열을 대입하세요 : 수원
나는 수원에 살고 있습니다
첫 번째 정수값을 대입하세요 : 12
두 번째 정수값을 대입하세요 : 30
현재 시간은 12시 30분 입니다.
```

2 라인 : 입력한 정수값 value를 format() 함수에 대입합니다. format()함수에 입력한 값은 {0} 항목에 출력됩니다.

5 라인 : 입력한 문자열 value를 format() 함수에 대입합니다. format() 함수에 입력한 값은 {0} 항목에 출력됩니다.

9 라인 : 2개 이상의 입력한 값을 출력하기 위해서 {0}, {1} 두 개의 항목을 사용했고, format() 함수에 출력 순서대로 값을 대입하였습니다. 만약 4개의 값을 출력한다면 {2}, {3} 항목을 더 추가하고 format() 함수에 대입되는 값이 2개 더 늘어나면 되겠지요.

04: = ("여러 가지 문자열 함수 사용하기")

문자열 타입 자체에서 제공하는 다양한 문자열 함수들이 있습니다. 이러한 함수들을 우리는 문자열의 내장함수라고 말합니다. 지금 배우는 함수들을 활용하면 문자열을 다룰 때 매우 편합니다.

Unit:1 == (문자(문자열) 개수 알아내기)

문자열 중에 특정 문자 또는 문자열을 몇 개 포함하고 있는지 알고 싶을 때 count() 함수를 사용합니다. count() 함수는 해당 문자열 안에서 찾고자 하는 문자 또는 문자열이 몇 번 반복되는지 개수를 알아내어 리턴합니다.

개수 = 문자열.count('검색할 문자 또는 문자열')

■ 소스코드 : 8장\8-9.py

```
1:    string1 = '간장 공장 공장장은 강 공장장이고 된장 공장 공장장은 공 공장장이다'
2:
3:    chr1 = string1.count('공')
4:    chr2 = string1.count('장')
5:
6:    print('"공"의 개수 : %d' % chr1)
7:    print('"장"의 개수 : %d' % chr2)
8:
9:    string2 = '내가 그린 기린 그림은 잘 그린 기린 그림이고 네가 그린 기린 그림은 잘 못
10:   그린 기린 그림이다'
11:
12:   str1 = string2.count('그린')
13:   str2 = string2.count('기린')
14:   str3 = string2.count('그림')
15:
```

```
16:     print('"그린"의 개수 : %d' % str1)
17:     print('"기린"의 개수 : %d' % str2)
18:     print('"그림"의 개수 : %d' % str3)
```

■ 출력결과

```
"공"의 개수 : 7
"장"의 개수 : 12
"그린"의 개수 : 4
"기린"의 개수 : 4
"그림"의 개수 : 4
```

3 라인 : string1 문자열에서 '공'이라는 문자가 몇 개 포함되어 있는지 세기 위해 count() 함수를 사용합니다. string1.count('공')은 문자열에서의 '공'의 개수를 리턴하여 변수 chr1에 대입합니다.

4 라인 : 3라인의 내용과 마찬가지로 count() 함수를 사용하여 문자열 안에서 '장'이라는 문자의 개수를 리턴합니다.

12 라인 : string2 문자열에서 '그린'이라는 문자열의 개수를 count() 함수를 사용하여 리턴합니다. count() 함수를 통해서 문자뿐만 아니라 문자열의 개수 또한 얻을 수 있음을 알 수 있습니다.

13 라인 : '기린'이라는 문자열의 개수를 count() 함수를 사용하여 리턴합니다.

14 라인 : '그림'이라는 문자열의 개수를 count() 함수를 사용하여 리턴합니다.

Unit:2 == (문자열 위치 찾기)

문자열에서 내가 찾고 싶은 문자 또는 문자열이 처음 나온 위치를 찾고 싶을 때 문자열에서 제공하는 함수들이 있습니다. 바로 find()와 index() 함수입니다.

위치 = 문자열.find('검색할 문자 또는 문자열')
위치 = 문자열.index('검색할 문자 또는 문자열')

두 함수는 찾을 문자 또는 문자열이 처음 나온 위치를 찾아 리턴한다는 점에서 기능적으로는 같습니다. 다만 차이점이라면 찾는 문자나 문자열이 없는 경우 find() 함수는 −1을 리턴하고, index() 함수는 오류를 출력한다는 점입니다.

■ 소스코드 : 8장\8-10.py

```
1:     string1 = '간장 공장 공장장은 강 공장장이고 된장 공장 공장장은 공 공장장이다'
2:
3:     chr1 = string1.find('공')
4:     chr2 = string1.index('장')
5:
```

```
6:     print('"공"의 위치 : %d' % chr1)
7:     print('"장"의 위치 : %d' % chr2)
8:
9:     string2 = '내가 그린 기린 그림은 잘 그린 기린 그림이고 네가 그린 기린 그림은 잘 못
10:    그린 기린 그림이다'
11:
12:    str1 = string2.find('그린')
13:    str2 = string2.index('기린')
14:    str3 = string2.find('음악')
15:
16:    print('"그린"의 위치 : %d' % str1)
17:    print('"기린"의 위치 : %d' % str2)
18:    print('"음악"의 위치 : %d' % str3)
```

■ **출력결과**

```
"공"의 위치 : 3
"장"의 위치 : 1
"그린"의 위치 : 3
"기린"의 위치 : 6
"음악"의 위치 : -1
```

3 라인 : find() 함수를 사용하여 string1 문자열에서 '공' 문자가 처음 나오는 위치를 찾아 리턴합니다. 문자열에서 가장 처음 '공' 문자가 나오는 위치는 3입니다.

4 라인 : index() 함수를 사용하여 string1 문자열에서 '장' 문자가 처음 나오는 위치를 찾아 리턴합니다. 문자열에서 가장 처음 '장' 문자가 나오는 위치는 1입니다.

12 라인 : find() 함수를 사용하여 string1 문자열에서 '그린' 문자열이 처음 나오는 위치를 찾아 리턴합니다. 문자열에서 가장 처음 '그린' 문자열이 나오는 위치는 3입니다. 문자열안에서 특정 문자열의 위치를 찾을 수 있습니다.

13 라인 : 마찬가지로 index() 함수를 사용하여 '기린'이라는 문자열이 처음 나오는 위치를 찾아 리턴합니다.

14 라인 : find() 함수에서 string2에 없는 문자열인 '음악'을 찾을 때 -1을 리턴하는 것을 확인할 수 있습니다. 만약 함수를 index()로 변경하여 실행하면 오류가 발생합니다.

Unit:3 == (문자열 삽입 및 분리하기)

기존 문자열 사이에 구분자를 삽입하여 새로운 문자열로 합치는 기능을 제공하는데, 바로 join() 함수입니다. 사용하는 형태는 다음과 같습니다.

새로운 문자열 = 구분자.join(문자열)

우리는 보통 구분자로 콤마(,)를 많이 사용합니다. 문자열 'abcd'를 구분자 콤마(,)로 구분해야 한다고 했을 때 string = ','.join('abcd')와 같이 작성하면 변수 string에는 join() 함수로 인해 구분자로 구분된 문자열 'a,b,c,d'가 리턴됩니다.

■ 소스코드 : 8장\8-11.py

```
1:    train_str = '칙칙폭폭'
2:    num_str = '123456789'
3:
4:    div_str1 = '-'.join(train_str)
5:    div_str2 = ':'.join(num_str)
6:
7:    print(div_str1)
8:    print(div_str2)
```

■ 출력결과

```
칙-칙-폭-폭
1:2:3:4:5:6:7:8:9
```

4 라인 : 문자열 train_str의 각 문자를 구분자 '-'로 나누기 위해 join() 함수를 사용합니다. 결과는 각 문자 사이에 '-'가 삽입된 '칙-칙-폭-폭'이라는 새로운 문자열이 리턴됩니다.
5 라인 : 문자열 num_str의 각 문자를 구분자 ':'로 나누기 위해 join() 함수를 사용합니다. 결과는 각 문자 사이에 ':'가 삽입된 '1:2:3:4:5:6:7:8:9'이라는 새로운 문자열이 리턴됩니다.

join() 함수에 문자열이 아닌 구분자의 구분 형태를 가진 리스트가 올 수도 있습니다. 이러한 경우에도 리스트 데이터들을 지정한 구분자를 통해 구분하여 문자열로 리턴합니다. 리스트는 7장에서 배운 바 있습니다. 혹시 리스트가 생각이 안나시면 7장에서 리스트를 잠깐 들여다보셔도 좋습니다.

새로운 문자열 = 구분자.join(리스트)

■ 소스코드 : 8장\8-12.py

```
1:    ani_list = ['강아지', '고양이', '원숭이', '코끼리']
2:    time_list = ['12', '30', '55']
3:
4:    ani_str = '+'.join(ani_list)
```

```
5:     time_str = ':'.join(time_list)
6:
7:     print(ani_str)
8:     print(time_str)
```

■ 출력결과

```
강아지+고양이+원숭이+코끼리
12:30:55
```

1, 2 라인 : 리스트 형태의 데이터들입니다. 리스트는 대괄호 [ ] 사이에 데이터를 입력합니다.
4 라인 : 리스트 ani_list를 구분자 '+'로 구분하기 위해 join() 함수를 사용하였습니다. 결과는 리스트의 각 데이터 사이에 '+'가 삽입된 '강아지+고양이+원숭이+코끼리'라는 새로운 문자열이 리턴됩니다.
5 라인 : 리스트 time_list를 구분자 ':'로 구분하기 위해 join() 함수를 사용하였습니다. 결과는 리스트의 각 데이터 사이에 ':'가 삽입된 '12:30:55'이라는 새로운 문자열이 리턴됩니다.

이번에는 기존 문자열을 특정 구분자로 구분하는 기능이 제공되는데, 바로 split() 함수입니다. 사용하는 형태는 다음과 같습니다.

리스트 = 문자열.split(구분자)

split() 함수는 구분자를 기준으로 문자열을 분리하기 때문에 분리된 문자 또는 문자열들은 리스트형태로 저장됩니다.

■ 소스코드 : 8장\8-13.py

```
1:     planet_str = '수성-금성-지구-화성-목성'
2:     time_str = '12시:30분:55초'
3:
4:     planet_list = planet_str.split('-')
5:     time_list = time_str.split(':')
6:
7:     print(planet_list)
8:     print(time_list)
```

■ 출력결과

```
['수성', '금성', '지구', '화성', '목성']
['12시', '30분', '55초']
```

1 라인 : planet_str은 구분자 '−' 기준의 문자열입니다.

2 라인 : time_str은 구분자 ':' 기준의 문자열입니다.

4 라인 : 문자열 planet_str을 구분자 '−'를 기준으로 분리하여 리스트의 형태로 리턴합니다.

5 라인 : 문자열 time_str을 구분자 ':'를 기준으로 분리하여 리스트의 형태로 리턴합니다.

Unit:4 == (**대문자/소문자 변환하기**)

영문 문자열의 소문자를 대문자로 바꾸어주는 함수 upper()와 대문자를 소문자로 바꾸어주는 함수 lower()를 제공됩니다.

> **변경된 문자열 = 문자열.upper()**
>
> **변경된 문자열 = 문자열.lower()**

■ 소스코드 : 8장\8-14.py

```
1:    eng_str = input('영문자를 입력하세요 : ')
2:
3:    upper_str = eng_str.upper()
4:    lower_str = eng_str.lower()
5:
6:    print('대문자로 변환 : %s' % upper_str)
7:    print('소문자로 변환 : %s' % lower_str)
```

■ 출력결과

```
영문자를 입력하세요 : If At First You Do Not Succeed, Try, Try Again.
대문자로 변환 : IF AT FIRST YOU DO NOT SUCCEED, TRY, TRY AGAIN.
소문자로 변환 : if at first you do not succeed, try, try again.
```

1 라인 : 대소문자의 구분은 영문에만 해당되므로 영문을 입력합니다.

3 라인 : 입력한 영문 문자열 eng_str을 upper() 함수를 통해 대문자로 변경합니다.

4 라인 : 입력한 영문 문자열 eng_str을 lower() 함수를 통해 소문자로 변경합니다.

Unit:5 == (**문자열 공백 없애기**)

문자열 중 가장 왼쪽에 있는 한 칸 이상의 연속된 공백을 제거하는 함수 lstrip(), 문자열 중 가장 오른쪽에 있는 한 칸 이상의 연속된 공백을 제거하는 함수 rstrip(), 양쪽 공백을 모두 제거하는 strip() 함수가 제공됩니다.

```
변경된 문자열 = 문자열.lstrip()
변경된 문자열 = 문자열.rstrip()
변경된 문자열 = 문자열.strip()
```

■ 소스코드 : 8장\8-15.py

```
1:    string1 = '  죽는 날까지 하늘을 우러러 '
2:    string2 = '한점 부끄럼이 없기를    '
3:    string3 = '  잎새에 이는 바람에도  '
4:
5:    lstrip_str = string1.lstrip()
6:    rstrip_str = string2.lstrip()
7:    strip_str = string3.lstrip()
8:
9:    print('string1   :%s' % string1)
10:   print('string2   :%s' % string2)
11:   print('string3   :%s' % string3)
12:   print()
13:   print('왼쪽 공백 없애기   :%s' % lstrip_str)
14:   print('오른쪽 공백 없애기 :%s' % rstrip_str)
15:   print('양쪽 공백 없애기   :%s' % strip_str)
```

■ 출력결과

```
string1   :  죽는 날까지 하늘을 우러러
string2   :한점 부끄럼이 없기를
string3   :  잎새에 이는 바람에도

왼쪽 공백 없애기   :죽는 날까지 하늘을 우러러
오른쪽 공백 없애기 :한점 부끄럼이 없기를
양쪽 공백 없애기   :잎새에 이는 바람에도
```

1 라인 : 문자열의 가장 왼쪽에 두 칸의 공백이 있습니다.

2 라인 : 문자열의 가장 오른쪽에 두 칸의 공백이 있습니다.

3 라인 : 문자열의 가장 양쪽 끝에 각각 두 칸씩의 공백이 있습니다.

5 라인 : 문자열 string1의 왼쪽 공백을 제거하기 위해 lstrip() 함수를 사용하였습니다.

6 라인 : 문자열 string2의 오른쪽 공백을 제거하기 위해 rstrip() 함수를 사용하였습니다.

7 라인 : 문자열 string3의 양쪽 공백을 제거하기 위해 strip() 함수를 사용하였습니다.

9-11 라인 : 문자열 string1, string2, string를 그대로 출력합니다. 출력 결과와 같이 문자열의 왼쪽 공백, 오른쪽 공백, 양쪽 공백이 그대로 출력됩니다.

13-15 라인 : lstrip(), rstrip(), strip() 함수를 통해 공백을 제거한 3개의 문자열이 출력됩니다.

Unit:6 == (문자열 구성 파악하기)

현재 문자열의 구성이 어떠한 상태인지 알 수 있는 함수가 제공됩니다. 문자열의 내용이 숫자로만 구성되어 있는지 검사하는 함수는 isdigit(), 글자로만 구성되어 있는지 검사하는 함수는 isalpha(), 대문자인지 검사하는 함수는 isupper(), 소문자인지 검사하는 함수는 islower(), 공백인지 검사하는 함수는 isspace()입니다. 각 함수의 리턴값은 True(참) 또는 False(거짓)입니다.

> True / False = 문자열.isdigit()
> True / False = 문자열.isalpha()
> True / False = 문자열.isupper()
> True / False = 문자열.islower()
> True / False = 문자열.isspace()

■ 소스코드 : 8장\8-16.py

```
1:    while True:
2:        string = input('문자열을 입력하세요 : ')
3:
4:        if string.isdigit():
5:            print('문자열은 숫자로 구성되어 있습니다.')
6:        elif string.isalpha():
7:            print('문자열은 글자로 구성되어 있습니다.')
8:            if string.isupper():
9:                print('문자열은 대문자로 구성되어 있습니다.')
10:            elif string.islower():
11:                print('문자열은 소문자로 구성되어 있습니다.')
12:        elif string.isspace():
13:            print('문자열은 공백으로 구성되어 있습니다.')
14:            break
15:        else:
16:            print('모르겠습니다.')
17:        print()
```

■ **출력결과**

```
문자열을 입력하세요 : abcd
문자열은 글자로 구성되어 있습니다.
문자열은 소문자로 구성되어 있습니다.

문자열을 입력하세요 : 1234
문자열은 숫자로 구성되어 있습니다.

문자열을 입력하세요 : ABCD
문자열은 글자로 구성되어 있습니다.
문자열은 대문자로 구성되어 있습니다.

문자열을 입력하세요 :
문자열은 공백으로 구성되어 있습니다.
```

1 라인 : 반복문 while을 통해 반복 조건이 True이므로 프로그램 전체를 무한 루프로 동작시킨다는 의미입니다.

2 라인 : 문자열을 입력받습니다. 우리는 영문 대소문자든 한글이든 숫자형식이든 입력받을 수 있습니다.

4-5 라인 : 입력한 문자열이 숫자인지 검사합니다. 숫자이면 isdigit() 함수는 True를 리턴하고, '문자열은 숫자로 구성되어 있습니다.'문장을 출력합니다.

6-7 라인 : 입력한 문자열이 글자인지 검사합니다. 글자이면 isalpha() 함수는 True를 리턴하고, '문자열은 글자로 구성되어 있습니다.'문장을 출력합니다.

8-11 라인 : 6-7라인 안에 포함되는 문장입니다. 즉, 글자임이 판명이 되면 이 글자가 영문인 경우 소문자인지 대문자인지 판명하는 루틴입니다. 영문 대문자인 경우 isupper() 함수는 True를 리턴하여 '문자열은 대문자로 구성되어 있습니다.'가 출력되고, 영문 소문자인 경우 islower() 함수는 True를 리턴하여 '문자열은 소문자로 구성되어 있습니다.'문장이 출력됩니다.

12-14 라인 : 입력한 문자열이 공백 문자인지 검사합니다. 공백문자인 경우 isspace() 함수는 '문자열은 공백으로 구성되어 있습니다.'문장을 출력 후 break문에 의해 무한 루프를 빠져나갑니다. 무한 루프를 구성할 때는 언젠가는 무한 루프를 빠져나갈 수 있는 조건의 구조가 좋습니다. 그래서 공백 문자가 입력되었을 때 빠져나가도록 구조를 만들었습니다.

15-16 라인 : 문자열 입력 내용이 문자와 숫자의 혼합인 경우는 함수들이 인식할 수 없으므로 else문으로 처리하여 어떤 경우도 해당 안될 때 처리하도록 하였습니다.

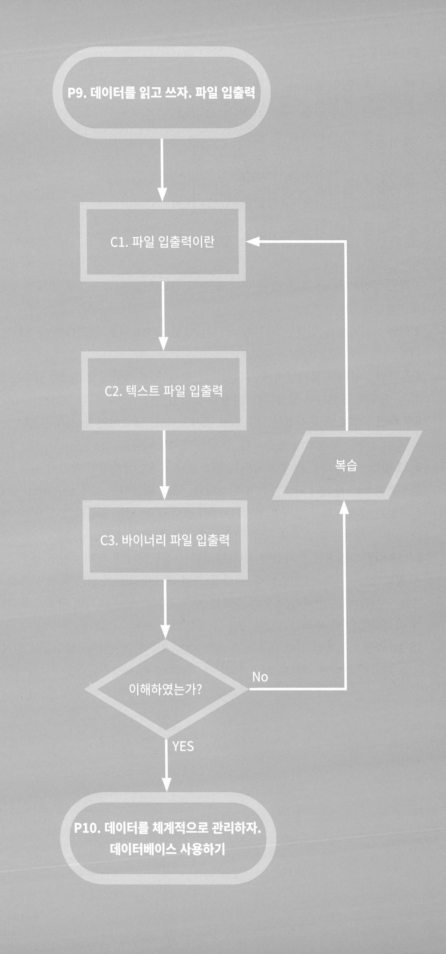

PART 09

데이터를 읽고 쓰자.
파일 입출력

요즘은 한 번 사용하고 버려지는 생활용품들이 많이 소비되고 있는 시대입니다. 더불어 환경 문제도 심각해지고 있지요. 한 번 사용되고 버려지는 물건으로 인해 쓰레기는 늘어나게 되고, 우리는 그 물건들이 다시 필요하게 되면 다시 한 번 사용하고 버리게 되는 악순환을 반복하게 됩니다. 그래서 우리는 분리수거를 통해 재활용을 하기도 하고, 일회용품 대신 재사용할 수 있는 용품 사용을 권장하고 있습니다. 컴퓨터의 세계도 마찬가지입니다. 컴퓨터의 메모리는 데이터를 저장하고 있다가 전원이 꺼지면 데이터가 사라지는 일회용 휘발성의 성향을 가지고 있습니다. 일회용품처럼 데이터가 소비되고 사라지는 것입니다. 예쁜이의 사진을 다운로드 받아 컴퓨터로 보는데, 컴퓨터가 꺼진다고 사진 자체가 없어진다면 문제가 되지 않을까요? 이러한 문제를 해결해 주는 것이 바로 파일입니다. 이번 시간에는 파일의 생성 및 데이터 입출력에 대해 살펴보도록 하겠습니다.

CHAPTER 01:

= ("파일 입출력이란")

Unit:1 == (파일 입출력 이해하기)

우리가 데이터를 출력 시에는 print() 함수를 이용하여 모니터 화면에 결과값을 출력하고 데이터 입력 시에는 input() 함수를 이용하여 키보드로부터 입력을 받았습니다. print() 함수는 모니터 출력 장치와 연결된 함수이고, input() 함수는 키보드 입력 장치와 연결된 함수라고 생각할 수 있겠지요?

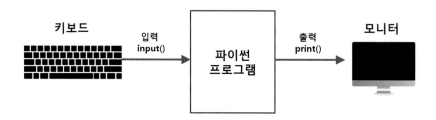

이 과정을 표준입출력이라고 합니다. 그리고 이 때 사용했던 print()와 input() 함수들을 표준입출력 함수라고 부릅니다. 이러한 입출력 과정의 개념에서 입력하는 대상과 출력하는 대상을 모두 파일로 바꾸면 그대로 파일 입출력이 됩니다.

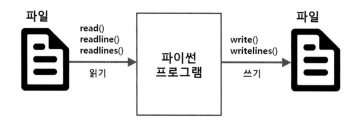

우리는 키보드로 직접 데이터를 입력하는 input() 함수를 사용하는 대신 파일로부터 데이터를 읽는 함수 read(), readline(), readlines() 등의 함수를 사용합니다. 그리고 모니터 화면에 출력하는 print() 함수를 사용하는 대신 데이터를 파일에 쓰는 write(), writelines() 등의 함수를 사용합니다. 우리는 이미 컴퓨터나 스마트폰을 통해 하루에도 수없이 파일 입출력을 하고 있습니다. 워드나 메모장과 같은 문서 편집기가 대표적인 예입니다.

Unit:2 == (파일 입출력의 흐름)

파일은 데이터를 담고 있는 상자와 같습니다. 우리는 상자에서 물건을 꺼내거나 넣기 위해 먼저 상자를 열어야 합니다. 그리고 사용이 끝나면 상자 뚜껑을 닫습니다. 파일 또한 사용하기 위해서는 반드시 이 두 가지 작업을 해주어야 하는데 파일 사용 전 '파일 열기'를 해야 하고, 파일 사용 후 '파일 닫기'를 해야 합니다. 상자를 열어 사용 후에 닫는 과정과 파일을 열고 사용 후에 닫는 과정을 비교해서 보도록 하겠습니다.

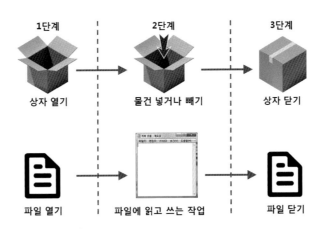

■ 1단계 : 파일 열기

상자를 사용하려면 먼저 상자를 열어야 하듯이 파일을 사용하려면 먼저 파일을 열어야 합니다. 파일을 여는 방법은 open() 함수를 사용하면 됩니다.

파일객체 = open(파일명, 파일 열기 모드)

open() 함수의 첫 번째 전달인자에는 오픈할 파일명을 입력합니다. 파일명에는 파일의 경로도 포함됩니다. 두 번째 전달인자에는 파일 열기 모드를 입력합니다. 파일을 열 때 어떠한 상태로 열 것인지 정합니다. 이렇게 파일을 열면 그 결과로 파일객체를 리턴합니다. 파일객체는 열려 있는 파일을 읽고, 쓰고, 닫을 수 있는 제어를 할 수 있습니다.

다음은 파일 열기 모드의 종류입니다.

파일 열기 모드	설명
r	파일을 읽기만 할 때 사용합니다.
w	파일에 내용을 쓸 때 사용합니다. 기존에 파일이 있으면 덮어 씁니다.
a	파일에 내용을 쓸 때 사용합니다. 기존에 파일이 있으면 이어서 씁니다.
b	바이너리(이진) 파일을 처리합니다.
t	텍스트 파일을 처리합니다.

■ 2단계 : 파일에 읽고 쓰기

상자에 물건을 넣고 뺄 수 있듯이 파일에 데이터를 읽고 쓸 수 있습니다. 파일을 읽을 때는 read() 계열의 함수를, 파일에 쓸 때는 write() 계열의 함수를 사용하면 됩니다.

> **읽은 문자열 = 파일객체.read()**
>
> **파일객체.write(저장할 문자열)**

파일에 읽고 쓰는 방법은 파일 열기 모드에 따라 여러 가지 형태를 제공합니다. 구체적인 방법에 대해서는 이후에 코드를 통하여 살펴보도록 하겠습니다.

■ 3단계 : 파일 닫기

상자에 물건을 넣고 뺐으면 상자를 닫아야 하듯이 파일 또한 사용이 다 끝났으면 파일을 정상적으로 닫아야 합니다. 파일을 닫기 위해 close() 함수를 호출합니다. 이 때 open() 함수를 통해 리턴되었던 파일객체를 통해 close() 함수를 호출하여 파일을 닫습니다.

> **파일객체.close()**

앞에서 살펴본 파일 입출력의 1, 2, 3단계를 기반으로 파일을 열고, 읽고, 닫는 동작의 코드를 작성해 보겠습니다.

먼저 저는 메모장을 1개 열어서 시 한 편을 입력하였습니다. 그리고, 특정 디렉토리에 poem.txt라는 이름으로 텍스트 파일을 1개 저장하였습니다. 이제 코드를 작성하여 이 파일을 열고 파일의 데이터인 시를 전부 읽어서 출력할 것입니다. 그리고 파일의 쓰임이 다 끝났으면 파일을 닫도록 하겠습니다.

■ 소스코드 : 9장/9-1.py

```
1:    fName = 'd:/test/poem.txt'
2:
3:    fp = open(fName, "r")
4:    print(fp.read())
5:    fp.close()
```

■ 출력결과

서로 사랑하라
허나 사랑에 속박되지는 말라

. . . .

함께 노래하고 춤추며 즐거워하되
그대를 각자는 고독하게 하라

칼릴 지브란 <서로 사랑하라> 중

1 라인 : fName 변수에 poem.txt 파일의 절대경로를 대입합니다.

3 라인 : open() 함수를 사용하여 poem.txt 파일의 경로를 대입한 fName 변수를 매개변수로 전달합니다. 그리고 옵션을 읽기모드인 "r"로 전달합니다. open() 함수를 통해 리턴받은 fp는 poem.txt 파일을 컨트롤할 수 있는 파일객체입니다.

4 라인 : 파일객체 fp를 이용하여 파일의 내용을 읽기 위한 read() 함수를 호출합니다. 그리고 읽어온 데이터를 print() 함수를 이용하여 화면에 출력합니다.

5 라인 : 파일의 사용이 끝났으면 close() 함수를 이용하여 열려 있는 파일을 닫습니다.

CHAPTER 02: = ("텍스트 파일 입출력")

Unit:1 == (텍스트 파일에 데이터 저장하기)

우리가 파일을 사용하는 목적은 무엇일까요? 데이터를 한 번 사용하고 버리는 것이 아니라 저장해서 필요할 때 다시 꺼내 사용하기 위함입니다. 지금까지 우리가 사용했던 데이터는 간단해서 입력하는데 큰 문제는 없었지만 입력할 데이터가 1-2페이지 분량이면 어떨까요? 이러한 데이터를 매번 입력하는 것은 비효율적이므로 한 번 입력한 데이터를 저장 후 필요할 때 불러서 사용하는 것이 효율적입니다. 지금부터 우리는 텍스트 파일을 열어서 읽은 후 결과를 화면에 출력하는 방법에 대해 살펴보겠습니다.

먼저 메모장을 열어서 다음과 같은 문장을 작성 후 file1.txt 이름으로 파일을 저장합니다.(예, d:/test/file1.txt)

이제부터 file1.txt에 입력한 텍스트 데이터를 읽어오는 방법에 대해 알아보겠습니다.

Unit:2 == (텍스트 파일에서 한 라인씩 읽기 (readline() 함수))

파일의 내용을 한 라인씩 읽어올 때에는 readline() 함수를 사용하면 됩니다.

> **한 라인 문자열 = 파일객체.readline()**

앞에서 작성했던 [9-1.py] 코드의 포맷을 기반으로 다음과 같이 코드를 작성해 보겠습니다.

```
1:     fName = 'd:/test/file1.txt'
2:
3:     fp = open(fName, "r")
4:
5:     strline = fp.readline()
6:     print(strline)
7:
8:     strline = fp.readline()
9:     print(strline)
10:
11:    fp.close()
```

■ 출력결과

죽는 날까지 하늘을 우러러

한점 부끄럼이 없기를,

3 라인 : 경로 'd:/test/file1.txt'의 파일을 읽기모드로 열고, 파일객체 fp를 리턴받습니다.

5 라인 : 파일객체 fp를 이용하여 readline() 함수를 호출합니다. readline() 함수는 텍스트 데이터를 한 라인씩 읽어서 리턴합니다. 리턴한 데이터는 strline에 대입합니다.

6 라인 : 문자열 strline을 모니터에 출력합니다.

8-9 라인 : 5-6라인의 수행 내용과 동일한 코드입니다. fp 파일객체는 앞에서 읽어들인 라인의 다음 라인을 가리키고 있습니다. 그래서 이번에는 두 번째 라인을 읽어들입니다.

11 라인 : close() 함수를 이용하여 파일을 닫습니다.

코드의 수행 결과 약간의 불편한 점이 보입니다. readline() 함수를 통해 코드 라인을 2회 읽어들입니다. 즉 정확히 텍스트 데이터의 2라인까지만 읽어 들이는 것입니다. 하지만 입력된 텍스트 데이터의 라인은 반드시 2라인만은 아닐 것입니다. 1라인일 수도 있고, 2라인 이상일 수도 있겠지요. 물론 우리가 입력한 file.txt는 총 4라인을 입력하였습니다. 이러한 경우에 정상적인 수행을 하지 못합니다. 결과를 보듯이 readline() 함수는 한 라인씩만 읽기 때문에 전체 파일의 데이터를 다 읽지 못하고 두 라인만 읽어오게 됩니다. 결국 나머지 두 라인은 읽어오지 못합니다.

현재의 코드는 파일에 입력된 텍스트의 라인 수를 알아서 그 수만큼 readline() 함수를 사용해야 하는 구조인데, 상당히 불편하지요. 이러한 경우 반복문을 이용하면 이러한 문제를 해결할 수 있습니다.

```
1:      fName = 'd:/test/file1.txt'
2:
3:      fp = open(fName, "r")
4:
5:      while True :
6:          strline = fp.readline()
7:          if strline == '':
8:              break;
9:          print(strline)
10:
11:     fp.close()
```

■ 출력결과

죽는 날까지 하늘을 우러러

한점 부끄럼이 없기를

잎새에 이는 바람에도

나는 괴로워했다.

5-9 라인 : while문의 반복 조건을 True로 설정하여 5에서 9라인까지 무한 루프를 돌게 합니다.
6 라인 : readline() 함수를 통해 텍스트 데이터를 한 라인 읽어와서 리턴된 문자열을 strline에 대입합니다.
7-8 라인 : 만약 strline이 빈 문자열이라면, break문을 실행시켜 무한 루프에서 빠져나갑니다.
9 라인 : 읽어온 한 라인의 문자열 strline을 출력합니다.

어떤가요? 파일의 내용을 한 라인씩 읽어 들여 빈 문자열이 나올 때까지 반복하는 이러한 구조가 훨씬 효율적이죠?

Unit:3 == (텍스트 파일에서 통째로 읽기(readlines() 함수))

앞서 사용했던 readline() 함수는 텍스트 데이터를 한 라인씩 읽어서 구조적으로 반복해야만 전체를 읽을 수 있었습니다. 이렇게 한 라인이 아니라 파일의 텍스트 데이터 전체를 읽어들이는 readlines() 함수가 제공됩니다. 한 라인을 읽는 readline() 함수 이름의 끝에 's'만 붙이면 텍스트 파일 전체를 읽어들이는 함수가 됩니다. 앞의 코드에서 데이터를 읽어들일 때 사용했던 반복문을 사용하지 않아도 됩니다. readlines() 함수는 읽어들인 텍스트의 결과값을 리스트의 형태로 저장합니다.

■ 소스코드 : 9장/9-4.py

```
1:    fName = 'd:/test/file1.txt'
2:
3:    fp = open(fName, "r")
4:
5:    strline = fp.readlines()
6:    print(strline)
7:
8:    fp.close()
```

■ 출력결과

['죽는 날까지 하늘을 우러러\n', '한점 부끄럼이 없기를,\n', '잎
새에 이는 바람에도\n', '나는 괴로워했다.']

5 라인 : readlines() 함수를 이용하여 파일 내부의 데이터를 전부 읽어 strline에 리턴합니다. 단, 리스트의 타입으로 리턴하므로 출력 결과를 보면 리스트 형태로 출력된 것을 확인할 수 있습니다.

___ # 잠깐 알아두세요 ____

출력된 리스트의 결과를 보면 한 라인의 문자열마다 끝에 '\n'라는 문자를 볼 수 있습니다. 이 문자는 바로 개행문자로써 줄바꿈을 해주는 기능을 합니다. print() 함수로 한 라인씩 문자열 출력 시에는 개행문자가 내장되어 있으므로 '\n'을 명시하지 않아도 되지만, 리스트 형태의 문자열에는 줄바꿈의 표시로 '\n'을 명시합니다.

출력결과가 리스트의 형태로 출력되어 썩 보기는 좋지 않습니다. 리스트의 항목별로 한 라인씩 출력해볼까요?

■ 소스코드 : 9장/9-5.py

```
1:    fName = 'd:/test/file1.txt'
2:
3:    fp = open(fName, "r")
4:
5:    strline = fp.readlines()
6:
7:    for strlist in strline:
8:        print(strlist)
```

```
9:
10:    fp.close()
```

■ 출력결과

죽는 날까지 하늘을 우러러

한점 부끄럼이 없기를

잎새에 이는 바람에도

나는 괴로워했다.

7 라인 : 리스트 형태의 데이터는 for문을 이용하여 반복문을 통해 리스트의 요소를 읽습니다. 리스트 사용 관련하여 잘 기억이 나지 않는다면 7장을 다시 참고하시기 바랍니다.

Unit:4 == (지정한 경로의 파일이 존재하는지 체크하기)

우리는 지금까지 파일이 반드시 존재한다는 가정하에 코드를 작성하였습니다. 그런데 만약 파일을 open() 함수로 열 때 해당 파일이 존재하지 않는다면 어떨까요? 대략 난감하겠죠? 아마 오류메시지가 출력되겠지요. [9-5] 코드에서 존재하지 않는 파일명(file2.txt)으로 수정했을 때 어떠한 결과가 나타나는지 확인해보겠습니다.

코드 변경 : fName = 'd:/test/file1.txt' ---> fName = 'd:/test/file2.txt'

파일명을 변경하였으면 F5 단축키를 눌러 실행합니다. 다음과 같은 오류 메시지를 보게 될 것입니다.

```
Traceback (most recent call last):
  File "D:/파이썬/예제/9장/9-5.py", line 3, in <module>
    fp = open(fName, "r")
FileNotFoundError: [Errno 2] No such file or directory: 'd:/tes
t/file2.txt'
```

이렇게 파일이 존재하지 않는 경우를 처리하기 위해 파이썬에서는 파일 체크 함수를 제공합니다.

리턴값 = os.path.exists(파일명)

exists() 함수에 전달인자로 파일명을 전달하면, 파일이 존재하는 경우 리턴값을 True, 파일이 존재하지 않는 경우 리턴값 False를 반환합니다.

```
1:      import os
2:
3:      fName = input('파일명을 입력하세요 : ')
4:      print()
5:
6:      if os.path.exists(fName):
7:          fp = open(fName, "r")
8:
9:          strline = fp.readlines()
10:
11:         for strlist in strline:
12:             print(strlist)
13:
14:         fp.close()
15:     else:
16:         print('%s 파일은 존재하지 않습니다' % fName)
```

■ 출력결과

```
파일명을 입력하세요 : d:/test/file1.txt
죽는 날까지 하늘을 우러러
한점 부끄럼이 없기를
잎새에 이는 바람에도
나는 괴로워했다.
```

1 라인 : os라는 파이썬의 내장된 모듈을 포함시킵니다. 이 의미는 os 모듈에서 제공하는 기능들을 사용할 수 있다는 뜻입니다.

3 라인 : 사용자로부터 파일명을 직접 입력받습니다. 파일이 소스코드와 동일한 디렉토리에 있지 않다면 절대 경로로 입력합니다.

6-14 라인 : exists() 함수를 이용하여 입력받은 파일명이 실제 존재하는 파일인지 검사합니다. 만약 존재하는 파일이면 exists() 함수는 True를 리턴하고, 그 이하인 7-14라인을 수행합니다. 존재하지 않는 파일이라면 exists() 함수는 False를 리턴하고, 15라인 이하를 수행합니다.

15-16 라인 : 파일이 존재하지 않는다면 else문으로 넘어와서 해당 파일은 존재하지 않는다는 메시지를 출력합니다.

Unit:5 == (with문 사용하기)

지금까지의 코드는 항상 파일을 열고 닫는 구조였습니다. 즉, 파일을 open() 하면 반드시 close()를 해주어야 했습니다. 그런데 코드가 길어지고 복잡해지면 이렇게 매번 파일을 열고 닫는 처리에서 실수가 발생할 수도 있습니다. 말하자면 파일을 열었는데, 닫는 처리를 안하게 되는 경우가 비일비재하게 일어날 수 있다는 것입니다. 이러한 경우 with문을 사용하면 close() 함수로 파일을 닫지 않아도 자동으로 닫아주게 됩니다.

> **with open(파일명, 파일 열기 모드) as 파일객체**

[9-6] 소스코드에서 with문을 사용한 코드로 변경해 보겠습니다.

■ 소스코드 : 9장/9-7.py

```
1:    import os
2:
3:    fName = input('파일명을 입력하세요 : ')
4:    print()
5:
6:    if os.path.exists(fName):
7:        with open(fName, "r") as fp:
8:            strline = fp.readlines()
9:            for strlist in strline:
10:                print(strlist)
11:    else:
12:        print('%s 파일은 존재하지 않습니다' % fName)
```

■ 출력결과

```
파일명을 입력하세요 : d:/test/file1.txt
죽는 날까지 하늘을 우러러
한점 부끄럼이 없기를
잎새에 이는 바람에도
나는 괴로워했다.
```

7 라인 : with문은 open() 함수와 같이 사용하며 파일 객체를 as문 뒤에서 리턴받습니다.

with문을 사용하면 with블록을 벗어나는 순간(10라인) 열려 있는 파일객체 fp가 자동으로 닫히게 됩니다. 코드에 명시되지는 않지만 내부에서 자동으로 fp.close() 코드가 수행된다는 의미입니다.

Unit:6 == (텍스트 파일에 데이터 쓰기)

우리는 지금까지 데이터가 입력되어 있는 텍스트 파일을 읽어서 화면에 출력했습니다. 이번에는 반대로 텍스트 파일에 데이터를 쓰는 코드를 작성해 보도록 하겠습니다. 앞에서 우리는 메모장 파일인 file1.txt을 생성하여 데이터를 수동으로 직접 입력하였습니다. 이렇게 직접 입력하는 것이 아니라 파이썬 코드를 작성하여 데이터를 파일에 쓰도록 하겠습니다. 이 때 사용하는 함수는 write() 함수와 writelines() 함수입니다.

> **파일객체.write(입력 문자열)**
> **파일객체.writelines(리스트 문자열)**

두 함수는 모두 파일에 데이터를 저장한다는 점에서 공통적입니다. 차이점이 있다면 writelines()는 리스트 문자열과 같이 여러 개의 문자열을 저장할 때 사용할 수 있습니다.

■ 소스코드 : 9장/9-8.py

```
1:    fName = 'd:/test/file2.txt'
2:
3:    with open(fName, 'w') as fp:
4:        while True:
5:            instr = input('데이터 입력 : ')
6:
7:            if instr == '\q':
8:                break
9:            fp.writelines(instr + '\n')
```

■ 출력결과

```
데이터 입력 : 별을 노래하는 마음으로
데이터 입력 : 모든 죽어가는 것을 사랑해야지
데이터 입력 : 그리고 나한테 주어진 길을
데이터 입력 : 걸어가야겠다
데이터 입력 : \q
```

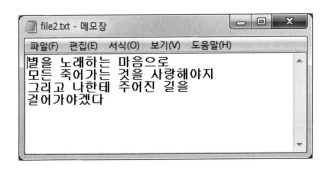

1 라인 : 데이터를 저장할 파일 file2.txt의 경로를 설정합니다.

3 라인 : 파일을 open()함수로 열 때 옵션을 쓰기모드인 'w'로 설정합니다. 쓰기모드로 설정해야만 파일에 데이터를 입력할 수 있습니다.

4-9 라인 : 반복문의 반복 조건을 True로 설정하여 4에서 9라인까지 무한 루프를 돌게 합니다.

5 라인 : 반복할 때마다 사용자로부터 문자열 데이터를 입력받아 instr에 대입합니다.

7-8 라인 : 입력받은 문자열 instr이 'Wq'이면 break문을 만나 무한 루프를 빠져나갑니다.

9 라인 : 반복문을 돌 때마다 writelines() 함수를 통해 파일 file2.txt에 instr 문자열 데이터를 입력합니다.

writelines() 함수 대신 write() 함수를 사용하여도 동일한 결과를 얻을 수 있습니다.

Unit:7 == (**파일 vs 파일 복사하기**)

파일로부터 데이터를 읽고 쓰는 방법에 대해 모두 살펴보았습니다. 파일로부터 데이터를 읽고 쓸 수 있다면 파일 복사가 가능합니다. 이번에는 기존의 파일 데이터를 새로운 파일을 생성하여 데이터를 복사해보도록 하겠습니다.

원본 파일과 복사 대상 파일 2개를 생성합니다. 두 파일 모두 파일 열기, 파일 닫기의 과정은 공통적입니다. 다만 원본 파일은 데이터를 읽기만 하면 되고, 대상 파일은 읽은 데이터를 써야 합니다. 결국 파일의 데이터를 복사하는 형태가 됩니다.

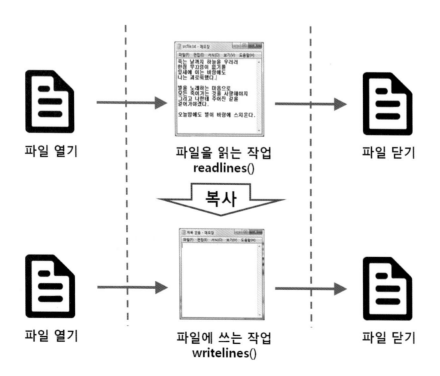

```
1:    import os
2:
3:    srcfile = 'd:/test/srcfile.txt'
4:    destfile = 'd:/test/destfile.txt'
5:
6:    if os.path.exists(srcfile):
7:        sfp = open(srcfile, 'r')
8:        dfp = open(destfile, 'w')
9:
10:       slist = sfp.readlines()
11:       for instr in slist:
12:           dfp.writelines(instr)
13:
14:       sfp.close()
15:       dfp.close()
16:
17:       print('srcfile.txt 파일에서 destfile.txt로 복사하였습니다')
18:   else:
19:       print('srcfile.txt 파일은 존재하지 않습니다')
```

■ 출력결과

srcfile.txt 파일에서 destfile.txt로 복사하였습니다

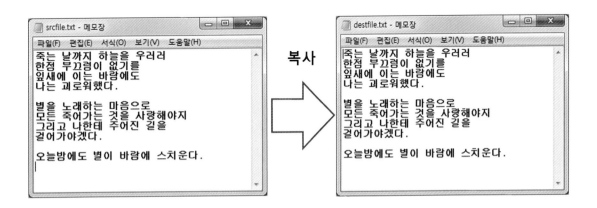

3 라인 : 데이터를 읽어들일 원본 파일 경로를 설정합니다.

4 라인 : 읽어들인 데이터를 저장할 대상 파일 경로를 설정합니다.

7 라인 : 원본 파일을 open() 함수를 통해 읽기 모드로 엽니다.

8 라인 : 대상 파일을 open() 함수를 통해 쓰기 모드로 엽니다. 파일이 존재하지 않는다면 생성됩니다.

10 라인 : 원본 파일을 readlines() 함수를 통해 읽어들입니다. 읽어들인 데이터는 리스트 형태로 slist 에 리턴합니다.

11-12 라인 : 리스트 형태의 데이터는 for 반복문을 통해 한 라인씩 읽어와서 대상 파일객체 dfp를 통해 writelines()로 읽어온 데이터를 저장합니다.

14-15 라인 : 원본 파일과 대상 파일 모두 사용이 끝났으면 각각 close()함수를 통해 파일을 닫습니다.

CHAPTER **03:**

= ("바이너리 파일 입출력")

Unit:1 == (바이너리 파일이란)

우리가 다루는 모든 파일은 바이너리(Binary) 파일입니다. 바이너리는 이진수를 의미하며 0과 1만으로 구성된 데이터입니다. 앞서 다루었던 텍스트 파일도 엄밀하게 따지면 바이너리 파일이지만 데이터는 텍스트로 구성되어 있습니다. 텍스트 데이터는 사람이 읽을 수 있는 영문, 한글같은 글자로 구성되어 있어 이를 텍스트 파일이라고 합니다. 이와 달리 데이터의 저장과 처리 목적으로 0과 1의 이진 형식으로 구성된 파일을 바이너리 파일이라고 합니다. 바이너리 파일의 대표적인 예는 실행 파일(.exe), 이미지 파일(.bmp, .jpg, .png), 음악 파일(.mp3, wav) 등이 있습니다.

텍스트 파일과 바이너리 파일을 제대로 구분하고 싶다면 각각의 파일을 메모장에서 열어보세요. 다음은 텍스트 파일과 이미지 파일을 메모장에서 각각 열어본 것입니다.

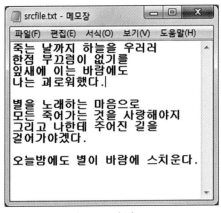

텍스트 파일

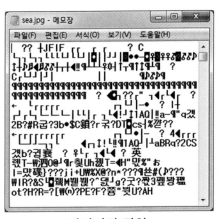

바이너리 파일

어떤가요? 텍스트 파일은 우리가 알아볼 수 있는 글자로 이루어져 있습니다. 반면에 바이너리 파일은 우리가 알아볼 수 없습니다. 그래서 바이너리 파일의 경우는 별도의 소프트웨어를 통해 열어서 사용할 수 있습니다. mp3와 같은 음악파일도 플레이어와 같은 소프트웨어가 필요하고, jpg, png와 같은 이미지 파일도 그림판, 포토샵과 같은 소프트웨어가 필요합니다. 앞에서 메모장에 바이너리 형태로 열었던 sea.jpg 파일도 사실 이미지 뷰어 상에서 열면 다음과 같은 이미지 파일입니다.

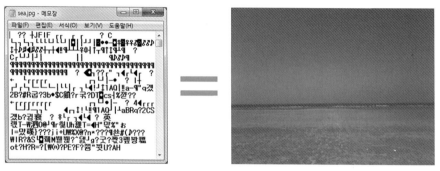

바이너리 파일을 읽기 위해서는 별도의 소프트웨어가 필요하다.

Unit:2 == (바이너리 파일 복사하기)

텍스트 파일과 달리 바이너리 파일은 우리가 직접 수정하고 가공하는 것은 의미가 없습니다. 다만, 기존의 바이너리 파일을 그대로 새로운 바이너리 파일로 복사할 수는 있습니다. 방식은 앞서 살펴본 텍스트 파일의 복사 방법과 거의 흡사합니다.

바이너리 파일은 실행파일(exe), 이미지 파일(jpg, png), 음악 및 동영상 파일(mp3, mp4) 어떤 것이든 상관없이 복사 가능합니다. 우리는 앞서 다루었던 sea.jpg 이미지 파일을 복사해보도록 하겠습니다.

바이너리 파일 복사 또한 텍스트 파일과 동일하게 복사할 원본 파일 및 대상 파일을 열고(open()), 닫는(close()) 과정은 공통적입니다. 다만, 파일을 열 때 바이너리 파일이므로 열기 옵션에 'rb', 'wb'로 설정해야 합니다. 그리고 파일을 읽고 쓸 때 1바이트씩 읽고 써야 하므로 한 라인씩 읽고 썼던 readlines(), writelines() 함수가 아닌 바이트 단위 처리 함수인 read(), write() 함수를 사용합니다.

■ 소스코드 : 9장/9-10.py

```
1:    import os
2:
3:    srcfile = 'd:/test/sea.jpg'
4:    destfile = 'd:/test/seacpy.jpg'
5:
6:    if os.path.exists(srcfile):
7:        sfp = open(srcfile, 'rb')
8:        dfp = open(destfile, 'wb')
9:
10:       while True:
11:           sbyte = sfp.read()
12:           if not sbyte:
13:               break
```

```
14:            dfp.write(sbyte)
15:
16:        sfp.close()
17:        dfp.close()
18:        print('sea.jpg 파일에서 seacpy.jpg로 복사하였습니다')
19:    else:
20:        print('sea.jpg 파일은 존재하지 않습니다')
```

■ 출력결과

sea.jpg 파일에서 seacpy.jpg로 복사하였습니다

sea.jpg   seacpy.jpg

7 라인 : srcfile을 열 때 바이너리 읽기 모드인 'rb"로 엽니다. 바이너리 파일을 읽을 수 있는 모드입니다.

8 라인 : destfile을 열 때 바이너리 쓰기 모드인 'wb"로 엽니다. 바이너리 파일을 쓸 수 있는 모드입니다.

11 라인 : 이미지 원본 파일을 read() 함수를 사용하여 전체 데이터를 읽어 sbyte에 대입합니다.

12-13 라인 : 만약 sbyte에 더 이상 읽을 바이트 데이터가 없다면 break문을 만나 무한 루프를 빠져나갑니다. 즉, 원본 데이터를 더 이상 읽을 수 없다는 것은 끝까지 읽었다는 의미겠지요.

14 라인 : write() 함수를 통해 이미지 대상 파일에 바이트 단위로 읽어온 sbyte 데이터를 저장합니다.

Unit:3 == (바이너리 파일에서 데이터 얻어오기)

이번에는 바이너리 파일 중에 MP3 음악 파일을 다루어보겠습니다. 바이너리 파일을 복사하는 과정은 파일 종류에 상관없이 동일하기 때문에 MP3 파일을 열어서 데이터를 얻어오는 코드를 작성해 보겠습니다.

MP3 파일은 파일의 마지막 128 바이트에 곡의 제목, 가수 이름, 음반 출시 년도와 같은 데이터들을 담고 있습니다. 파일에 담고 있는 이러한 데이터를 메타데이터라고 하며, MP3에서는 ID3라는 메타데이터 포멧을 사용하고 있습니다.

ID3는 MP3 파일데이터를 담고 있는 메타데이터 포멧으로 파일 끝에 128바이트를 덧붙여 데이터를 저장합니다. 데이터의 시작은 'TAG'라는 문자열로 시작하므로 미디어 플레이어가 쉽게 인식할 수 있습니다. 크게 ID3v1과 ID3v1.1 두 버전이 존재하며, 기존의 한정된 128바이트에 추가 데이터를 넣는 문제를 해결하기 위해 Lyric3와 같은 다른 포멧이 제안되기도 하였고, ID3v2 버전과 같은 새로운 버전이 나오기도 하였습니다.

ID3v1의 포멧을 간단하게 살펴보겠습니다. 이 표는 128바이트의 메타데이터 안에 어느 위치에 데이터가 위치하고 있는지 명시해주는 데이터이고 이것을 참고하여 우리가 원하는 데이터에 접근할 수 있습니다.

오프셋	길이	설명
0	3	"TAG" 인식 문자열
3	30	음악 제목 문자열
33	30	가수(음악가) 문자열
63	30	음반 문자열
93	4	음반 출시년도 문자열
97	30	비고 문자열
127	1	장르 바이트

임의의 파일 안에서 원하는 데이터에 접근하기 위해서는 몇 가지 함수 사용이 필요합니다. 먼저 파일의 원하는 바이트 위치로 이동하는 함수로 seek()가 있습니다.

파일객체.seek(n)
파일객체.seek(n, 1)
파일객체.seek(n, 2)

seek() 함수에 전달인자 n만 사용되면 파일의 n번째 바이트로 이동합니다. 두 번째 전달인자가 1 또는 2인 경우가 있습니다. 전달인자가 1인 경우는 현재 위치에서 n바이트만큼 이동하는 것이고, 전달인자가 2인 경우는 맨 마지막 위치에서 n바이트만큼 이동하는 것입니다. 그래서 보통 2인 경우는 n의 값이 음수이겠지요.

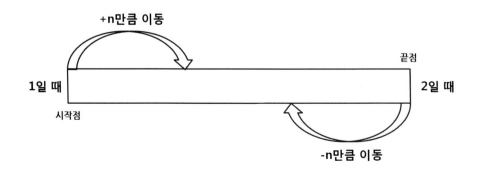

우리가 작성할 코드 또한 MP3 파일 끝 128바이트에 정보가 들어 있으므로 이 논리에 의하면 seek(-128, 2)가 되어야 파일 끝을 기준으로 128바이트의 위치로 이동하게 될 것입니다.

read() 함수는 이미 이미지 복사할 때 사용해 보아서 생소하지는 않습니다. read() 함수는 전달인자가 없는 경우에는 전체 파일을 읽어들입니다.

파일객체.read(size)

read() 함수에 전달인자로 읽기 원하는 바이트 수를 입력하면 파일에서 지정한 바이트 수만큼만 데이터를 읽어옵니다. seek(-128, 2)의 파일 위치에서 만약 read(128) 코드를 수행한다면 파일 끝의 128바이트만 읽어온다는 의미입니다.

잠깐 알아두세요

파일 안에서 원하는 데이터를 가져오는 방법은 주로 통신 프로토콜의 헤더 정보를 읽어올 때 많이 사용됩니다. 왜냐하면 헤더 정보 자체의 메모리 용량도 작을 뿐더러 그 안에 들어가는 정보들의 크기도 작으므로, 비트 단위로 헤더 안의 원하는 정보를 뽑아낼 수 있기 때문입니다. 일반적으로 프로토콜 스펙(Spec)의 형태를 보면 대략 다음과 같습니다.

bit	0 1 2 3 4	5 6 7 8 9 10 11 12 13	14 15 16 17	18 19 20 21 22 23 24 25	
	IP version	Type of Service	FragmentID	Total Length	...

Header 정보

여기까지는 모든 정보가 들어있는 128바이트를 읽어온 상태라고 볼 수 있습니다. 이 안에서 우리가 원하는 데이터를 추출해 내어야겠죠. 바이트 데이터를 그대로 출력하면 우리가 해석하기 힘든 16진수 데이터가 나타날 것입니다. 문자열 데이터로 변환해주는 과정이 필요한데 이것을 디코딩(decoding)이라고 합니다. 반대로 문자열 데이터를 바이트 데이터로 변환하는 과정을 인코딩(encoding)이라고 합니다. 이 때 사용하는 함수는 각각 decode()와 encode()입니다.

바이트 = 문자열.encode()
문자열 = 바이트.decode()

과정이 다소 어렵게 느껴지지요? 사실 이 과정이 이해만 제대로 한다면 당연한 과정입니다. 혹시 지금 당장 이해가 안된다고 하더라도 걱정하지 마시고 코드를 작성해 보세요. 프로그래밍은 한 번 보고 모든 것을 완벽하게 이해하기는 힘듭니다. 지금은 이해 안가는 개념이나 코드도 하다 보면 언젠가 한꺼번에 깨달음이 올 때가 있습니다.

```
1:    import os
2:
3:    srcfile = 'd:/test/SleepAway.mp3'
4:
5:    if os.path.exists(srcfile):
6:        sfp = open(srcfile, 'rb')
7:
8:        sfp.seek(-128, 2)
9:        tdata = sfp.read(128)
10:       title = tdata[3:33].decode()
11:       print('제목 : ' + title)
12:       artist = tdata[33:63].decode()
13:       print('음악가 : ' +artist)
14:       mdate = tdata[93:97].decode()
15:       print('출시년도 : ' +mdate)
16:       etc = tdata[97:127].decode()
17:       print('기타 정보 : ' +etc)
18:
19:       sfp.close()
20:       print('\n음악파일 정보를 정상적으로 출력하였습니다.')
21:   else:
22:       print(srcfile + ' 파일은 존재하지 않습니다')
```

■ 출력결과

```
제목 : Sleep Away
음악가 : Bob Acri
출시년도 : 2004
기타 정보 : Blujazz Productions
음악파일 정보를 정상적으로 출력하였습니다.
```

6 라인 : MP3 파일을 읽기모드로 엽니다. 옵션은 "rb"로 하였습니다.

8 라인 : seek(-128, 2) 함수의 2의 의미는 파일의 맨 마지막 위치에서 -128 바이트만큼 이동하라는 의미입니다.

9 라인 : 이동한 파일 위치에서 read() 함수를 통해 지정한 바이트 크기만큼 데이터를 읽어들입니다. 128 바이트만큼 읽어서 tdata에 대입합니다.

10 라인 : 128 바이트 중에 음악의 제목(title)이 담겨 있는 위치는 3바이트 위치에 길이 30바이트만큼을 차지하고 있습니다. tdata[3:33]는 파일의 현재 위치에서 33바이트 만큼의 길이 중에 3바이트

에서 읽기 시작하겠다는 의미입니다. 이 부분을 decode() 함수로 디코딩하여 리턴된 문자열을 title 에 대입합니다.

12 라인 : 음악가(artist)의 이름은 63바이트의 길이 중에서 33바이트 위치에서 읽기 시작하겠다는 의 미입니다. 이 부분 또한 decode() 함수로 디코딩하여 리턴된 문자열을 artist에 대입합니다.

14 라인 : 음악의 출시년도 데이터는 97바이트 길이 중에서 93바이트 위치에 있고, 마찬가지로 이 부 분 또한 디코딩하여 리턴된 문자열을 mdate에 대입합니다.

16 라인 : 기타 정보가 담겨 있는 위치는 127바이트 길이 중에 97바이트 위치에서 읽으면 됩니다. 마 찬가지로 디코딩하여 리턴받은 문자열을 etc에 대입합니다.

텍스트 파일과 바이너리 파일을 기반으로 데이터를 입출력하는 방법을 살펴 보았습니다. 이를 통해 우 리는 당장 사용하고 사라지는 휘발성 데이터가 아니라 파일을 통해 데이터를 읽고 저장할 수 있게 됨 으로써 데이터를 관리할 수 있게 되었습니다. 파일은 이렇게 우리에게 편리함을 주지만 데이터가 훨 씬 많아지고 대용량이 되면서 파일로 데이터의 관리는 한계를 드러내게 됩니다. 다음 장에서는 이러 한 대용량의 데이터를 효율적으로 관리할 수 있는 데이터베이스에 대해 살펴보겠습니다.

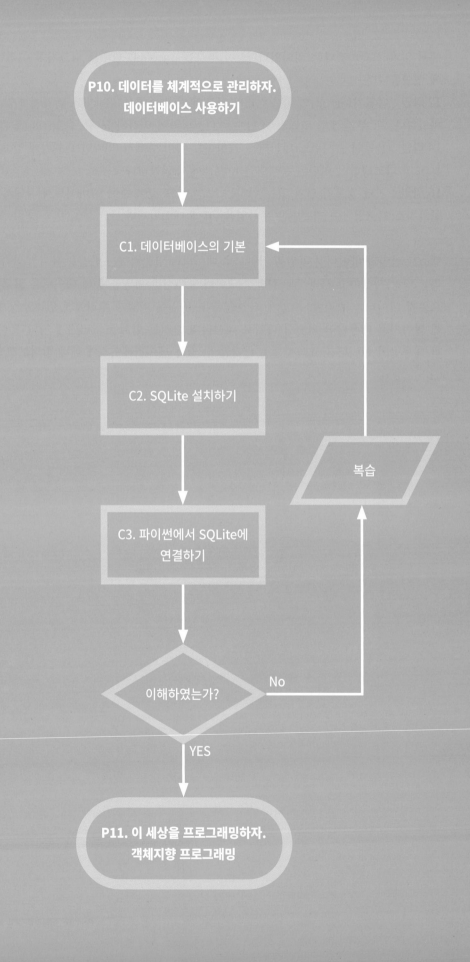

PART 10

데이터를
체계적으로 관리하자.
데이터베이스 사용하기

필자가 어릴 때 기억으로 어머니께서는 지인들의 전화번호를 일반 수첩에 적어서 저장하셨습니다. 전화번호가 점점 쌓여갈수록 누군가의 전화번호를 찾으려면 처음부터 일일히 하나씩 찾아보아야 했으므로 무척 비효율적이였습니다. 이후 사람 이름의 초성인 'ㄱ', 'ㄴ', 'ㄷ'...의 형태로 저장할 수 있는 구조인 전화번호 주소록에 다시 저장함으로써 지인들의 이름을 빠르게 찾을 수 있게 되었습니다.

우리 동네 도서관에 가보면 책이 무지 많습니다. 이렇게 수많은 책들 가운데 내가 원하는 책을 바로 찾을 수 있는데 그 비결은 각각의 책에 붙어 있는 청구기호를 통해 책을 관리하기 때문입니다.

우리 주변에서는 이렇게 전화번호 데이터나 도서관의 책 데이터처럼 관리된 형태로 저장되어 있는 데이터들이 참 많습니다. 이번 시간에는 데이터를 효율적으로 저장하고 읽을 수 있도록 관리해주는 데이터베이스에 대해 살펴보도록 하겠습니다.

= ("데이터베이스의 기본")

Unit:1 == (데이터베이스란 무엇인가?)

웹이나 앱을 통해 대량의 데이터가 매우 다양하게 수집, 활용 및 공유되고 있습니다. 이러한 막대한 데이터를 빅데이터라고 부르며, 빅데이터를 이용하여 분석결과를 표현하기도 하고 인공지능을 통해 활용하기도 합니다.

우리가 작성했던 프로그램들은 데이터를 사용하기는 하지만 데이터를 저장하기 위한 별도의 처리를 하지 않았습니다. 물론 9장에 와서야 파일을 통해 파일에 데이터를 읽고 쓰는 방법에 대해 공부함으로써 간단한 데이터를 관리할 수 있었습니다. 파일을 다루는 것은 나름 배우기 쉽고 누구나 간단하게 사용 가능합니다. 하지만 누구나 접근할 수 있다는 보안에 취약한 문제와 구조화되어 있지 않고 산발적인 형태를 가지고 있는 파일은 데이터를 관리하는데 한계가 있습니다. 이것을 극복하기 위한 소프트웨어가 바로 데이터베이스입니다. 데이터베이스는 우리의 소중한 데이터를 구조화된 형태로 안전하고, 편리하고, 빠르게 보관하고, 사용할 수 있게 해줍니다.

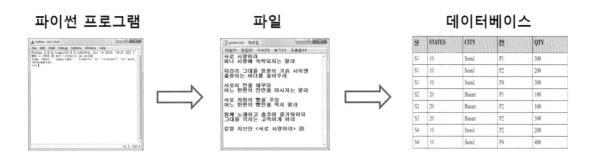

| 파이썬 프로그램 | 파일 | 데이터베이스 |

데이터베이스는 IT전문가가 아니더라도 누구나 널리 사용하는 일반 용어가 되어 버렸습니다. 우리의 모든 생활과 업무의 기반이 모두 데이터베이스라고 해도 과언이 아닐 정도입니다. 데이터베이스의 뜻은 데이터기반이라는 것인데 우리의 삶이 모두 데이터화되고 있다는 것입니다. 예를 들면 우리가 검색하는 내용들, 온라인 쇼핑 내역, 신용카드 결제 내역, 대중교통 카드 내역, 학생증 또는 사원증 이력, 편의점이나 마트의 구매내역, SNS 정보 등등의 데이터들은 모두 데이터베이스에 저장되고, 활용됩니다. 이러한 다양하고 막대한 정보를 체계적으로 관리하기 위해 고안된 것이 바로 데이터베이스 관리 시스템(DBMS)입니다.

Unit:2 == (데이터베이스 관리 시스템(DBMS))

데이터베이스를 사용하려면 데이터베이스 소프트웨어를 설치해야 합니다. 이러한 데이터베이스 소프트웨어를 데이터베이스 관리 시스템(Database Management System 또는 Software)이라고 합니다. 우리는 이것을 줄여서 DBMS라고 부릅니다. 데이터베이스 관리 시스템에는 여러가지 유형으로 나눌 수 있는데, 크게 관계형 데이터베이스, 계층형 데이터베이스, 망형 데이터베이스, 객체지향형 데이터베이스 등으로 나뉩니다. 우리가 사용하는 대부분의 DBMS는 관계형 데이터베이스입니다. 대표적으로 Oracle, SQL Server, MySQL, PostgreSQL, MS-Access 등이 있고, 이 책에서 다루는 SQLite 또한 관계형 데이터베이스에 속합니다.

관계형 데이터베이스에서의 '관계'의 의미는 데이터 X와 Y의 상관관계를 갖는 2차원 구조를 말합니다. 그래서 데이터의 구조는 2차원 배열과 같은 표(Table)의 형태가 기본입니다. 그런데 모든 데이터가 표의 형태로 표현되는 것은 아닙니다. 예를 들어 오디오와 비디오 데이터의 경우는 표 기반의 관계형으로 표현하기 번거롭습니다. 이러한 관계형 데이터베이스의 한계를 극복하기 위해 NoSQL 데이터베이스가 등장했습니다.

그럼에도 불구하고 데이터베이스 시장은 여전히 관계형 데이터베이스가 주도권을 잡고 있으므로 데이터베이스를 처음 배우는 초보자라면 관계형 데이터베이스부터 시작하기를 권장합니다.

Unit:3 == (데이터베이스 관리 시스템(DBMS)의 사용구조)

DBMS는 데이터베이스 소프트웨어라고 하였습니다. 소프트웨어를 설치만 한다고 사용할 수 있는 것은 아니겠지요. 파일처럼 무조건 데이터를 파일에 저장하는 것이 아니라 체계적으로 사용하기 위한 데이터베이스를 설계해야 합니다.

데이터베이스를 설계하는 과정을 데이터베이스 모델링이라고 합니다. 예를 들어 서점의 경우 도서의 목록을 관리하는 데이터베이스가 있습니다. 도서에 대한 이름, 저자명, 출판사, 재고 등의 대표적인 정보들을 DBMS에 저장해야 합니다. 이러한 정보들은 구조화된 형태로 저장해야 하는데, 기본적으로 테이블(Table)이라는 요소에 표 형식의 틀에 맞추어 저장하고 읽을 수 있습니다. 먼저 테이블에 관하여 살펴보겠습니다.

■ 테이블(Table)의 구성

데이터가 표 형태로 표현된 것을 말합니다. 도서의 목록 관리 데이터베이스를 위해서 도서 목록 테이블을 다음과 같이 만들 수 있습니다.

테이블(Table)

도서명	저자	출판사	재고
내 생애 첫번째 코딩 앱인벤터	이창현	디지털북스	100
나혼자 파이썬	이창현	디지털북스	200
C#프로그래밍의 정석	이창현	혜지원	300
HTML5와 자바스크립트 기반 웹...	이창현	혜지원	400

테이블은 데이터로 구성되어 있고, '나혼자 파이썬', '이창현', '디지털북스', '200'과 같은 하나하나의 데이터를 말합니다. 데이터베이스에서는 테이블에서 데이터를 읽는 방향에 따라 필드(field) 또는 열(column)과 레코드(record) 또는 행(row)이라는 용어를 사용합니다.

테이블은 1개 이상의 열(column)로 구성됩니다. 도서 목록 테이블의 경우는 도서명, 저자, 출판사, 재고 등의 4개의 열로 구성되어 있습니다. 이러한 해당 열을 필드(field)라고도 합니다.

열(column) 또는 필드(field)

도서명	저자	출판사	재고
내 생애 첫번째 코딩 앱인벤터	이창현	디지털북스	100
나혼자 파이썬	이창현	디지털북스	200
C#프로그래밍의 정석	이창현	혜지원	300
HTML5와 자바스크립트 기반 웹...	이창현	혜지원	400

테이블에서 실질적인 데이터를 읽어오거나 입력하는 단위는 레코드(record) 또는 행(row)이라고 합니다. '나혼자 파이썬, 이창현, 디지털북스, 200' 데이터는 1개의 레코드 또는 행입니다.

행(row) 또는 레코드(field)

도서명	저자	출판사	재고
내 생애 첫번째 코딩 앱인벤터	이창현	디지털북스	100
나혼자 파이썬	이창현	디지털북스	200
C#프로그래밍의 정석	이창현	혜지원	300
HTML5와 자바스크립트 기반 웹...	이창현	혜지원	400

■ 데이터베이스(Database)의 구성

하나의 폴더에 여러 개의 파일이 존재하듯이 데이터베이스는 여러 개의 테이블로 구성되어 있습니다. 여러 테이블들이 모여서 하나의 데이터베이스를 이루게 됩니다. 데이터베이스를 표현할 때에는 일반적으로 원통형으로 나타냅니다.

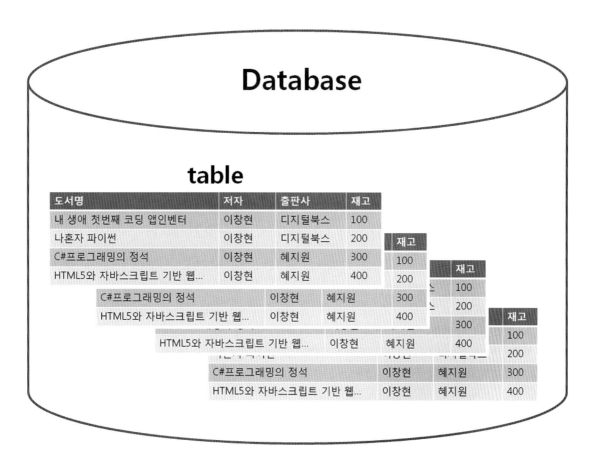

■ DBMS의 구성

여러 개의 데이터베이스가 모인 것을 DBMS라고 합니다. 물론 데이터베이스의 이름은 중복될 수 없습니다. A 데이터베이스, B 데이터베이스, C 데이터베이스 등으로 구분되어야 합니다. 앞에서 언급했던 Oracle, MySQL, SQLite 등의 DBMS들이 모두 이에 해당합니다.

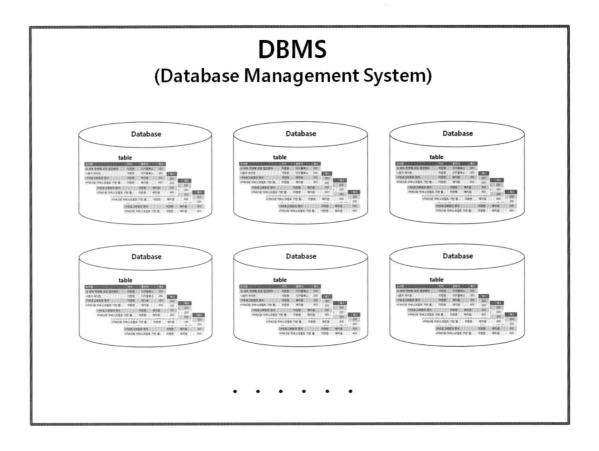

Unit:4 == (SQL(Structed Query Language)란 무엇인가요?)

DBMS의 구조를 살펴보았습니다. 우리가 DB를 구축했다는 의미가 데이터베이스 모델링을 설계하여 데이터베이스를 서비스할 준비가 되었다는 뜻입니다. 그렇다면 데이터베이스에 데이터를 입력하고 출력할 수 있어야 합니다. 이러한 데이터베이스를 조작할 수 있는 공통적인 데이터베이스 전용 언어가 있는데 바로 SQL(Structed Query Language)입니다. 해석을 하면 '구조화된 질의 언어'라는 의미인데 쉽게 말하면 사용자와 DBMS가 소통하기 위한 언어라고 할 수 있습니다.

SQL을 통해서 데이터를 관리하는 대표적인 기능은 데이터베이스에 데이터를 입력하는 기능과 데이터를 출력하는 기능입니다. 데이터를 데이터베이스에 입력하는 기능에는 생성(Create), 수정(Update), 삭제(Delete)가 있고, 데이터를 출력하는 기능에는 읽기(Read)가 있습니다. 이것을 영문 앞글자만 따와서 CRUD라고 부르기도 합니다.

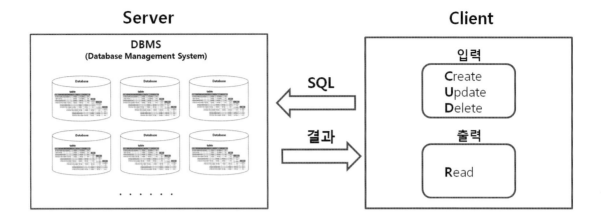

데이터베이스의 사용은 CRUD가 전부라고 해도 과언이 아닙니다. 그만큼 중요하다는 의미입니다. CRUD 기반에서 사용되는 SQL 명령문은 매우 중요하므로 당장 이해가 잘 안되더라도 한 번 살펴보시기 바랍니다.

기능	설명	SQL 명령문
Create	데이터를 생성합니다.	INSERT
Read	데이터를 읽어옵니다.	SELECT
Update	데이터를 갱신합니다.	UPDATE
Delete	데이터를 삭제합니다.	DELETE

데이터베이스와 SQL에 관한 내용은 별도의 책 한권으로 설명해야 할 정도로 방대한 양입니다. 우리는 파이썬에서 데이터베이스를 연동하기 위함이 목적이므로 이 정도의 기본 지식과 개념 정도로만 숙지하고 넘어가도록 하겠습니다.

02: = ("SQLite 설치하기")

파이썬에서는 DBMS의 종류 중에 SQLite를 사용할 수 있게 내장해 두었습니다. SQLite를 설치해서 데이터를 입력하고 출력해보고 파이썬 프로그램과 연동할 수 있도록 구현해볼 것입니다.

Unit:1 == (SQLite 파일 다운로드하기)

데이터베이스를 구축하려면 먼저 DBMS인 SQLite를 설치해야 합니다. 먼저 브라우저의 주소창에 https://www.sqlite.org/download.html를 입력합니다.(①) 그리고 이동한 페이지에서 중간 즈음에 [Precompiled Binaries for Windows]이라는 영역을 찾은 후(②) [sqlite-tools-win32-x86-버전.zip] 파일을 클릭하여 다운로드 받습니다.(③)

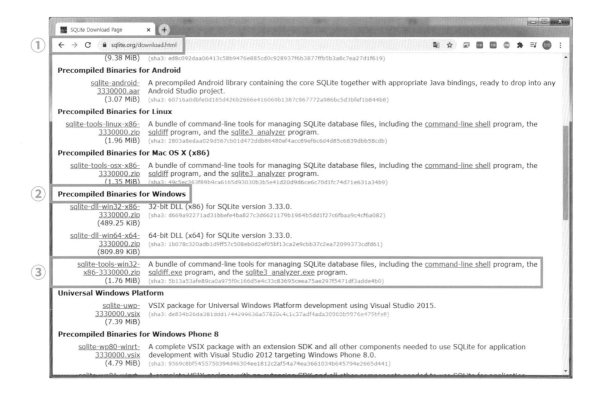

다운로드 받은 파일(sqlite-tools-win32-x86-3330000.zip)을 찾기 쉬운 디렉토리에 이동한 후 압축을 풉니다. 저는 D:₩에 그대로 압축을 풀고 폴더를 열겠습니다. 폴더 안에 3개의 파일이 있으면 됩니다.

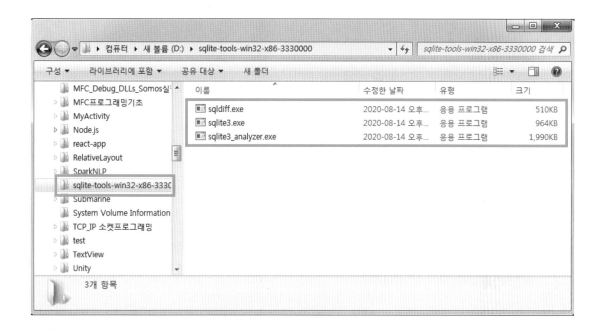

Unit:2 == (SQLite 실행하기)

SQLite는 설치형 프로그램이 아니라 압축을 풀기만 하면 사용 가능합니다. SQLite의 실행 방법은 SQLite.exe를 더블클릭하여 실행합니다. 다음과 같이 sqlite>로 명령 프롬프트가 대기 상태로 표시됩니다.

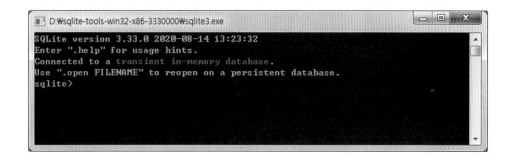

이 프롬프트에 DBMS인 SQLite 명령어 입력을 통해 원하는 데이터베이스를 구축할 수 있습니다. SQLite 명령어를 알고 싶으면 프롬프트에 .help라고 입력하시면 됩니다.

.help 명령어를 통해 SQLite 명령어를 알 수 있다.

Unit:3 == (데이터베이스 생성하기)

앞에서 살펴본 바와 같이 DBMS는 데이터베이스들로 구성되어 있습니다. DBMS인 SQLite를 설치했으니 데이터베이스를 생성해 보도록 하겠습니다. 데이터베이스를 생성하거나 열려면 '.open 데이터베이스이름' 명령을 실행합니다. bookStoreDB라는 데이터베이스 이름으로 생성해 보도록 하겠습니다.

> .open bookStoreDB

프롬프트에 '.open bookStoreDB'라고 입력하고 엔터(Enter)키를 누릅니다. 그러면 프롬프트만 한 줄 개행하고 아무런 메시지 또는 반응이 없습니다. 무소식이 희소식이라고 아무 반응 없으면 데이터베이스가 정상적으로 생성된 것입니다.

bookStoreDB라는 이름으로 데이터베이스가 생성되었습니다. 현재는 빈 데이터베이스가 생성된 것이고, 이제부터 이 안에 테이블을 생성해야겠지요.

Unit:4 == (테이블 생성하기)

bookStoreDB 안에 테이블을 생성해 보겠습니다. 데이터베이스 안에 진입해서부터는 SQL문을 사용해야 합니다. 테이블을 생성하는 SQL문은 다음과 같습니다.

> **CREATE TABLE 테이블이름 (열이름1 데이터형식, 열이름1 데이터형식 ...);**

프롬프트에 다음과 같이 입력하여 테이블을 생성해 보도록 하겠습니다.

> **CREATE TABLE bookItem (item char(100), author char(50), publisher char(50), stock int);**

bookItem이라는 이름으로 테이블이 생성되었습니다. 마찬가지로 무소식이 희소식이죠. 정상적으로 생성되었으면 아무런 결과 메시지도 없습니다. 그래도 정상적으로 생성되었는지 확인해보도록 하겠습니다. 테이블 생성 확인과 테이블의 내용을 확인하는 명령어는 다음과 같습니다.

> **.table**
> **.schema 테이블이름**

.table 명령어를 입력하면 현재 데이터베이스에 생성되어 있는 테이블이름 목록이 출력됩니다. .schema 테이블이름을 입력하면 테이블 생성 시의 SQL 명령어가 출력되어 테이블의 필드 내용을 확인할 수 있습니다.

 # 잠깐 알아두세요

SQL문을 사용하면서 주의해야 할 점이 있습니다. SQL문도 C/C++, 자바와 같은 컴파일 언어의 문법처럼 한 문장 끝에 반드시 세미콜론(;)을 붙여야 합니다. 그리고 대소문자를 구분하지 않으므로 SQL문을 대문자 또는 소문자로 작성하여도 무방합니다.

Unit:5 == (데이터 입력하기)

생성한 테이블에 행(레코드) 데이터를 입력해보겠습니다. 데이터를 입력하는 SQL문은 다음과 같습니다.

INSERT INTO 테이블이름 VALUES(값1, 값2, ...);

다음 표 데이터를 기반으로 테이블에 데이터를 입력해 보도록 하겠습니다.

item	author	publisher	stock
Appinventor	ch.lee	digitalbooks	100
Phyton	ch.lee	Digitalbooks	200
C# Programming	ch.lee	hyejiwon	300
Javascript	kh.cho	hyejiwon	400

INSERT INTO bookItem VALUES('Appinventor', 'ch.lee', 'digitalbook', '100');
INSERT INTO bookItem VALUES('Phyton', 'ch.lee', 'digitalbook', '200');
INSERT INTO bookItem VALUES('C# Programming', 'ch.lee', 'hyejiwon', '300');
INSERT INTO bookItem VALUES('Javascript', 'kh.cho', ' hyejiwon', '400');

```
D:\sqlite-tools-win32-x86-3330000\sqlite3.exe
sqlite>
sqlite> INSERT INTO bookItem VALUES('AppInventor', 'ch.lee', 'digitalbooks', '10
0');
sqlite> INSERT INTO bookItem VALUES('Phyton', 'ch.lee', 'digitalbooks', '200');
sqlite> INSERT INTO bookItem VALUES('C#Programming', 'ch.lee', 'hyejiwon', '300'
);
sqlite> INSERT INTO bookItem VALUES('Javascript', 'kh.cho', 'hyejiwon', '400');
sqlite>
sqlite>
```

'INSERT INTO 테이블이름 VALUES'의 형식으로 행(레코드) 단위의 데이터를 입력할 수 있습니다. 생성한 열의 종류와 개수에 맞게 데이터를 입력해야 합니다. 입력 시 문장의 끝에 세미콜론(;) 붙이는 것을 잊지 마시기 바랍니다. bookItem 테이블에 4개의 행(레코드) 데이터가 추가되었습니다.

Unit:6 == (데이터 읽어오기)

테이블에 데이터를 입력 후 실제로 데이터가 제대로 입력되었는지 확인해 보아야겠지요? 데이터베이스에서 테이블의 데이터를 읽어오는 SQL문은 다음과 같습니다.

SELECT * FROM 테이블이름;

앞에서 bookItem 테이블에 입력한 데이터를 조회해보겠습니다.

```
.header on
.mode column
SELECT * FROM bookItem;
```

.header on을 해주는 이유는 데이터 조회 시 헤더를 출력하기 위함입니다. 헤더를 출력하기 싫으면
.header off를 입력하면 됩니다. 그리고 .mode column은 데이터 조회 시 열 모드로 설정한다는 의
미입니다. 열 모드는 데이터를 열에 따라 정렬하겠다는 뜻입니다. 이렇게 설정 후 SELECT문으로 테
이블 조회하면 헤더가 표시된 열 모드의 형태로 데이터가 출력됩니다.

Unit:7 == (조건에 따라 데이터 읽어오기)

조회한 데이터가 모두 필요하지는 않습니다. 그래서 데이터 조회 시 조건을 통해 필요한 데이터만 읽
어올 수 있습니다. 읽어오는 SQL문은 동일하게 SELECT이고 조회하고 싶은 열을 SELECT와 FROM
사이에 입력하면 됩니다.

```
SELECT 열이름1, 열이름2, ... FROM 테이블이름;
```

bookItem 테이블에서 item열과 author열만 조회해볼까요? 다음과 같이 SQL문을 입력합니다.

```
SELECT item, author FROM bookItem;
```

원하는 열의 데이터만 출력되는 것을 확인하였습니다. 그런데, 열을 기준으로만 조회하는 것은 한계가 있습니다. 데이터를 조회 시 특정 조건에 부합하는 데이터만 출력하고 싶습니다. 이러한 경우에 WHERE절을 이용하여 조회 조건을 설정할 수 있습니다. 조건 설정 시 다음과 같이 SQL문을 입력합니다.

SELECT * FROM bookItem WHERE item = 'ch.lee';

bookItem 테이블의 데이터를 출력하되, WHERE절을 통해 author가 'ch.lee'인 행(레코드)만 출력하도록 조건을 주었습니다.

조건을 줄 때 범위값을 줄 수도 있습니다. 이번에는 stock 열의 값이 200보다 큰 행(레코드) 데이터를 가져오도록 조회 조건을 설정할 수 있습니다. 다음과 같이 SQL문을 입력합니다.

SELECT * FROM bookItem WHERE stock > 200;

bookItem 테이블의 데이터를 출력하되, stock의 값이 200보다 큰 경우의 행(레코드)만 출력하도록 하였습니다.

Unit:8 == (데이터 삭제하기)

이번에는 bookItem 테이블의 데이터 중에 특정 데이터를 삭제하는 SQL문을 살펴보겠습니다. 데이터를 삭제하는 명령문은 DELETE문이며 WHERE 절과 같이 사용하여 조건에 해당하는 데이터만 삭제할 수도 있습니다. 데이터를 삭제하는 SQL문은 다음과 같습니다.

> **DELETE FROM 테이블이름;**
>
> **DELETE FROM 테이블이름 WHERE 조건;**

테이블 전체를 삭제할 수도 있고, 테이블 안에서 조건에 따라 원하는 데이터만 삭제할 수도 있습니다. stock의 값이 300인 데이터를 삭제해 볼까요? 다음과 같이 SQL문을 입력합니다.

> **DELETE FROM bookItem WHERE stock = 300;**
>
> **SELECT * FROM bookItem**

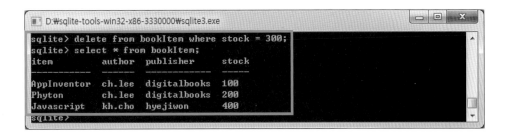

DELETE문을 이용하여 stock 값이 300인 행(레코드) 데이터를 삭제하고, 다시 bookItem 테이블을 조회했을 때 해당 데이터가 삭제된 것을 확인할 수 있습니다.

CHAPTER 03: = ("파이썬에서 SQLite에 연결하기")

Unit:1 == (파이썬 코드에서 SQLite 데이터베이스 사용 순서)

앞에서는 SQLite에 직접 연결하여 데이터베이스를 사용하였습니다. 이번에는 파이썬 코드로 SQLite에 연결하고 활용하는 방법을 살펴보겠습니다. 이 내용이 이번 장의 목적이기도 합니다. 파이썬에서 SQLite 데이터베이스를 사용하기 위한 전체적인 단계를 살펴보겠습니다.

순서	단계	코드
1	데이터베이스 연결	연결변수 = connect('DB 이름')
2	커서 생성	커서 = 연결변수.cursor()
3	테이블 생성	커서.execute('CREATE TABLE 문장')
4	데이터 입력	커서.execute('INSERT 문장')
5	데이터 저장	연결변수.commit()
6	데이터 조회	커서.execute('SELECT 문장')
7	데이터 가져오기	커서.fetchone()
8	데이터베이스 닫기	연결변수.close()

여러 단계라서 조금 복잡해 보이지만 각 단계별로 기능을 이해하고 코드를 작성해 보면 어렵지 않습니다. 이제부터 단계별로 코드를 작성해 보면서 데이터베이스 구축을 완성해보겠습니다.

Unit:2 == (데이터베이스 연결하기)

가장 먼저 파이썬 코드에서 SQLite에 연결하는 코드를 작성해야 합니다. sqlite 라이브러리를 읽어와야겠지요. import로 파이썬에 내장되어 있는 'sqlite3' 라이브러리를 임포트합니다. 그 다음 DB를 열어야 하는데, 기존에 생성한 DB가 있다면 바로 연결되고, DB가 없다면 새로 생성한 후에 연결됩니다.

■ 소스코드 : 10장/10-1.py

```
1:    import sqlite3
2:    conn = sqlite3.connect('bookStoreDB')
3:    print('1. DB 연결성공');
```

■ 출력결과

1. DB 연결성공

1 라인 : 파이썬에 내장되어 있는 sqlite3 모듈을 임포트합니다.
2 라인 : connect() 함수를 사용하여 'bookStoreDB' 데이터베이스에 연결합니다. 없으면 새로 생성합니다. 리턴된 변수 conn은 'bookStoreDB'의 연결 객체입니다. 아직 객체에 대해 알지 못하므로 연결 변수라고 생각하시면 됩니다.

Unit:3 == (커서 생성하기)

현재 'bookStoreDB'와 연결된 상태입니다. 이제 테이블을 만들고, 데이터 입출력을 할 수 있어야 합니다. 그러기 위해서는 conn 연결 변수를 직접 사용하지 않고, conn을 이용하여 커서(Cursor)를 생성합니다. conn은 DB의 연결 여부만 담당하고, 실제 데이터의 컨트롤은 커서가 담당합니다. 그러면 커서를 생성해 보겠습니다.

■ 소스코드 : 10장/10-2.py

```
1:    import sqlite3
2:    conn = sqlite3.connect('bookStoreDB')
3:    print('1. DB 연결성공');
4:
5:    cur = conn.cursor()
6:    print('2. 커서 생성성공');
```

■ 출력결과

1. DB 연결성공
2. 커서 생성성공

Unit:4 == (테이블 만들기)

생성한 커서 cur을 이용하여 테이블을 만들어보도록 하겠습니다. 테이블을 생성하는 과정은 SQL문을 사용합니다. SQL문을 사용할 시 파이썬에서는 execute() 함수를 이용하여 SQL문을 전달인자로 넘겨주면, SQL문이 데이터베이스에 적용됩니다.

앞서 SQLite를 통해 테이블 생성 시 SQL문을 사용하였습니다. SQL문을 execute() 함수에 전달인자로 넘겨주도록 하겠습니다.

■ 소스코드 : 10장/10-3.py

```
1:    import sqlite3
2:    conn = sqlite3.connect('bookStoreDB')
3:    print('1. DB 연결성공');
4:
5:    cur = conn.cursor()
6:    print('2. 커서 생성성공');
7:
8:    cur.execute("CREATE TABLE IF NOT EXISTS bookItem (item char(100), author char(50),
9:    publisher char(50), stock int)")
10:   print('3. 테이블 생성')
```

■ 출력결과

```
1. DB 연결성공
2. 커서 생성성공
3. 테이블 생성
```

8-9 라인 : 테이블을 생성하는 SQL문을 execute() 함수에 전달인자로 전달합니다. CREATE TABLE IF NOT EXIST bookItem 문장의 의미는 'bookItem 테이블이 존재하지 않는다면 생성하라.'는 뜻입니다.

Unit:5 == (데이터 입력 및 저장)

테이블까지 문제 없이 생성하였습니다. 이제 생성한 테이블에 데이터를 입력해 보도록 하겠습니다. 데이터 입력 또한 SQL문을 사용하여 execute() 함수에 전달인자로 넘겨주도록 하겠습니다. 데이터 입력은 행(레코드) 단위로 입력됩니다. 입력이 끝나면 커밋(commit)을 해야 합니다. 데이터 입력이나 수정을 하고 커밋을 하지 않으면 데이터가 임시로 저장된 상태입니다. 그래서 데이터의 손실 우려가 있습니다. 우리가 워드와 같은 편집기로 문서 편집하다가 저장 버튼을 누르지 않고 종료하였을 때 수정 내용들이 저장되지 않는 경우와 비슷합니다. 데이터를 입력 및 수정을 하고 커밋을 하게 되면 데이터베이스에 확실하게 저장됩니다.

```
 1:    import sqlite3
 2:    conn = sqlite3.connect('bookStoreDB')
 3:    print('1. DB 연결성공');
 4:
 5:    cur = conn.cursor()
 6:    print('2. 커서 생성성공');
 7:
 8:    cur.execute("CREATE TABLE IF NOT EXISTS bookItem (item char(100), author char(50),
 9:    publisher char(50), stock int)")
10:    print('3. 테이블 생성')
11:
12:    cur.execute("INSERT INTO bookItem VALUES('Appinventor', 'ch.lee', 'digitalbook', 100)")
13:    cur.execute("INSERT INTO bookItem VALUES('Phyton', 'ch.lee', 'digitalbook', 200)")
14:    cur.execute("INSERT INTO bookItem VALUES('C# Programming', 'ch.lee', 'hyejiwon', 300)")
15:    cur.execute("INSERT INTO bookItem VALUES('Javascript', 'kh.cho', ' hyejiwon', 400)")
16:    print('4. 데이터 입력')
17:
18:    conn.commit()
19:    print('5. 데이터 저장')
```

■ 출력결과

```
1. DB 연결성공
2. 커서 생성성공
3. 테이블 생성
4. 데이터 입력
5. 데이터 저장
```

12-15 라인 : 데이터를 입력하는 SQL문을 execute() 함수에 전달인자로 전달합니다. INSERT INTO ~ VALUE 문을 통해 bookItem 테이블에 총 4개의 행(레코드) 데이터를 입력합니다.

18 라인 : bookItem 테이블에 입력된 데이터는 임시로 저장되어 있는 상태입니다. commit() 함수를 통해 커밋함으로써 12-15라인에서 입력한 행(레코드) 데이터들이 bookItem 테이블에 확실하게 저장됩니다.

Unit:6 == (데이터 조회 및 출력하기)

데이터베이스에 저장되어 있는 데이터들을 조회하고 출력해보도록 하겠습니다. 데이터 조회 방법 또한 앞의 SQLite의 SQL문을 통해 조회할 수 있었습니다. 마찬가지로 데이터 조회 SQL문을 execute()

함수의 전달인자로 넘겨주도록 하겠습니다. 데이터를 조회하는 SQL문은 SELECT ~ FROM을 기본으로 사용합니다. 데이터베이스에서 기본적으로 가장 많이 사용되는 SQL문이므로 잘 숙지하시기 바랍니다.

bookItem 테이블을 조회한 데이터의 결과는 cur 변수에 저장됩니다. 그러므로 cur 변수를 사용하여 조회한 데이터의 결과를 출력할 수 있습니다. 조회한 데이터를 처음 위치부터 끝 위치까지 읽어올 수 있어야 합니다. 이 때 사용되는 함수가 fetchone()입니다.

행(레코드) 데이터 = cur.fetchone()

fetchone() 함수는 조회한 데이터를 한 행씩 추출하여 리턴합니다. 그러므로 하나의 테이블에서 여러 행(레코드) 데이터를 조회했다면 fetchone() 함수를 반복해서 호출해야만 전체 행(레코드) 데이터를 읽어올 수 있습니다. 왜냐하면 호출 시 다음 행(레코드) 데이터를 가져오기 때문입니다. 만약 조회된 데이터에서 더 이상 읽어올 행(레코드) 데이터가 없다면 None 값을 리턴합니다.

■ 소스코드 : 10장/10-5.py

```
1:    import sqlite3
2:    conn = sqlite3.connect('bookStoreDB')
3:    print('1. DB 연결성공');
4:
5:    cur = conn.cursor()
6:    print('2. 커서 생성성공');
7:
8:    cur.execute("CREATE TABLE IF NOT EXISTS bookItem (item char(100), author char(50),
9:    publisher char(50), stock int)")
10:   print('3. 테이블 생성')
11:
12:   cur.execute("INSERT INTO bookItem VALUES('Appinventor', 'ch.lee', 'digitalbook', 100)")
13:   cur.execute("INSERT INTO bookItem VALUES('Phyton', 'ch.lee', 'digitalbook', 200)")
14:   cur.execute("INSERT INTO bookItem VALUES('C# Programming', 'ch.lee', 'hyejiwon', 300)")
15:   cur.execute("INSERT INTO bookItem VALUES('Javascript', 'kh.cho', ' hyejiwon', 400)")
16:   print('4. 데이터 입력')
17:
18:   conn.commit()
19:   print('5. 데이터 저장')
20:
21:   cur.execute("SELECT  *  FROM  bookItem")
22:   print('6. 데이터 조회')
23:
```

```
24:      while(True):
25:          row = cur.fetchone()
26:          if(row == None):
27:              break;
28:          print(row)
29:      print('7. 데이터 출력')
```

■ 출력결과

```
1. DB 연결성공
2. 커서 생성성공
3. 테이블 생성
4. 데이터 입력
5. 데이터 저장
6. 데이터 조회
('Appinventor', 'ch.lee', 'digitalbook', 100)
('Phyton', 'ch.lee', 'digitalbook', 200)
('C# Programming', 'ch.lee', 'hyejiwon', 300)
('Javascript', 'kh.cho', ' hyejiwon', 400)
7. 데이터 출력
```

21 라인 : 데이터를 조회하는 SQL문인 SELECT문을 execute() 함수의 전달인자로 전달하고, 조회된 데이터의 결과는 cur 변수에 저장됩니다.

24 라인 : 조회한 데이터를 모두 가져오기 위해서 while문을 사용하여 무한 반복을 합니다.

25 라인 : 조회한 데이터를 fetchone() 함수로 한 행(레코드)씩 가져와서 row에 대입합니다.

26-28 라인 : 만약 읽어온 행(레코드) 데이터가 None이면 break문으로 무한 반복문인 while(True)를 빠져나갑니다. None의 의미는 더 이상 읽어올 데이터가 없다는 뜻입니다. 그렇지 않다면 출력창에 행(레코드) 데이터를 출력합니다.

Unit:7 == (데이터베이스 닫기)

우리가 집 현관문에 들어갈 때 문을 열고 들어간 후 반드시 문을 닫는 것처럼 또는 물건을 보내기 위해 택배 상자를 열고 물건을 넣은 후 상자를 닫는 것처럼 열려 있는 데이터베이스를 모두 사용했다면 연결한 데이터베이스를 닫아야 합니다. 데이터베이스 연결 시 리턴 받았던 conn 변수를 사용하여 close() 함수를 호출하면 데이터베이스를 닫을 수 있습니다.

■ 소스코드 : 10장/10-6.py

```
1:    import sqlite3
2:    conn = sqlite3.connect('bookStoreDB')
3:    print('1. DB 연결성공');
4:
5:    cur = conn.cursor()
```

```
6:    print('2. 커서 생성성공');
7:
8:    cur.execute("CREATE TABLE IF NOT EXISTS bookItem (item char(100), author char(50),
9:    publisher char(50), stock int)")
10:   print('3. 테이블 생성')
11:
12:   cur.execute("INSERT INTO bookItem VALUES('Appinventor', 'ch.lee', 'digitalbook', 100)")
13:   cur.execute("INSERT INTO bookItem VALUES('Phyton', 'ch.lee', 'digitalbook', 200)")
14:   cur.execute("INSERT INTO bookItem VALUES('C# Programming', 'ch.lee', 'hyejiwon', 300)")
15:   cur.execute("INSERT INTO bookItem VALUES('Javascript', 'kh.cho', ' hyejiwon', 400)")
16:   print('4. 데이터 입력')
17:
18:   conn.commit()
19:   print('5. 데이터 저장')
20:
21:   cur.execute("SELECT  *  FROM  bookItem")
22:   print('6. 데이터 조회')
23:
24:   while(True):
25:       row = cur.fetchone()
26:       if(row == None):
27:           break;
28:       print(row)
29:   print('7. 데이터 출력')
30:
31:   conn.close()
32:   print('8. DB 연결종료')
```

■ 출력결과

```
1. DB 연결성공
2. 커서 생성성공
3. 테이블 생성
4. 데이터 입력
5. 데이터 저장
6. 데이터 조회
('Appinventor', 'ch.lee', 'digitalbook', 100)
('Phyton', 'ch.lee', 'digitalbook', 200)
('C# Programming', 'ch.lee', 'hyejiwon', 300)
('Javascript', 'kh.cho', ' hyejiwon', 400)
7. 데이터 출력
8. DB 연결종료
```

31 라인 : 연결된 데이터베이스 conn 변수로 close() 함수를 호출합니다. 데이터베이스는 연결을 종료합니다.

MEMO

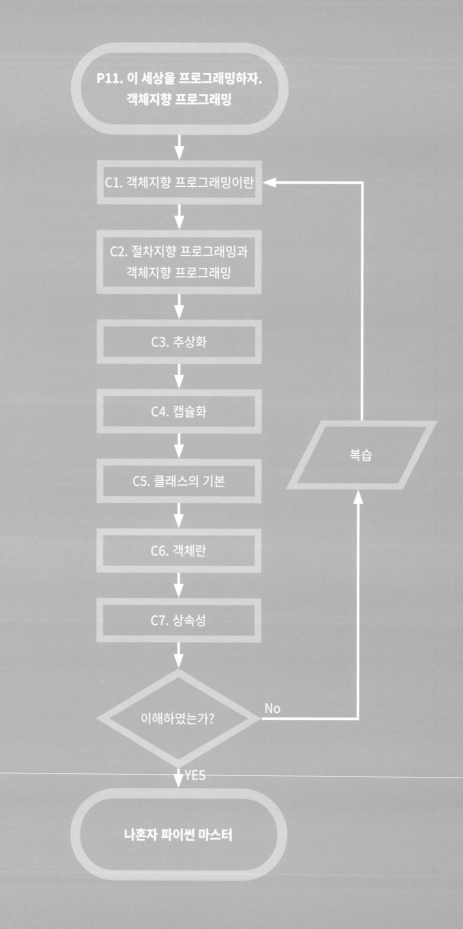

PART 11

이 세상을 프로그래밍하자. 객체지향 프로그래밍

여러분들의 주변을 한번 둘러 보십시요. 어떤가요? 수많은 물건들이 눈에 보일 것입니다. 당장 제 앞에는 노트북이 있고요. 스마트폰, 마우스, 키보드, 스피커, 거울, 노트 등이 있습니다. 이러한 물건들을 소프트웨어로 프로그래밍 할 수 있다고 한다면 어떨까요? 아직은 무엇인지는 모르겠지만 설레이지 않나요? 꿈이 현실이 된다는 말이 있습니다. 막연하게 들릴 수도 있겠지만 객체지향 프로그래밍이 우리가 꿈이라고 생각했던 일들을 현실로 만들어 줄 수 있는 첫걸음이 될 수 있습니다. 우리 함께 파이썬을 통해 객체지향 프로그래밍에 대해 하나씩 살펴볼까요?

CHAPTER 01: = ("객체지향 프로그래밍이란")

'객체지향이란 무엇인가요?'라는 질문은 객체지향 프로그래밍을 처음 공부하는 사람들에게 가장 기본적인 질문입니다. 먼저 용어의 의미를 살펴보겠습니다.

> **객체(Object) : 물건, 물체**
> **지향(Oriented) : 지향적인 위주의**

객체는 영문으로 'object'로써 사전적 의미로 우리 일상의 모든 '물건', 즉 우리 눈에 보이는 모든 사물을 의미합니다. 여러분은 '사물', '물건'하면 무엇이 떠오르나요? 머리속에 명확하게 떠오르는 것은 없지요?

객체(Object)

왜냐하면 이 세상에는 물건이 너무 많아서 한 가지를 콕 찝어서 말할 수 없기 때문이지요. 이 세상에 눈에 보이는 모든 물건들을 우리는 객체라고 말할 수 있습니다.

지향은 영문으로 'oriented'로써 사전적 의미로 '어딘가를 향한다'는 뜻입니다. 이 두 개의 단어를 조합해보면 객체지향은 '사물을 지향한다'라고 할 수 있겠죠. 그렇다면 객체지향 프로그래밍은 '사물(물건)을 지향하는 프로그래밍'이라고 말할 수 있습니다.

지금 여러분 주위를 살펴볼까요? 어떤 사물이 눈에 보이나요? 자동차라는 사물을 예로 들어보겠습니다. 자동차라는 사물을 프로그래밍 하려면 기본적으로 자동차의 구성요소와 자동차의 기본 동작을 알 수 있어야 합니다. 자동차의 구성요소에는 엔진, 핸들, 바퀴, 기어 등이 있고, 기본동작에는 '전진하다', '후진하다', '멈추다' 등이 있습니다. 우리는 이러한 자동차의 구성요소와 기본동작을 기반으로 프로그래밍 하여 자동차라는 객체를 생성할 수 있습니다.

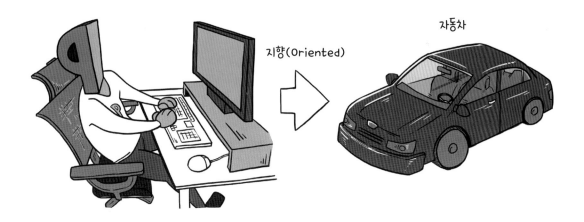

이러한 사물의 속성과 기능을 조합하여 구현하는 것이 객체지향 프로그래밍의 컨셉입니다. 이 세상의 사물들이 매우 다양하고 다변화하는 것처럼 객체 또한 매우 유연합니다. 스마트폰에서 사용하는 기능들이 처음 출시되고 나서 유연성이 없었다면 지금처럼 업그레이드도 할 수 없고, 발전하기 힘들었겠지요.

우리 일상에서 유연한 속성을 가진 사물을 찾아보면 블록 장난감을 예로 들어볼 수 있습니다.

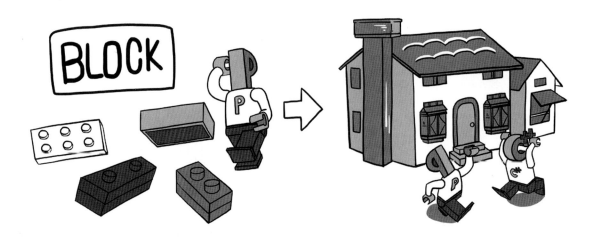

블록 장난감은 정해진 설계대로 완제품을 만드는 것이 아니라 얼마든지 내 마음대로 유연하게 제품의 구성을 변경할 수 있습니다. 각각의 요소들을 구성하여 새로운 하나의 시스템을 구성할 수 있습니다. 블록을 통해 집이라는 객체를 구성할 수 있고, 자동차, 사람 등이 객체 또한 구성하여 서로 상호작용할 수 있도록 구성할 수 있습니다.

CHAPTER **02:** # = ("절차지향 프로그래밍과 객체지향 프로그래밍")

어떤 새로운 개념이나 패러다임이 생겨나는 배경에는 나름의 이유가 있습니다. 대부분은 이전의 비효율적인 것들을 효율적으로 개선하기 위함이 목적입니다. 객체지향 프로그래밍이 등장하는 배경에도 그 전에 절차지향 프로그래밍의 비효율성이 있었습니다.

Unit:1 == (절차지향 프로그래밍 방식)

절차지향이라는 말은 절차대로, 순서대로 수행한다는 의미입니다. 음료 자판기의 예를 들어보겠습니다.

우리가 음료 자판기에서 음료를 구매할 때 절차는 이렇습니다.

① 동전을 넣습니다.

② 원하는 음료를 선택합니다.

③ 상품을 가져갑니다.

만약 ①과 ②의 순서를 바꿔서 음료를 먼저 선택하고 동전을 넣어도 되나요? 절차가 바뀌면 수행이 안됩니다. 절차지향 방식은 반드시 절차를 지키지 않으면 수행할 수 없는 구조입니다.
집을 지을 때의 절차도 한번 살펴볼까요?

① 먼저 바닥공사를 하고,

② 뼈대 세우고,

③ 지붕 올리고,

④ 외벽을 만들게 됩니다.

이 절차에서 중간에 순서를 바꾸거나 건축중에 구조 수정을 다시 해야 한다면 과연 가능할까요? 이러한 절차지향 방식에서는 이전 단계로의 수정이 쉽지 않습니다. 마찬가지로 절차지향 프로그래밍 방식에서도 건축물과 마찬가지로 구조의 수정이 쉽지 않은 방식의 구조입니다.

Unit:2 == (객체지향 프로그래밍 방식)

절차지향 프로그래밍은 구조의 수정이 쉽지 않은 구조입니다. 이러한 절차지향 프로그래밍의 단점들을 보완한 방식이 바로 객체지향 프로그래밍 방식입니다. 객체지향 프로그래밍 방식은 기본 단위가 객체로 구성되어 있고, 객체를 쉽게 추가하고 변경하고 삭제할 수 있는 유연한 구조입니다. 블록 장난감을 예로 들어보겠습니다.

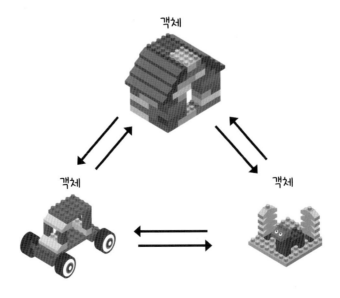

프로그램 수행 방식이 절차지향 방식과 다르게 객체간 상호작용을 통해 수행됩니다. 즉, 처음부터 끝까지 짜여진 각본대로 수행되는 것이 아니라 객체를 통해 처리하는 구조입니다. 객체지향 프로그래밍 방식은 반드시 절차대로 수행되지 않아도 되고, 기존의 객체를 확장하거나 재사용해서 새로운 객체를 만들 수도 있습니다. 블록을 통해 집, 자동차, 비행기와 같은 객체를 만들 수 있고, 각 객체를 업그레이드할 수도 있으며, 심지어는 기존 객체를 새로운 다른 무언가로 변경할 수도 있습니다. 왜냐하면 객체는 블록과 같이 유연하기 때문입니다.

우리 실생활에 필수품이 되어버린 스마트폰을 예로 들어보겠습니다. 스마트폰에는 수많은 기능들이 내장되어 있습니다. 대표적으로 와이파이, 통화기능, 문자기능, 미디어플레이어, 위치기반추적기능, 카메라 기능 등등 다양한 독립적인 모듈(Module)로 구성되어 있습니다. 각각의 모듈들은 적어도 1개 이상의 객체로 구성되어 있고, 각 모듈의 객체들은 우리가 쉽게 추가하기도 하고, 수정도 하고, 삭제도 할 수 있습니다. 왜냐하면 스마트폰은 모든 기능이 한 개의 모듈로 구성되어 있는 것이 아니라, 언제든지 쉽게 분리할 수 있도록 모듈화되어 있기 때문입니다.

객체지향 프로그래밍과 같이 유연성이 없었다면 스마트폰의 기능은 쉽게 추가, 삭제 및 업그레이드가 어려웠을 것입니다.

 # 잠깐 알아두세요

모듈(Module)이란 프로그램을 구성하는 요소의 일부로서 기본적으로 관련 데이터와 함수들이 묶여 있는 집합으로 형성되어 있습니다. 모듈은 기능단위로 나뉘어지는데, 그 기능이 클 수도 있고 작을 수도 있기 때문에 모듈의 크기를 이야기 하기는 어렵습니다. 모듈은 보통 파일 단위로 나누어집니다.

CHAPTER 03: = ("추상화")

객체지향 프로그래밍 핵심 철학의 첫 번째로 추상화에 대해 살펴보도록 하겠습니다. 익숙하지 않지만 편안하게 추상화에 대한 느낌을 가져도보록 하겠습니다.

Unit:1 == (추상화(抽象化) vs 추상화(抽象畵))

그림 한 장을 보도록 하겠습니다. 우리는 한자의 의미가 공통적으로 같은 그림 추상화(抽象畵)를 통해서 객체지향철학인 추상화(抽象化)에 대해 살펴보려고 합니다.

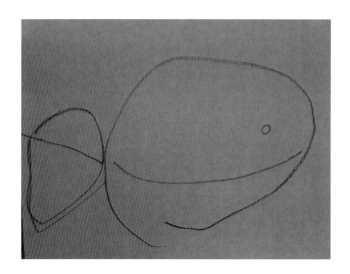

저희집 5살짜리 막둥이 꼬마 녀석이 어느날 그림을 그려서 아빠에게 보여주었습니다. 여러분은 이 그림이 무엇으로 보이시나요? 그냥 일반적인 단순한 물고기 같아 보이는데 구체적인 물고기 종류가 떠오르지 않습니다. 붕어, 메기, 고등어, 혹시 가오리인가? 여러 종류의 물고기를 생각했지만 막둥이는 저에게 고래를 그린 것이라고 말해주었습니다. 그렇게 듣고 보니 몸통이 크고, 위 아래가 구분되어 있는 것이 고래같습니다. 그리고 저에게 그림의 왼쪽 끝에 이것이 물고기의 지느러미라고 정확하게 말해주더군요.

이 그림은 막둥이에겐 고래이지만 다양한 사람들이 다른 시각으로 보면 여러 다른 종류의 물고기로 보일 수 있습니다. 왜냐하면 그림은 일반 물고기의 공통적인 특징을 가지고 있기 때문입니다.

막둥이가 진짜 그리고 싶었던 일반적인 고래의 그림과 막둥이가 실제로 그린 고래의 그림을 비교해 볼까요?

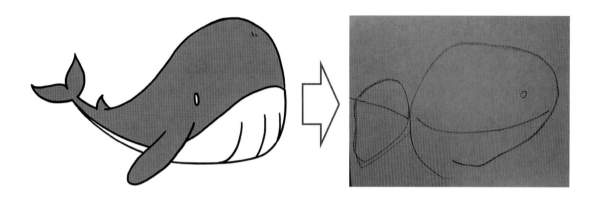

막둥이는 자세하지는 않지만 고래의 몸통과 크기, 눈, 지느러미 등의 특징적인 선을 통해 고래를 표현하였습니다. 결국 공통적인 물고기의 가장 본질적인 핵심만 잡아내어 물론 의도치않게 오른쪽 고래와 같은 추상화(抽象畵)를 완성한 것입니다.
객체지향철학의 추상화 또한 이와 비슷한 느낌으로 이해하시면 됩니다. 조금 더 구체적으로 알아볼까요?

Unit:2 == (추상화(Abstraction)란 무엇인가)

앞에서 고래라는 추상화를 보면서 느낀점은 최소한의 표현으로 고래를 표현했다는 점인데, 그 대상에서 특징을 뽑아낸 것입니다. 추상의 사전적인 의미를 살펴보겠습니다.

추상(抽象, abstraction) : 대상에서 특징만을 뽑아낸 것

이와 같은 맥락에서 보자면 객체지향 기반 철학에는 대상에서 특징만을 뽑아낸 추상의 개념이 왜 필요할까요? 앞에서 말했듯이 객체라는 것은 이 세상의 모든 사물이라고 했습니다. 우리 주변의 사물들을 살펴보면 구체적이지 않은 추상적인 것들이 많다는 것을 알 수 있습니다.
예를 들어 우리집 멍멍이 개를 보도록 하겠습니다. 여러분은 '개'라는 동물을 말하면 무엇을 떠올리나요? 아마 진돗개, 삽살개, 치와와 같은 여러 종류의 개들 중에 한 종류의 개를 떠올렸을 것입니다. 하지만 필자가 말한 '개'는 특정한 종류의 '개'가 아니라 그냥 '개'를 말한 것입니다. 필자가 말한 개는 관념적이고 추상적인 '개'인 것입니다.

만약 진돗개, 삽살개, 치와와 등의 구체적인 개들이 각각의 객체라면 이에 대한 공통적인 데이터와 기능을 도출해낼 수 있는데, 이것을 추상화(Abstraction)이라고 합니다.

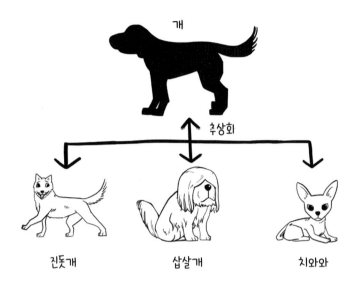

Unit:3 == (추상화를 사용하는 이유)

추상화가 무엇인지는 개념적으로는 알았지만 사용 이유가 궁금합니다. 하지만 지금 상태에서는 정확하게 설명하기는 힘듭니다. 왜냐하면 우리는 아직 클래스나 상속에 대해 배우지 않았기 때문입니다. 하지만 한번 상식적으로 생각해보겠습니다. 앞에서 진돗개, 삽살개, 치와와 등과 같은 구체적인 개들의 공통 데이터와 기능을 도출해낸 과정을 추상화라고 하였습니다. 공통된 개와 구체적인 개들의 관계를 우리는 뒤에서 상속관계라고 할 것인데, 어차피 공통된 기능이라면 굳이 따로따로 정의해서 사용하는 것보다는 정의해서 공유하는 것이 더 효율적이지 않을까요?

예를 들면 진돗개, 삽살개, 치와와 모두 눈 2개, 코 1개, 입 1개, 귀 2개, 다리 4개, 꼬리 1개와 같은 공통된 요소를 가지고 있고, '달린다', '먹는다', '잔다' 등의 공통된 기능을 가지고 있다면 각각의 개에 따로따로 구현하는 것보다는 공통된 '개'에 구현하여 공유하는 것이 더 효율적인 원리입니다.

CHAPTER 04:

= ("캡슐화")

객체지향 프로그래밍 핵심 철학의 두 번째로 캡슐화에 대해 살펴보도록 하겠습니다. 추상화와 더불어 객체지향의 근간을 이루는 중요한 개념입니다.

Unit:1 == (캡슐화(Encapsulation)란)

캡슐(Capsule)하면 가장 무엇이 먼저 떠오르나요? 우리가 감기 걸렸을 때 먹는 종합감기약이 떠오릅니다.

이렇게 생긴 보호막을 우리는 보통 캡슐이라고 부릅니다. 물론 이 보호막 안에는 감기를 낫게 하는 여러가지 성분의 약들이 들어 있습니다. 그런데 우리는 이 감기약 캡슐을 먹을 때 캡슐을 열어서 여러가지 성분을 확인하고 먹지 않습니다. 단지 이 캡슐안에 약 성분이 감기를 낫게 해준다는 믿음을 가지고 먹을 뿐입니다.

이러한 개념이 객체지향기반 철학에 어떻게 적용될까요? 감기약을 캡슐에 담은 것처럼 객체지향의 캡슐화는 연관된 데이터와 메소드들을 묶어준 형태를 말합니다. 우리는 이 묶음을 클래스라고 부르며 뒤에서 배울 것입니다. 지금은 당장 클래스라는 것을 모르더라도 그 무언가가 연관된 데이터와 메소드들을 하나의 단위로 묶어주는 것을 캡슐화라고 이해하면 되겠습니다.

캡슐화

클래스 = 데이터 + 메소드

Unit:2 == (데이터 숨기기)

캡슐화를 통해 연관된 데이터를 묶어줍니다. 이것을 통해 얻을 수 있는 이점은 객체 단위로 모듈화되기 때문에 코드의 재사용 및 유지보수성이 좋아집니다. 이와 더불어 캡슐화의 특징으로는 데이터를 외부로부터 노출되지 않도록 한다는 점입니다.

앞에서 보았던 감기약 캡슐을 다시 보면 캡슐 안의 내용물은 결코 외부로 노출되지 않습니다. 즉, 데이터 숨기기가 잘 되어 있다고 볼 수 있습니다. 이것만 보면 1차적으로 캡슐화는 잘 된 것 같아 보입니다. 그런데, 만약 우리가 먹은 감기약 캡슐의 내용물이 몸 안에 퍼지지 않는다면 약을 먹은 의미가 있을까요? 우리 몸속에서 캡슐은 녹게 되어 있고, 캡슐안의 내용물은 나오게 되어 있습니다. 그래야만 약의 의미가 있는거죠.

마찬가지로 숨겨진 데이터는 밖으로 나와 사용이 되어야 데이터로써 의미가 있습니다. 그렇다고 데이터를 외부에 공개하게 되면 보안에 문제가 생기겠지요. 그래서 숨겨진 데이터는 특정 인터페이스를 통해서만 외부에 공개할 수 있도록 하는데, 그 역할을 해주는 것이 바로 메소드입니다.

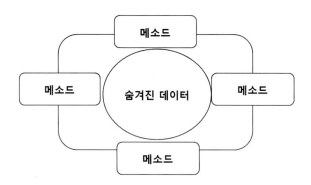

대기업의 회장의 경우 비서가 있습니다. 외부에서 회장과 통화하려고 하면 직접 전화를 걸 수 없고 반드시 비서를 거쳐야만 합니다. 즉, 회장에게 접근하려면 반드시 비서를 거쳐야 한다는 것이지요. 숨겨진 데이터를 회장이라고 가정하고, 비서를 메소드라고 가정하면 이해하기 쉽습니다.

객체지향 프로그래밍에서는 데이터가 숨겨져 있습니다. 숨겨진 데이터에 접근하기 위해서는 특정 인터페이스인 메소드를 통해 접근할 수 있도록 하는 것이 캡슐화의 기본 철학입니다.

CHAPTER 05:

= ("클래스의 기본")

Unit:1 == (클래스란)

객체지향의 기본단위인 객체를 사용하기 위해서는 클래스라는 사용자 정의 데이터형을 알아야 합니다. 클래스의 사전적인 의미를 먼저 살펴보겠습니다.

클래스(Class) : 학급

학급이라는 의미는 어떤 하나의 그룹으로 생각하면 됩니다. 연관된 데이터와 멤버함수를 묶어 놓은 형태를 캡슐화라고 하였는데, 이렇게 묶은 하나의 단위를 우리는 클래스라고 합니다. 클래스를 직접 만들어 보도록 하겠습니다.

Unit:2 == (클래스의 구성)

클래스는 연관된 데이터와 메소드로 구성되어 있습니다.

클래스에서 데이터는 클래스의 멤버이므로 멤버변수라고 부르고, 동작 기능의 경우는 함수형태인데, 클래스 안에서 구현된 함수이므로 메소드(Method)라고 부릅니다. 멤버변수는 우리 눈에 보여지는 요소들이고, 메소드는 기능이나 행동하는 것을 정의합니다. 앞에서 잠깐 예를 들었던 자동차를 클래스의 개념으로 살펴볼까요?

· 눈에 보이는 것(멤버변수) : 색상, 속도 등
· 하는 것(메소드) : 속도 설정하기, 방향 설정하기 등

Unit:3 == (클래스의 선언 형식)

클래스의 선언 형식을 살펴보겠습니다.

class 클래스 이름 : # 멤버변수 선언 # 메소드 정의

클래스를 선언할 때는 class 키워드를 쓰고, 그 뒤에 클래스 이름을 붙여주면 생성됩니다. 클래스 이름 끝에 반드시 콜론(:)을 붙이는 것을 잊지 마시기 바랍니다. 이후에는 선언할 멤버변수와 정의할 메소드를 작성합니다. 앞에서 살펴본 자동차는 클래스 형태로 만들어 볼까요?

■ 소스코드 : 11장/11-1.py

```
1:    class Car:
2:    # 자동차의 멤버변수
3:        color = ""
4:        speed = 0
5:        direction = ""
6:
7:    # 자동차의 메소드
8:        def set_Speed(self, s_value):
9:            self.speed = s_value
10:
11:        def set_Direction(self, d_value):
12:            self.direction = d_value
13:
14:        def get_Speed(self):
15:            return self.speed
16:
17:        def get_Direction(self):
```

```
18:            return self.direction
19:
20:        def get_Color(self):
21:            return self.color
```

1 라인 : Car라는 이름의 클래스를 만듭니다.

3-5 라인 : Car 클래스에서 사용할 멤버변수들을 선언합니다. 색상을 나타내는 color, 속도를 나타내는 speed, 방향을 나타내는 direction 이 외에도 자동차의 멤버변수는 더 늘어날 수 있겠지요.

8-9 라인 : 자동차의 속도를 설정하는 메소드입니다. 메소드의 외부로부터 전달인자 s_value의 값을 받아 멤버변수 speed 멤버변수에 대입시키는 기능입니다. 이 때 self라는 키워드가 메소드의 첫 번째 전달인자를 나타납니다. 파이썬 메소드의 첫 번째 전달인자 이름은 관례적으로 self를 사용합니다. self의 의미는 객체 자신을 나타내는 것으로 speed 멤버변수는 self(현재객체)에 속해 있는 변수라는 것을 명시적으로 나타내는 것입니다.

11-12 라인 : 자동차의 방향을 설정하는 메소드입니다. 메소드의 외부로부터 전달인자 d_value의 값을 받아 멤버변수 direction에 대입시키는 기능입니다.

14-15 라인 : 자동차의 속도값을 얻어오는 메소드입니다. 멤버변수 speed의 값을 return을 통해 반환합니다.

17-18 라인 : 자동차의 방향값을 얻어오는 메소드입니다. 멤버변수 direction의 값을 return을 통해 반환합니다.

20-21 라인 : 자동차의 색상값을 얻어오는 메소드입니다. 멤버변수 color의 값을 return을 통해 반환합니다.

잠깐 알아두세요

self는 메소드 안에서 멤버변수 사용 시 사용합니다. self는 클래스 자기자신의 객체를 나타내는 의미로 메소드 안에서 사용하는 멤버변수들은 나의 멤버들이라는 것을 명시적으로 표현하고 있습니다.

06: = ("객체란")

Unit:1 == (객체 생성하기)

자동차 클래스를 완성했다고 자동차 실체가 만들어진 것은 아닙니다. 자동차 클래스는 설계도이기 때문에 설계도를 바탕으로 자동차 실체를 만들 수 있는데 이 때 만들어진 자동차 실체를 객체라고 합니다. 앞의 자동차 클래스를 기반으로 자동차 객체를 생성해 보겠습니다.

> ### mycar = Car()

클래스 이름에 괄호()를 붙여주면 객체가 생성되고, mycar는 생성된 객체를 저장하는 변수가 됩니다. 우리는 mycar 변수가 객체를 저장하고 있으므로 mycar를 객체라고 부릅니다.

자동차는 설계도만 있으면 같은 제품을 여러 개 만들 수 있습니다. 즉, 하나의 클래스로 여러 객체를 생성할 수 있다는 뜻입니다.

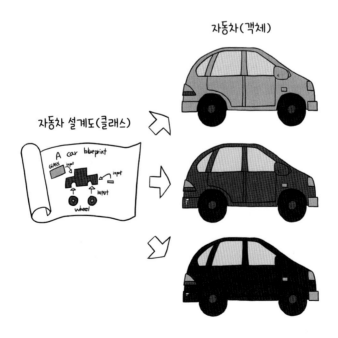

앞의 자동차 클래스를 기반으로 3개의 자동차 객체를 생성하는 코드를 작성해 보겠습니다.

```
1:    class Car:
2:    # 자동차의 멤버변수
3:        color = ""
4:        speed = 0
5:        direction = ""
6:
7:    # 자동차의 메소드
8:        def set_Speed(self, s_value):
9:            self.__speed = s_value
10:
11:        def set_Direction(self, d_value):
12:            self.__direction = d_value
13:
14:        def get_Speed(self):
15:            return self.speed
16:
17:        def get_Direction(self):
18:            return self.direction
19:
20:        def get_Color(self):
21:            return self.color
22:
23:    mycar1 = Car()
24:    mycar2 = Car()
25:    mycar3 = Car()
```

23-25 라인 : Car 클래스를 기반으로 mycar1, mycar2, mycar3 3개의 객체를 생성하였습니다. 각 객체는 독립적인 메모리 공간을 차지합니다.

Unit:2 == (멤버변수에 값 대입하기)

앞에서 3개의 독립적인 메모리 공간을 갖는 객체를 생성하였습니다. 그래서 각각의 객체 멤버변수에 별도의 값을 대입할 수 있습니다.

첫 번째 자동차에 속도는 30km, 방향은 전진, 색상은 초록색인 자동차를 설정해볼까요?

```
        mycar1.speed = 30
        mycar1.color = "green"
        mycar1..direction = "전진"
```

각 멤버변수에 접근하는 방식은 '객체이름.멤버변수'입니다. 즉, 각 객체마다 각각의 멤버변수를 가지고 있기 때문입니다. 두 번째 세 번째 객체 또한 마찬가지입니다. 실제 소스코드를 작성해 보겠습니다.

■ 소스코드 : 11장/11-3.py

```
 1:    class Car:
 2:        .........................................
 3:        ############ 클래스 멤버 정의 생략 ############
 4:        .........................................
 5:
 6:    mycar1 = Car()
 7:    mycar2 = Car()
 8:    mycar3 = Car()
 9:
10:    mycar1.color = "초록색"
11:    mycar1.speed = 30
12:    mycar1.direction = "전진"
13:
14:    mycar2.color = "빨강색"
15:    mycar2.speed = 50
16:    mycar2.direction = "후진"
17:
18:    mycar3.color = "노랑색"
19:    mycar3.speed = 70
20:    mycar3.direction = "전진"
```

10-12 라인 : 생성한 mycar1 객체를 사용하여 멤버변수인 color, speed, direction의 값을 설정합니다.

14-16 라인 : 생성한 mycar2 객체를 사용하여 멤버변수인 color, speed, direction의 값을 설정합니다.

18-20 라인 : 생성한 mycar3 객체를 사용하여 멤버변수인 color, speed, direction의 값을 설정합니다.

Unit:3 == (메소드 호출하기)

조금 이상한 점이 있습니다. 우리는 분명히 앞에서 캡슐화를 통해 클래스의 데이터는 숨겨져 있다고 배웠습니다. 그런데 코드를 보면 외부에서 생성한 객체들을 통해 데이터인 멤버변수에 직접 접근하여 값을 설정하고 있습니다. 이러한 형태는 객체지향철학의 캡슐화에 위배되기 때문에 바람직하지 않습니다. 그래서 멤버변수를 외부에서 접근하지 못하도록 감추고 메소드를 통해 접근할 수 있도록 변경해 보겠습니다.

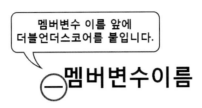

더블 언더스코어(__)를 멤버변수이름 앞에 붙여주면 이 멤버변수는 외부에서 생성한 객체를 통해 접근할 수 없게 됩니다. 오직 내부에서만 사용할 수 있게 되지요. 그래서 앞의 소스코드에서처럼 mycar1.speed와 같은 접근을 통해 값을 설정할 수 없게 됩니다.

감기약 캡슐은 내용물이 보이지 않지만 몸속에서는 내용물이 퍼져야 한다고 하였습니다. 즉 데이터가 밖으로 나올 수 있어야 한다고 했습니다. 그래서 특정 인터페이스를 통해 가능한데, 그것이 바로 메소드라고 했지요.

자, 이제 우리가 정의한 메소드를 사용할 때가 되었습니다. 결국 멤버변수는 숨겨지고, 메소드를 통해 멤버변수를 컨트롤할 수 있습니다. 그러면 멤버변수에 더블 언더스코어(__)를 붙이고, 메소드를 통해 멤버변수를 설정해보도록 하겠습니다.

■ 소스코드 : 11장/11-3.py

```
1:    class Car:
2:        color = ""
3:        __speed = 0
4:        __direction = ""
5:
6:        def set_Speed(self, s_value):
7:            self.__speed = s_value
8:
9:        def set_Direction(self, d_value):
10:            self.__direction = d_value
11:
12:        def get_Speed(self):
13:            return self.__speed
```

```
14:
15:     def get_Direction(self):
16:         return self.__direction
17:
18:     def get_Color(self):
19:         return self.color
20:
21: mycar1 = Car()
22: mycar2 = Car()
23: mycar3 = Car()
24:
25: mycar1.color = "초록색"
26: mycar1.set_Speed(30)
27: mycar1.set_Direction("전진")
28:
29: mycar2.color = "빨강색"
30: mycar2.set_Speed(50)
31: mycar2.set_Direction("후진")
32:
33: mycar3.color = "노랑색"
34: mycar3.set_Speed(70)
35: mycar3.set_Direction("전진")
36:
37: print('자동차 1의 색상 : ', mycar1.get_Color())
38: print('자동차 1의 속도 : ', mycar1.get_Speed())
39: print('자동차 1의 방향 : ', mycar1.get_Direction())
40: print()
41: print('자동차 2의 색상 : ', mycar2.get_Color())
42: print('자동차 2의 속도 : ', mycar2.get_Speed())
43: print('자동차 2의 방향 : ', mycar2.get_Direction())
44: print()
45: print('자동차 3의 색상 : ', mycar3.get_Color())
46: print('자동차 3의 속도 : ', mycar3.get_Speed())
47: print('자동차 3의 방향 : ', mycar3.get_Direction())
```

```
자동차 1의 색상 :  초록색
자동차 1의 속도 :  30
자동차 1의 방향 :  전진

자동차 2의 색상 :  빨강색
자동차 2의 속도 :  50
자동차 2의 방향 :  후진

자동차 3의 색상 :  노랑색
자동차 3의 속도 :  70
자동차 3의 방향 :  전진
```

3-4 라인 : 기존 멤버변수 speed와 direction의 이름 앞에 더블 언더스코어(__)를 붙여 __speed와 __direction으로 변경합니다.

26 라인 : 객체 mycar1을 기반으로 속도 설정은 멤버변수에 직접 접근하지 않고, 메소드 set_Speed()를 사용하여 설정합니다.

27 라인 : 객체 mycar1을 기반으로 방향 설정은 멤버변수에 직접 접근하지 않고 메소드 set_Direction()을 사용하여 설정합니다.

30-31, 34-35 라인 : 객체 mycar2, mycar3를 기반으로 동일하게 메소드를 사용하여 설정합니다.

37-39 라인 : 객체 mycar1을 기반으로 반환된 색상, 속도, 방향의 값을 출력합니다.

40 라인 : 구분을 위해 한 줄 개행합니다.

41-47 라인 : 객체 mycar2, mycar3를 기반으로 반환된 색상, 속도, 방향의 값을 출력합니다.

___ # 잠깐 알아두세요 ___

객체지향 프로그래밍에서는 접근지정자라는 것이 있는데, 크게 public과 private으로 나누어집니다. 클래스의 멤버들은 접근지정자에 의해 접근 방식이 결정이 됩니다. 영문의 사전적 의미 그대로 '공적인'이라는 의미를 가진 public은 내부든 외부든 상관없이 누구나 접근할 수 있고, '사적인'이라는 의미를 가진 private은 내부에서만 접근 가능하고 외부에서는 절대로 접근할 수 없는 방식입니다. public은 누구나 갈 수 있는 공공화장실이고, private은 나만 이용할 수 있는 우리집 화장실이라고 생각하면 됩니다.

Unit:4 == (생성자)

모든 변수는 선언이 되면 값의 초기화 과정을 거치게 됩니다. 예를 들면 a = 5와 같은 식입니다. 객체도 본질적으로는 변수와 같습니다. 그렇다면 객체 또한 선언 시 초기화를 해줄 수 있어야 합니다. 앞에서 작성했던 코드에서 객체를 이용한 코드를 다시 한번 살펴볼까요? 25-27라인입니다.

```
mycar1.color = "초록색"
mycar1.set_speed(30)
mycar1.set_direction ("전진")
```

mycar1 객체를 생성한 후, 색상, 속도, 방향 등의 값을 설정하고 있습니다. 엄밀하게 따지면 객체를 생성과 동시에 값을 설정하는 것은 아니기 때문에 초기화되었다고 보기는 어렵습니다. 어찌되었든 객체를 생성 시 반드시 초기화 과정이 필요하다면 이렇게 별도의 메소드 통해 일일히 설정하지 않고 일괄적으로 초기화하는 루틴이 있으면 편리하겠죠? 객체지향 언어에서는 객체 생성 시 언어 차원에서 초기화해주는 전용 메소드를 제공하는데 그것이 바로 생성자(Constructor)입니다. 생성자는 객체가 생성되면 자동으로 호출되는 메소드입니다.

> **class 클래스이름 :**
> **def __init__(self):**
> **#이 부분에 초기화할 코드 입력**

파이썬에서의 생성자는 __init__()이라는 이름을 갖습니다. 이 메소드는 객체가 생성되면 무조건 자동으로 호출이 되므로, 이 메소드 안에 초기화할 코드를 작성하면 됩니다. 앞의 코드를 생성자를 추가하여 객체의 초기화하는 부분을 수정해 보도록 하겠습니다.

■ **소스코드 : 11장/11-5.py**

```
1:    class Car:
2:        color = ""
3:        __speed = 0
4:        __direction = ""
5:
6:        def __init__(self):
7:            self.color = "하얀색"
8:            self.__speed = 0
9:            self.__direction = "전진"
10:
11:       def set_Speed(self, s_value):
12:            self.__speed = s_value
13:
14:       def set_Direction(self, d_value):
15:            self.__direction = d_value
16:
17:       def get_Speed(self):
18:            return self.__speed
19:
20:       def get_Direction(self):
21:            return self.__direction
22:
```

```
23:        def get_Color(self):
24:            return self.color
25:
26:    mycar1 = Car()
27:    mycar2 = Car()
28:    mycar3 = Car()
29:
30:    print('자동차 1의 색상 : ', mycar1.get_Color())
31:    print('자동차 1의 속도 : ', mycar1.get_Speed())
32:    print('자동차 1의 방향 : ', mycar1.get_Direction())
33:    print()
34:    print('자동차 2의 색상 : ', mycar2.get_Color())
35:    print('자동차 2의 속도 : ', mycar2.get_Speed())
36:    print('자동차 2의 방향 : ', mycar2.get_Direction())
37:    print()
38:    print('자동차 3의 색상 : ', mycar3.get_Color())
39:    print('자동차 3의 속도 : ', mycar3.get_Speed())
40:    print('자동차 3의 방향 : ', mycar3.get_Direction())
```

■ 출력결과

```
자동차 1의 색상 : 하얀색
자동차 1의 속도 : 0
자동차 1의 방향 : 전진

자동차 2의 색상 : 하얀색
자동차 2의 속도 : 0
자동차 2의 방향 : 전진

자동차 3의 색상 : 하얀색
자동차 3의 속도 : 0
자동차 3의 방향 : 전진
```

6-9 라인 : 생성자 __init__() 메소드를 생성하고, color, __speed, __direction 멤버변수의 값을 초기화하였습니다. 객체가 생성될 때마다 무조건 호출되는 메소드입니다.

26-28 라인 : 3개의 객체를 생성합니다. 각각의 객체가 생성될 때마다 자동으로 생성자 __init__()를 호출합니다. 그런데, 문제점은 mycar1, mycar2, mycar3 객체 모두 같은 초기화를 하고 있습니다. 각 객체는 다른 초기화가 필요할 것 같습니다.

생성자도 일반 메소드들처럼 전달인자를 사용할 수 있습니다. 앞의 코드를 이용하여 매개변수가 있는 생성자를 사용해 보겠습니다. 객체를 만들 때 초기값을 전달인자로 넘기는 방법입니다.

```python
1:    class Car:
2:        color = ""
3:        __speed = 0
4:        __direction = ""
5:
6:        def __init__(self, c_value, s_value, d_value):
7:            self.color = c_value
8:            self.__speed = s_value
9:            self.__direction = d_value
10:
11:        def set_Speed(self, s_value):
12:            self.__speed = s_value
13:
14:        def set_Direction(self, d_value):
15:            self.__direction = d_value
16:
17:        def get_Speed(self):
18:            return self.__speed
19:
20:        def get_Direction(self):
21:            return self.__direction
22:
23:        def get_Color(self):
24:            return self.color
25:
26:    mycar1 = Car('초록색', 30, '전진')
27:    mycar2 = Car('빨간색', 50, '후진')
28:    mycar3 = Car('노란색', 70, '전진')
29:
30:    print('자동차 1의 색상 : ', mycar1.get_Color())
31:    print('자동차 1의 속도 : ', mycar1.get_Speed())
32:    print('자동차 1의 방향 : ', mycar1.get_Direction())
33:    print()
34:    print('자동차 2의 색상 : ', mycar2.get_Color())
35:    print('자동차 2의 속도 : ', mycar2.get_Speed())
36:    print('자동차 2의 방향 : ', mycar2.get_Direction())
```

```
37:    print()
38:    print('자동차 3의 색상 : ', mycar3.get_Color())
39:    print('자동차 3의 속도 : ', mycar3.get_Speed())
40:    print('자동차 3의 방향 : ', mycar3.get_Direction())
```

■ 출력결과

```
자동차 1의 색상 :  초록색
자동차 1의 속도 :  30
자동차 1의 방향 :  전진

자동차 2의 색상 :  빨강색
자동차 2의 속도 :  50
자동차 2의 방향 :  후진

자동차 3의 색상 :  노랑색
자동차 3의 속도 :  70
자동차 3의 방향 :  전진
```

6-9 라인 : 생성자에서 3개의 전달인자를 받도록 설정합니다. 전달인자는 색상(c_value), 속도(s_value), 방향(d_value)의 값을 받도록 합니다.

26-28 라인 : Car() 클래스를 통해 객체를 생성 시 전달인자를 넘겨줍니다. 이 때 생성자가 자동 호출되면서 전달인자가 생성자에 넘어갑니다. 각 객체는 서로 각각 다른 초기화를 할 수 있게 되었습니다.

CHAPTER 07: = ("상속성")

Unit:1 == (상속이란)

일반적으로 현실세계에서의 우리가 말하는 상속은 부모님이 나에게 유산을 물려주었을 때 사용하는 용어입니다. 예를 들어 부모님이 나에게 100만원을 물려주었다면 100만원을 상속 받은 것입니다. 아니면 부모님이 나에게 집을 물려주었다면 나는 부모님께 집을 상속 받은 것입니다.

또 다른 예를 들어볼까요? 우리가 살아가는 지구상에는 많은 생물들이 살고 있습니다. 생물을 기준으로 다양한 생물들을 분류표기해보면 다음과 같은 계층 구조를 가지게 될 것입니다.

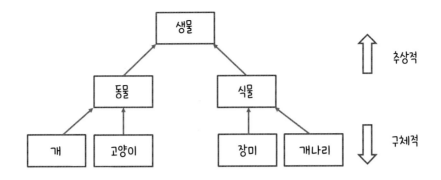

지구상에 살아 있는 것들을 우리는 모두 생물이라고 합니다. 생물에는 크게 동물과 식물로 나뉘어지는데, 동물과 식물이 결국 생물로부터 공통적인 속성들을 상속 받은 것입니다. 동물의 하위로 내려가면 개와 고양이 등등의 구체적인 개체로 분류할 수 있는데, 결국 개와 고양이는 '먹는다', '달린다.', '잔다' 등의 동물의 공통적인 속성들을 상속 받은 것입니다. 이렇듯 우리가 현실 세계에서 상속을 이해하는 것은 어렵지 않습니다. 상속의 형태를 보면 상위로 갈수록 추상적이고, 하위로 갈수록 구체적임을 알 수 있습니다.

Unit:2 == (객체지향언어 기반에서 상속의 개념과 구조)

객체지향언어에서 상속의 개념은 현실 세계에서의 상속과 비슷한 개념입니다. 객체지향언어는 클래스가 기본 단위입니다. 클래스의 기능을 다른 클래스에 상속함으로써 클래스 간의 관계가 부모 자식 관계가 되고, 부모클래스의 기능을 자식클래스가 그대로 물려받게 되는 형태입니다.
클래스를 상속 받아 새로운 클래스를 정의하는 형태는 다음과 같습니다.

> **class 자식클래스이름(부모클래스이름) :**
> **#이 부분에 자식클래스 코드 입력**

우리가 일반적으로 클래스를 생성하는 형태와 동일합니다. 다만, 부모클래스를 상속 받으려면 자식클래스이름 뒤에 괄호()를 사용하여 부모클래스의 이름을 입력해줍니다. 그리고 문장 끝에는 반드시 콜론(:)을 붙여줍니다. 매우 간단하죠?

___ # 잠깐 알아두세요 ___

일반적으로 부모클래스를 기반클래스, 슈퍼클래스라고도 하고, 자식클래스를 파생클래스, 서브클래스라고도 합니다. 어떠한 용어를 사용해도 다 맞는 개념이라 상관은 없지만, 용어의 통일을 위해 이 책에서는 부모클래스, 자식클래스라고 사용하도록 하겠습니다.

앞서 우리는 Car라는 클래스를 생성하여 색상, 속도, 방향에 대한 기능을 작성한 바 있습니다. '자동차'라는 사물은 너무 추상적입니다. 그래서 '자동차'의 공통적인 속성을 상속 받아서 더 구체적인 '자동차'를 구현해 보려고 합니다. 우리는 자동차의 종류를 승용차와 SUV 두 종류로 나누어보겠습니다.

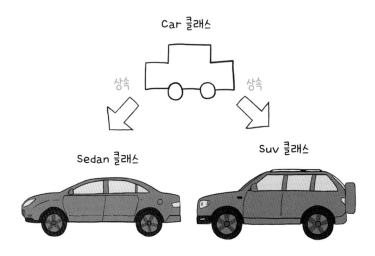

Car 클래스

상속   상속

Sedan 클래스   Suv 클래스

하나는 Sedan 클래스로, 또 하나는 Suv 클래스로 이름을 지정하여 Car 클래스로부터 상속을 받습니다. Car는 부모클래스가 되고, Sedan과 Suv는 각각 자식클래스가 되겠죠.

클래스의 상속 코드를 작성해 보겠습니다.

■ 소스코드 : 11장/11-7.py

```
1:    class Car:
2:        color = ""
3:        __speed = 0
4:        __direction = ""
5:
6:        def __init__(self, c_value, s_value, d_value):
7:            self.color = c_value
8:            self.__speed = s_value
9:            self.__direction = d_value
10:
11:        def set_Speed(self, s_value):
12:            self.__speed = s_value
13:
14:        def set_Direction(self, d_value):
15:            self.__direction = d_value
16:
17:        def get_Speed(self):
18:            return self.__speed
19:
20:        def get_Direction(self):
```

```
21:            return self.__direction
22:
23:        def get_Color(self):
24:            return self.color
25:
26:    class Sedan(Car):
27:        gasoline = 100
28:
29:        def get_Gasoline(self):
30:            return self.gasoline
31:
32:    class Suv(Car):
33:        diesel = 60
34:
35:        def get_Diesel(self):
36:            return self.diesel
37:
38:    sedan = Sedan('초록색', 30, '전진')
39:    print('승용차의 색상 : ', sedan.get_Color())
40:    print('승용차의 속도 : ', sedan.get_Speed())
41:    print('승용차의 방향 : ', sedan.get_Direction())
42:    print('승용차의 연료 : ', sedan.get_Gasoline())
43:    print()
44:    suv = Suv('빨간색', 50, '후진')
45:    print('SUV의 색상 : ', suv.get_Color())
46:    print('SUV의 속도 : ', suv.get_Speed())
47:    print('SUV의 방향 : ', suv.get_Direction())
48:    print('SUV의 연료 : ', suv.get_Diesel())
```

■ 출력결과

```
승용차의 색상 :  초록색
승용차의 속도 :  30
승용차의 방향 :  전진
승용차의 연료 :  100

SUV의 색상 :  빨간색
SUV의 속도 :  50
SUV의 방향 :  후진
SUV의 연료 :  60
```

26 라인 : Sedan 클래스를 선언하고 (Car)를 통해 상속을 받습니다.

27 라인 : 승용차는 가솔린 연료를 사용하므로 gasoline 변수를 선언합니다.

29-30 라인 : gasoline 변수를 반환합니다.

32 라인 : Suv 클래스를 선언하고 (Car)를 통해 상속을 받습니다.

33 라인 : SUV는 디젤 연료를 사용하므로 diesel 변수를 선언합니다.

35-36 라인 : diesel 변수를 반환합니다.

38 라인 : Sedan클래스를 통해 객체를 생성합니다. Car 클래스를 상속 받은 자식클래스이므로 부모 클래스인 Car의 모든 멤버를 사용할 수 있습니다. Car의 생성자는 3개의 전달인자를 전달 받으므로 자식클래스 Sedan의 객체를 생성 시 그대로 3개의 전달인자를 전달 받습니다.

39-42 라인 : 자식 객체인 Sedan은 부모 Car의 메소드인 get_Color(), get_Speed(), get_Direction() 를 호출할 수 있고, 당연히 자신의 메소드인 get_Gasoline()을 호출합니다.

44-48 라인 : suv 객체 또한 sedan 객체의 원리와 동일합니다.

MEMO

Book · Character · Goods · Advertisement · Graphic · Marketing · Brand consulting

D · J · I
BOOKS
DESIGN
STUDIO

D · J · I BOOKS DESIGN STUDIO

facebook.com/djidesign

나혼자 파이썬

1판 1쇄 인쇄 2020년 12월 5일
1판 1쇄 발행 2020년 12월 10일

—

지 은 이 이창현
발 행 인 이미옥
발 행 처 디지털북스
정   가 15,000원
등 록 일 1999년 9월 3일
등록번호 220-90-18139
주   소 (03979) 서울 마포구 성미산로 23길 72 (연남동)
전화번호 (02)447-3157~8
팩스번호 (02)447-3159

—

ISBN 978-89-6088-363-5 (93000)
D-20-22